새로운 사회를 여는 상상력

새사연 신서 ①

새로운 사회를 여는 상상력

지은이 | 김문주 · 김병권 · 박세길 · 손석춘 · 정명수 · 정희용
펴낸이 | 김성실
편집주간 | 김이수
편집기획 | 조성우 · 박선화 · 박남주
마케팅 | 이동준 · 김창규 · 강지연 · 이유진
편집디자인 | (주)하람 커뮤니케이션(02-322-5405)
표지인쇄 | 중앙 P&L(주)
본문인쇄 · 제본 | 한영문화사
펴낸곳 | 시대의창
출판등록 | 제10-1756호(1999. 5. 11)

초판 1쇄 발행 | 2006년 7월 4일
초판 4쇄 발행 | 2007년 5월 28일

주소 | 121-816 서울시 마포구 동교동 113-81 (4층)
전화 | 편집부 (02) 335-6125, 영업부 (02) 335-6121
팩스 | (02) 325-5607
홈페이지 | www.sidaew.co.kr

ISBN 89-5940-035-1 (03300)
     978-89-5940-035-5
값 13,000 원

새사연 신서 ❶

김문주 · 김병권 · 박세길 · 손석춘 · 정명수 · 정희용

시대의창

이 책 『새로운 사회를 여는 상상력』(새사상)은 단순한 사회평론서나 학술서가 아니다. 『새사상』은 차라리 '깃발'이다.

『새사상』이 사회평론서가 아닌 까닭은 우리가 살고 있는 사회를 단지 비평하는 데 목적이 있지 않기 때문이다. 독자들은 이 책을 읽어 갈수록 비평의 차원을 넘어서서 새로운 대안을 담은 개념들이 곰비임비 지평선에 나타나는 즐거움을 누릴 수 있다. 새로운 개념들이 적잖게 등장하지만, 그렇다고 『새사상』이 학술서나 이론서는 결코 아니다. 학문적 엄밀성보다는 우리가 두 발 딛고 살아가는 현실을 정확하게 바라보는 데 목적이 있기 때문이다.

'깃발'이라는 규정에도 성급한 판단은 금물이다. 이 책이 깃발이라는 말은 결코 정치적 구호를 남발하거나 선언적 서술이라는 뜻이 아니다. 지구촌 속에서 한국 경제의 현실을 냉철하게 분석하고 신자유주의와 분단체제를 넘어서는 새로운 사회로 가는 길을 제시한다는 결곡한 뜻을 담고 있다.

바로 그 점에서 『새사상』은 신자유주의가 대세라는 주장이나 우리가 살고 있는 사회에 대안이 없다는 절망을 단연코 거부한다. 다른 세계가 가능하다는 철학적 언술에 그치지도 않는다. 한국 사회가 '세계화'라는 21세기 흐름에서 단절되어 쇄국주의로 치닫자는 '수구적 사고'에 갇혀 있지도 않다. 『새사상』은 신자유주의에 포섭된 한국 사회의 현실을 결코 잊지 않고 그 현실을 바탕으로 새로운 사회, 새로운 현실을 만들어 내려는 사유와 의지, 그리고 무엇보다 열정들이 공동으로 이룬 결실이다.

이 책이 '열정'인 이유는 『새사상』을 함께 쓴 공동 저자들의 면면에서 확인할 수 있다. 대담에 나선 박세길, 김문주, 김병권, 정희용, 정명수는 모두 1980년대 전반기에 대학을 다니며 군부독재에 맞서 민주화운동과 통일운동에 열정을 살랐다. 20여 년이 넘도록 젊은 날의 정열과 꿈을 간직한 채, 운동 단체나 생활 현장에서 누구보다 성실하고 치열하게 살아온 사람들이라고 감히 장담할 수 있다. 그들이 한 곳에 모여서 한국 사회의 경제, 통일, 정치 대안을 주제로 2005년 한 해 동안 학습하고 토론한 결실이 이 책이다. 더구나 단순히 학습과 토론에 그치지 않았다. 뜻을 함께 하는 사람들을 모아 가기 시작했고 마침내 2006년 2월 11일,

100명의 뜻을 모아 '새로운 사회를 여는 연구원'(새사연)을 결성했다.

새사연이 내놓는 첫 책인 『새사상』은 연구원을 창립하는 과정에서 오간 학습과 토론의 내용을 같은 시대를 살아가는 모든 사람들과 있는 그대로 나누기 위해 구상되었다. 해방 60돌, 분단 60돌을 맞은 2005년 내내 머리를 맞대고 논의하고 궁리한 새로운 사회의 새싹들을 독자들에게 공개하여 보고하자는 취지였다.

누구나 새싹이 언 땅을 뚫고 나오는 순간을 목격한 사람은 그 감동을 잊을 수 없다. 풀빛의 여린 싹 끝은 마치 강철로 만든 창끝처럼 날카롭다. 새싹이 나무로 곧추서고 이윽고 아름드리 나무가 되기까지에는 숱한 비바람을 겪어야 한다. 우리는 이 책이 새로운 사회의 새싹임을, 그리고 그 새싹을 이 땅의 현실로 내올 의지와 열정으로 충만해 있음을 감히 독자들 앞에 고백한다. 이 책에서 드러나는 개념적 엄밀성의 한계는 앞으로 새사연의 구체적 연구 과정에서 극복해 갈 것임을 약속드린다.

때로는 밤을 지새우며 벌어진 다섯 사람의 열정적 토론에 사회를 본

필자는 이 책의 프롤로그와 에필로그를 쓰면서 새사연의 역사적 소명을 새삼 확인하게 되었다. 이 책이 새로운 사회를 여는 연구원과 독자 사이에 아름다운 징검다리가 되길 기대한다.

2006년 7월

새사연 원장 손 석 춘

책을 위해 애쓰신 분들께

여기에 실린 내용은 '새로운 사회를 여는 연구원' 창립 준비가 한창이던 시기에 준비위원들이 진행한 토론을 정리한 것입니다. 공동의 논의를 원고로 묶는 대수롭지 않은 수고에 정리자로서 사족을 다는 일은 마땅치 않습니다. 그러나 막상 원고를 마무리하고 출판할 시점이 다가오니 문득 이 작은 원고에 얼마나 많은 분들이 애정과 노력을 보태주었는지 새삼 돌아보게 됩니다. 그 보이지 않는 조력을 밝혀 두는 것이 도리라는 생각입니다.

난삽한 초고를 정성스럽게 읽고 아낌없는 의견을 주신 분들이 많습니다. 오건호, 우대식, 송민영, 정수철, 정란수, 이종필, 신동호 회원님께 감사드립니다. 새로운 진보지 『르몽드 코리아』 창간을 준비하느라 분주한 와중에도 세세한 장문의 평을 보내주신 이회수 선배님의 격려가 많은 힘이 되었습니다.

인용된 수치를 확인하고 표와 그래프를 만드는 번거로운 일을 윤찬영, 최정은, 황상윤, 정재욱 후배님들이 기꺼이 거들었습니다. 또 엄관용 후배님은 글만으로는 한없이 길어질 내용을 깔끔한 도해로 정리해

주었습니다. 이분들의 노력으로 토론자들의 상상력을 시각적으로 이해하기가 한결 편해졌습니다.

성기고 숨가쁜 논의를 침착하게 알맞은 수위로 조절하고 에필로그와 프롤로그를 보태어 주신 손석춘 선배님께 감사드립니다. 바쁜 생활 속에서도 지난 1년여 매주 거르지 않고 모여 대안 논의를 함께해 온 동료들의 열정에 깊은 신뢰와 경의를 표합니다. 사십대, 안정을 추구해야 할 나이에 미지의 문을 두드리는 준비위원들을 이해하고 격려해준 모든 가족들께 깊이 감사드립니다. 이처럼 많은 분들의 조력에도 불구하고 뜻이 잘 전달되지 않는 부분이 있다면, 그것은 순전히 정리자의 능력 부족에 기인함을 밝혀둡니다.

일요일 오후 한 시간 정도 인라인스케이트를 함께 타는 사소한 아빠 노릇에도 불구하고 한 주 내내의 불성실함을 까맣게 잊고 늘 활짝 웃는 얼굴로 가슴에 안기는 두 딸 다움이 다연이에게 사랑을 전합니다.

2006년 7월

정 희 용

CONTENTS

Part 03 우리의 블루오션, 통일민족경제

Part 04 참여를 넘어 '국민직접정치'로

왜 지금 '새로운 사회'인가

쓸쓸한 일이다. 언제부터인가 너도 나도 유행처럼 부르대기 시작했다. 진보가 위기란다. 시나브로 높아 가는 목소리다. 조금이라도 틈이 엿보이면 진보세력을 트집 잡거나 흘닦아온 반공수구세력이나 기득권세력 사이에서만 툭툭 터져 나오는 게 아니다. 진보 진영 안에서, 그것도 거세게 불거지고 있다. 진보가 위기라는 분석을 우리가 시들방귀로 여길 수 없는 까닭이다.

위기라는 진단에 이어 퍼져 가는 또 다른 유행가가 있다. 위기의 실체를 진보세력의 '콘텐츠 부족'에서 찾는 담론이다. 진보세력이 아무런 대안도 없이 비판만 한다는 주장이다.

딴은 틀린 말이라고 넘길 문제는 아니다. 진보세력이 구체적 대안을 제시하지 못한다거나, 그 결과 국민에게 설득력을 얻기 어렵다는 비판은 말할 나위 없고 대안의 내용이 부실하다는 비판까지, 아프게 찔러 오는 주장들을 콧방귀 뀌듯 반박하기란 쉽지도 않거니와 바람직하지도 않다.

그럼에도 진보세력의 콘텐츠 부족을 거론하는 쪽에 정중히 물어볼 필요는 있다. 진보세력이 '콘텐츠'가 없다는 진단으로, 더 나아가 그런 진단을 여기저기서 주장하는 일로, 자신의 소임을 다했다는 듯이 가만 있어도 과연 괜찮을까. 더구나 스스로 진보를 자부하는 사람들이 그런 비판에 머물러도 무방할까.

아니다. 만일 진보세력의 위기가 단순히 '콘텐츠 부족'에 있다면, 어쩌면 진보세력의 위기는 과장일 수 있다. 문제는 그보다 더 심각하다. 진보세력의 현주소와 과제를 냉철히 톺아보아야 할 이유가 여기 있다.

진보의 위기, 콘텐츠 부족 때문인가?

분단 60돌을 맞은 2005년을 거치면서 되레 거세진 진보세력의 위기 담론은 결코 생뚱맞은 게 아니다. 실제 사회 현상 곳곳에서 '근거'를 찾을 수 있다. 단적으로 1987년 7~8월 '노동자대투쟁' 뒤 진보운동의 중심으로 자처했고, 또 그렇게 활동해왔던 민주노동운동이 결정적 위기를 맞았다.

창립 10돌을 맞은 전국민주노동조합총연맹(민주노총)의 표류는 진보운동 전반에 큰 타격을 주었다. 단위노조 간부들의 인사 청탁 비리로 불거진 민주노총의 도덕적 충격은 수석부위원장의 구속으로 정점에 이르렀다. 결국 민주노총 위원장을 비롯한 지도부가 전원 사퇴하는 상황을 맞고 말았다. 민주노동운동에 청춘을 바친 민주노총의 활동가들이 울먹이며 민주노총의 부활을 촉구한 모습은 많은 사람들의 가슴에 깊은 인상으로 남아 있다.

진보정당인 민주노동당 또한 2004년 총선에서 처음으로 국회에 진출했다. 4월혁명 공간에서 진보세력이 의회에 진출한 뒤 처음 얻은 열매이기에 괄목할 만한 성과임은 분명하다. 하지만 지역구 2석 가운데 하나는 대법원의 납득하기 어려운 판결로 1년 반 만에 잃었다. 더 큰 문제는 사법부에 빼앗긴 의석을 되찾겠다고 나선 울산 보궐 선거에서 패배했다는 데 있다.

울산이 노동자 밀집 지역이라는 사실에 주목한다면, 그 패배는 결코 간과할 수 없는 문제다. 열린우리당이나 한나라당이 제 구실을 못하고 있는 상황에서 민주노동당의 지지율이 일정 비율 이상 오르지 못하는 현상도 예사롭게 넘길 문제는 아니다.

비단 진보정당과 노동운동만이 아니다. 전통적으로 한국 사회 발전을 선도해온 학생운동이 큰 위기를 맞고 있다. 대학 총학생회장을 선출하는 선거에 이른바 '비운동권'이 당선되는 대학이 적지 않다. 게다가 과반수 투표조차 이루어지지 않아 총학생회장 선거 자체가 연기되는 사례가 무장 늘어나고 있는 상황이다. 그 틈을 비집고 이른바 '뉴라이트'가 총학생회를 구성하는 대학까지 생겨났다.

전쟁 시뮬레이션 대상이 된 한반도

문제의 핵심은 현상으로 나타나는 진보세력의 위기가 이 땅에서 살아가는 민중, 더 나아가 민족의 현실과 전혀 걸맞지 않다는 데 있다. 민족과 민중은 그 어느 때보다 진보가 절실한 시점에 놓여 있기 때문이다.

2006년 7월 현재, 한국 사회를 살아가는 민중에게 가장 큰 고통은 생존권 위협이다. 민중의 고통은 간단한 통계만 들춰보더라도 쉽게 확인할 수 있다.

가령 전체 취업자 대비 임금노동자 비중은 1998년 61.7퍼센트에서 꾸준히 늘어나 현재 65.1퍼센트로 나타났다. 그런데 요소국민소득(노동소득＋사업소득＋자산소득) 대비 노동소득 비중인 노동소득분배율은 1996

년 63.4퍼센트를 정점으로 떨어지기 시작한다. 1997년 구제금융체제로 들어선 뒤 비정규직이 급증한 사실에 견주어 볼 대목이다. 노무현 정권이 출범한 첫 해에는 노동소득분배율이 60퍼센트 선 이하로 떨어졌다. 노동자 비중은 늘어나고 있음에도 노동자 몫은 거꾸로 줄어들고 있는 객관적 수치는 정규직과 비정규직을 가릴 것 없이 노동자 일반의 상황이 전반적으로 퇴보하고 있다는 것을 입증해준다.

더러는 이미 노동자의 과반수를 넘어선 비정규직 문제의 책임을 정규직에 떠넘기고 있지만, 비정규직이 자신의 몸을 불사를 만큼 노동 상황이 열악한 일차적이고 근본적 원인은 자신의 몫을 정규직에 잃었기 때문이 아니다. 앞의 통계가 명쾌하게 제시해 주듯이, 자본소득에 빼앗겼기 때문이다.

반면에 100대 대기업의 순이익은 눈덩이처럼 커져 가고 있다. 2004년 기준으로 47조 원에 이른다. 2004년 한 해 수출 또한 호조를 보여 31퍼센트나 성장했다. 자영업자를 포함한 개인소득은 물가상승률에 밑돌지만, 기업소득은 38.7퍼센트나 껑충 뛰었다. 분배 정책이 없기 때문에 내수 시장이 붕괴되고 그 결과로 자영업자는 물론, 중소기업이 위기를 맞고 있다.

그런데도 천문학적 순익을 내는 '초일류 기업'이 이른바 '구조조정'에 살천스레 나서고, 언죽번죽 '희망퇴직'을 매수하거나 강요하고 있다. 결국 노동소득분배율의 하락은 사회 전반의 부익부 빈익빈으로 이어질 수밖에 없다. 자본가와 노동자 사이의 소득 격차만 문제가 아니다. 대기업의 관리직과 중소기업 노동자 사이의 격차도 무장 커져 간다. 이를테면 도시노동자 가구의 월 평균 소득 통계를 보자. 2005년 2·4분기에 도시노동자 가구의 월 평균 소득은 310만 9600원으로 나타나, 2004

년 같은 기간보다 4.7퍼센트 늘어났다. 물가 상승을 감안하면 4.7퍼센트의 소득 증가는 의미가 없지만, 그나마 그 증가율은 '최상위 계층'이 주도했다. 소득 수준 최상위 20퍼센트의 월 평균 소득은 589만 9300원으로 5.6퍼센트가 늘어났다. 반면, 최하위 20퍼센트는 115만 600원으로 겨우 1.7퍼센트 늘었다. 최하위 20퍼센트의 소득증가율은 물가 상승을 감안할 때, 증가라고 볼 수 없다. 그 결과다. 절대 빈곤층의 숫자가 800만 명에 이른다.

그뿐인가. 350만 명에 이르는 농민들은 신자유주의가 강요하는 '질서' 속에서 처절한 생존권 싸움을 벌이고 있다. 그 과정에서 2005년 겨울에 두 명이 '공권력'에 의해 대낮 거리에서 맞아 죽는 참극이 벌어지기도 했다.

예비노동자들인 학생에게도 문제는 비켜 가지 않는다. '백수'와 '백조'라는 유행어가 상징하듯이 청년 실업의 문제는 대학가를 옥죄고 있다. 젊은 지성인들은 취업 경쟁과 대학 성적관리에 꽁꽁 묶여 있다.

위기는 비단 민중의 문제에 그치지 않는다. 남과 북 모두 민족 위기에 직면해 있다. 미국 조지 부시 정권의 제국주의 정책은 군사적 모험주의로 이미 현실화했다. 아프가니스탄과 이라크의 반미 정권을 무력으로 제거한 미국은 공공연히 평양을 과녁으로 '정밀 폭격'을 거론하고 있다.

2005년 5월, 『워싱턴 포스트』가 보도했듯이, 미국은 조선민주주의인민공화국을 '선제 핵 공격'하는 침략 계획을 이미 완성했다. 군사전문가 윌리엄 아킨이 밝힌 이른바 '콘플랜 8022'는 2004년 6월에 도널드 럼스펠드의 서명을 받았다. 평양의 핵 개발이 심각하고 다급한 위협으로 판정될 때—그 판정의 기준이 미국의 잣대임은 물론이다—폭격기로 핵 시설을 '족집게 공습'Pinpoint하면서 벙커 버스터 미사일로 파괴하는 작전이다. 이어 '사이버 공격'으로 조선인민군의 미사일망, 방공망, 통신망을 파괴해 반격을 저지하고, 미군 특수부대가 투입되는 작전 계획이 이 땅에 실현될 때, 한반도 전체가 핵 전쟁의 참화를 겪을 수밖에 없다.

미국 네오콘의 전쟁 위협 앞에 민족 전체의 생존권이 위협받고 있다는 점에서 이는 결코 허투루 볼 문제가 아니다. 진보세력이 촉각을 곤두세우고 있어야 할 절박한 민족 문제다.

그렇다. 지금까지 살펴보았듯이 노동자 · 농민 · 도시 빈민 · 예비노동자(학생)의 상황이 열악한 데도, 그리고 민족의 앞날에 짙은 전운이 드리우고 있는 데도, 진보세력과 진보운동은 제자리에서 주춤거리거나 퇴조하는 데 위기의 본질이 있다. 현상만 진단하면 그 어느 때보다 진보세력이 공감대를 얻어가야 마땅한 데도 현실은 정반대인 역설이 눈앞에서 벌어지고 있는 것이다.

"어느 나라에서 엔엘과 피디가 따로 떨어져 지내는가"

누구의 책임일까. 과연 이 모든 것이 '콘텐츠의 부족' 때문일까. 그런 분석은 너무 안이하다. 이 지점에서 진보세력의 위기라는 현상을 조금 더 깊이 들여다볼 필요가 있다.

두루 알다시피 진보세력이 한국 사회에서 '시민권'을 얻은 것은 1987년 '6월대항쟁' 뒤였다. 그 이전에 진보세력은 공개적으로 나설 공간조차 없었다. 진보를 내세운 어떤 세력도 가혹한 탄압을 받아야 했고, 심지어 '사법 살인'을 당해야 했다.

6월대항쟁 뒤, 진보세력의 변화 추이를 민중과 진보적 지식인, 진보정당 세 부문으로 나누어 분석해 보자.

먼저 진보세력의 고갱이는 민중이다. 민중의 개념을 어떻게 정리할

프롤로그—왜 지금 '새로운 사회' 인가

지는 여러 논란이 있을 수 있다. 가령 민중과 대중의 차이라든가, 민중과 노동계급의 구분을 놓고 논쟁이 오갈 수 있다. 하지만 적어도 민중의 실체가 노동자, 농민, 도시빈민으로 구성된다는 사실에는 이론이 있을 수 없다. 여기서 노동자라 할 때, 생산직 노동자만이 아니라 사무직 노동자들을 당연히 포함해야 옳다.

한국의 민중은 오랜 세월 동안 민주화 경험을 축적해왔다. 멀리는 1894년 갑오농민전쟁까지 거슬러 올라가야 마땅하지만, 1953년 '한국전쟁'이 끝난 뒤부터 살펴보더라도 놀라운 저력을 보여 왔다. 독재자 이승만에 이어 박정희, 전두환의 군부독재를 종식시킨 원천적 주체가 누구였던가. 바로 민중이었다. 그 결과다. 한국의 시민사회는 동아시아 어떤 나라보다 활기찬 모습을 보이고 있다. 참여연대가 상징하듯 시민운동이 활발하게 일고 있는 것도 그에 터하고 있음은 물론이다.

하지만 민중의 정치의식은 바로 그 지점에 머물며 더 나아가지 못하고 있다. 한국전쟁을 거치면서 한층 강화될 수밖에 없었던 반공체제는 대다수 민중에게 노동운동이나 진보정치에 대한 뿌리 깊은 거부감을 심어 주었다. 가령 아직도 노동조합의 파업투쟁에 대해 그것을 정당한 '시민권'으로 받아들이지 못하는 '민주시민'이 많다. 기실 노동운동에 부정적 인식을 마구 퍼뜨려온 신문과 방송의 이데올로기적 세뇌로부터 시민이 자유롭기는 그리 쉬운 일이 아니다.

문제의 핵심은 노동운동조차 그 경계선을 벗어나지 못한 데 있다. 참담한 현실을 아주 극명하게 보여 주는 보기가 바로 민주노총이다. 오랜 민주노동운동의 결실인 민주노총이 노조 간부들의 비리와 부패로 도덕성에 결정적 타격을 받은 가장 큰 까닭도 노동운동이 정체성을 잃어가는 데서 찾을 수 있다.

한국의 민주노동운동이 자본의 논리를 대변하고 확산하는 언론의 이데올로기에 포섭되었다는 증거는 여러 곳에서 발견할 수 있다. 이를테면 총파업 한 번 제대로 묶어 내지 못하면서도 스스로 한국 노동운동이 전투적이라고 착각하는 상황을 들 수 있다. 노동운동 활동가들조차 변혁성을 상실했다는 진단마저 나오고 있는 것도 그 때문이다.

변혁적 전망을 잃어버린 노동운동 지도부 아래서 노동운동이 경제 투쟁에 매몰될 수밖에 없는 것은 필연이다. 실제로 민주노총 조합원 대다수가 자본의 경제 논리에 포섭되어 있는 게 현실이다. 노동자들이 대통령 선거와 같은 중요한 국면에서 노동자들을 대변하는 후보에게 투표하지 않는 행위는 노동자로서 자기 정체성을 잃고 있다는 단적인 사례다.

진보적 지식인 영역을 들여다 보아도 문제점은 또렷하다. '진보'를 내걸고 활동하는 지식인들이 민주화 시대에 큰 기여를 한 것은 두말할 나위 없다. 1980년대 활발했던 학술운동도 평가받아 마땅하다. 하지만 거기서 머물고 말았다. 진보적 지식인들이 대학으로 들어가면서 대다수가 현장과 유리되는 양상을 보였다. 지배세력의 담론 앞에 무방비로 노출된 대중에게 민중으로서 자기 정체성을 찾는데 도움을 줘야 할 책임이 있는 진보적 지식인들 다수가 스스로 체제에 편입되고 말았다.

대학으로 가지 않은 진보적 지식인들 가운데 일부는 정치개혁을 명분 삼아 정당 활동을 벌였다. 이른바 '386세대'가 국회에 진출하거나 청와대 비서실에 들어갔다. 하지만 그들의 정치 활동은 철저히 기존 정당의 논리에 갇히고 말았다. 문제의 핵심은 김대중 정권과 노무현 정권에 들어간 진보적 지식인들의 실패가 단순히 그들의 실패만으로 귀결되지 않는다는 데 있다. 진보적 지식인 일반에 대한 회의와 실망으로 이어지고 있어, 미래의 가능성마저 탕진한다는 우려를 낳고 있다.

프롤로그－왜 지금 '새로운 사회' 인가

진보정당으로 눈을 돌려보아도 희망은 쉽게 찾을 수 없다. 민주노동당이 의회 진출이라는 큰 성과를 이루었지만, 민중 앞에 진보정치의 가능성을 충분히 제시하지 못하고 있다. 더구나 진보적 정치세력이 똘똘 뭉쳐도 부족할 섞에 많은 진보세력을 합류시키지 못하고 있고 그나마 민주노동당 내부도 갈등이 커져 가고 있다. 이른바 'NL'과 'PD'의 갈등이 지도부 선거를 거칠 때마다 증폭되고 있다. 민족해방과 민중해방이 한반도에서 결코 분리될 수 없는 과제라는 점에서, NL과 PD의 갈등은 그냥 덮어둘 수 없는 문제다. 그 갈등이 단순한 '생각'의 차이를 넘어 진보정당의 대중적 발전에 걸림돌이 되고 있다면 더욱 그렇다.

더 심각한 문제는 새로운 진보 공간조차 고질적 갈등 구도에 침심되는 데 있다. 진보정치를 지향하는 세력이 만들고 있는 인터넷 신문들은 어느새 엔엘과 피디 계열로 나누어져 있다.

일찍이 '소년 빨치산'이었고 '민족경제론'을 제창한 고 박현채는 엔엘과 피디 갈등에 대해 일갈했다. "어느 나라에서 엔엘과 피디가 따로 떨어져 지내는가. 그런 나라가 지구상에 있는가." 바로 '그런 나라'가 우리 대한민국이라면 얼마나 쓸쓸한 일인가.

권력과 자본으로부터 독립된 싱크탱크의 필요성

진보세력의 현주소를 부문별로 살펴보았지만, 각 부문별 문제점은 서로 침투되어 있다. 결국 문제를 풀어가야 할 일차적 책임은 진보 지식인에 있다. 민중과 진보정당의 문제점을 분석하고 대안을 제시할 과제가 지식인에게 있기 때문이다. 바로 그 점에서 진보적 지식인으로 분류되는 사람들이 '콘텐츠 부족'을 진보운동 위기의 실체로 주장하는 것은 명백한 자가당착이다. '콘텐츠'를 채워가는 일은 민중이나 민중운동과 진보운동 일선에 나선 사람들의 몫이 아니라 진보적 지식인 자신의 고유 과제 아닌가. 자신이 할 일을 하지 않은 채 진보 진영의 대안 부족을 거론하는 것은 누워서 침을 뱉는 꼴이다.

더구나 대안이나 콘텐츠가 부족하다는 주장은 현실의 '엄중함'을 내세워 신자유주의에 투항하는 길로 빠져들 가능성이 높다. 노무현 정권이나 열린우리당에 합류한 진보적 인사들이 현실을 명분으로 전혀 엉뚱한 '정책'을 내놓거나 아예 한 술 더 떠 우향우로 치닫는 모습은 단순히 게으름의 문제로 환원될 수 없는 문제다.

신자유주의에 투항하는 모습과 정반대로, 그 대척점에는 신자유주의에 대해 원칙적인 강경함만 고집하는 지식인이 존재하고 있다. 신자유주의를 가장 격렬하게 비판하면서 마치 '진정한 사회주의'를 곧 이룰 수 있는 것처럼 주장하는 지식인은, 자신의 논리 전개에서 선명함을 자부할 수는 있을 터다. 하지만 민중의 고통 받는 삶의 현실을 조금도 변화시킬 수 없다는 점에서 그 결과는 신자유주의에 투항하는 모습과 다를 바 없다.

따라서 오늘 위기를 맞은 진보세력에게 가장 절실한 과제는 진보적 지식인이 자신에게 주어진 책임을 외면하지 않고 정면으로 떠안는 데 있다. 정체성의 혼돈을 빚고 있는 노동운동과, 엔엘과 피디로 갈라져 내부 갈등을 겪고 있는 진보정당이 거듭나려면, 진보적 지식인이 현실을 꿰뚫는 이론적 바탕에서 실천 가능한 정책적 대안을 생산하고, 그 대안을 민중과 공유해야 옳다.

이때 진보적 지식인은 더 이상 좁은 의미의 지식인 범주에 머물지 않는다. 대학교수, 문인, 성직자, 언론인에 국한된 지식인 개념으로는 차별받고 고통 받는 민중의 현실을 바꿔나갈 수 없다. 더구나 이미 지식

프롤로그—왜 지금 '새로운 사회' 인가

노동자가 생활 현장에서 광범위하게 활동하고 있는 현실에 주목할 필요가 있다. 한국 사회 곳곳의 생활 현장에서 살아가는 진보적 생활인, 깨어 있는 노동자, 바로 그들이 새로운 사회를 형성해 갈 주체다.

찬찬히 되돌아 볼 일이다. 한국 사회에서 진보적 지식인은 '대량 생산'되어 왔다고 해도 결코 지나친 말이 아니다. 더구나 1970년대 유신 체제에 몸을 던져 싸우면서, 1980년대 전두환 정권의 살인적 탄압과 최루탄에 맞서 화염병을 손에 들면서, 1990년대 '민주인사'의 허울뿐인 민주정부에 맞서 민중해방과 민족통일을 목 놓아 외치면서, 한국의 대학생은 민주화운동과 통일운동의 빛나는 전통을 만들어왔다. 그들 대다수는 지금 한국 사회 곳곳에서 30대, 40대, 50대 생활인으로 노동하며 살아가고 있다. 그뿐인가. 한국 사회의 민주화운동은 학생운동만이 일궈온 것은 아니다. 생산직과 사무직 노동 현장에서 자본주의 사회의 모순을 인식하고 실천적으로 싸워온 수많은 노동자 또한 '진보적 생활인' 범주로 아우를 수 있다.

결국 우리 사회의 민주주의가 성숙할수록 진보적 지식인과 민중은 진보적 생활인으로 하나가 될 수밖에 없다. 진보적 지식인과 민중이 하나로 거듭나는 과정에 절실한 것은, 그 둘 사이를 이어줄 '다리'다. 그 다리는 '현실을 꿰뚫는 이론적 바탕에서 실천 가능한 정책적 대안을 생산하고, 그 대안을 민중과 공유'할 수 있어야 한다.

민중과 진보적 지식인들이 하나로 거듭나 진보적 생활인으로 조직화해 나갈 때, 한국의 진보세력은 세상을 바꿀 힘을 스스로 갖출 수 있다.

진보의 위기, 그것은 전통적인 진보적 지식인들의 위기일망정 결코 진보를 갈망하는 민중의 위기일 수는 없다. 바로 그래서다. 진정한 민주주의와 민족통일의 꿈을 잃지 않은 생활인들이 다시 모인 까닭은.

해방 60돌, 분단 60돌을 맞은 2005년 9월 3일에 준비위원회를 결성하고 2006년 2월 11일 창립한 사단법인 '새로운 사회를 여는 연구원'Corea Institute for New Society은 진보적 생활인 100인이 모인 조직이다. 권력과 자본으로부터 독립된 진보세력의 '싱크탱크'를 만들고 그것을 민중과 공유하자는 게 기본 구상이다.

이 책은 새사연을 준비하고 결성한 100인 가운데 초기 준비위원들이 '새로운 사회'를 주제로 연 좌담을 생생하게 담았다. 경제, 통일, 정치로 나누어 새로운 사회의 구체적 윤곽을 제시했고, 좌담의 끝에는 새사연을 창립하기까지 과정을 담담하게 담았다. 좌담에 참석한 사람은 모두 진보적 생활인으로 살아온 40대들이다.

생활인들의 좌담이기에 엄밀한 학문적 논의를 기대하는 독자의 요구를 채워줄 수는 없을지 모른다. 하지만 젊은 시절의 꿈을 잃지 않고 살아온 진보적 생활인들이 제안하는 실천 가능한 대안들의 싹을 곳곳에서 발견할 수 있으리라고 믿는다. '새로운 사회'의 새 싹을 아름드리 나무로 키워 가는 일, 이 책을 읽는 모든 독자들과 그 아름다운 숙제를 함께 풀고 싶다면 지나친 욕심일까.

신자유주의가 무서운 게 뭐냐면, 국가 권력기구는 하다못해 4년, 5년마다 한 번씩 선거를 거치면서 국민들의 심판도 받고 교체도 되고 하지만 시장을 움직이는 거대 독점자본은 그런 평가를 받을 의무도 견제 장치도 없다는 것입니다. 시장이 알아서 평가하고 경쟁력이 없는 부분은 도태시켜줄 터이니 시장에 맡겨 두라는 것은, 얼핏 공정하고 자유로운 판단을 보장하는 듯하지만 사실 그 안에 엄청난 불공정 게임을 전제하고 있습니다.

한국 경제를 망친 '보이지 않는 손'

경제를 바라보는 상반된 시각과 대안

사회 "현재 우리 사회는 1988년 이후 구조적으로나 현상적으로 가장 안정되었다." 2005년 12월 이해찬 당시 국무총리가 한 발언입니다. 총리실 확대간부회의에서 이 전 총리는 '외교나 남북 관계, 고유가나 환율 문제에도 불구하고 수출이 지속적으로 증가하고 실업률이 하락'하고 있다는 점을 근거로 들었습니다. 이 발언은 국민의 체감 현실과는 크게 다른 것이었죠. 전체 노동자의 절반 이상이 비정규직으로 존재하는 불안한 고용 현실, 중산층이 붕괴되고 신용 불량자가 400만 명을 초과하며 기초생활 수급 대상자와 차상위 계층을 포함한 빈곤층이 700만을 헤아리는 상황이 우리의 현실입니다.

우리가 오늘의 한국 경제를 진단하고 그 대안을 논의하기 위한 좌담을 마련한 까닭도 여기 있습니다. 먼저 현실 진단부터 해 볼까요.

김병권 보수와 진보를 가르는 기준이 여러 가지겠으나 대체로 현 상태가 안정되고 바람직하다고 보고 이를 유지하면서 일부 문제만 조금

01 우리 사회가 구조적으로 안정되었다는 이해찬 전 총리의 발언은 현 정부가 얼마나 국민의 지향과 동떨어진 방향으로 줄달음치고 있는지를 단적으로 드러낸다.

02 시장 지상주의적 개혁을 맹신한다는 점에서 참여정부와 보수세력은 근본적 차이가 없다.

03 대안이란 좀더 나은 정책, 개선책이 아니라 현재의 잘못된 구조와 확연히 결별하고 다른 방식으로 작동할 수 있는 새로운 운영체제를 말한다. 현재 한국 사회에 필요한 대안은 신자유주의의 개선이 아니다. 신자유주의와 전혀 다른 '새로운 길'이다.

씩 개선하며 가자는 것이 보수라 한다면, '참여정부'는 분명 보수정부입니다. 당사자들은 불쾌할지 모르겠지만 먼저 그 사실부터 분명히 할 필요가 있습니다.

박세길 국민들의 시각도 비슷합니다. 2005년 한 여론조사 기관에서 차기 대선주자들의 이념 성향을 묻는 조사에서는 이명박 서울시장을 "진보에 가깝다"고 본 응답이 이해찬 총리 경우보다 더 많았어요. 이는 그만큼 국민들이 노무현 정부에서 현실 변화의 근본적 의지를 읽지 못한다는 뜻이기도 합니다.

정희용 적어도 경제 분야에서 역대 정부가 주문한 소위 '개혁'은 상당한 정도로 진행되었습니다. 특히 1997년 외환위기는 국가 전반을 거의 패닉 상태로 몰고 갔습니다. 어떻게든 국가 부도만은 넘겨야 한다는 절박한 인식 아래 경제의 구조적 변화와 많은 제도적 개혁이 순식간에 추

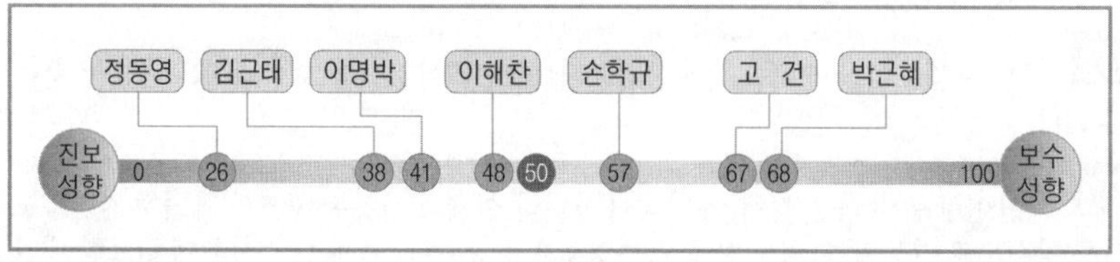

〈도표 1-1〉 국민들은 이명박이 이해찬보다 더 진보적이라고 본다

자료 : 국민일보 2005년 11월 25일자

진되었습니다. 국민들이 이성적인 판단을 할 겨를도 없이 정부와 관료 집단이 방향을 몰고 갔단 말이죠. 그 결과 IMF 이전과 이후의 경제 시스템은 질적으로 차이가 납니다. 시스템만이 아니라 경제생활 패턴, 경제활동에 대한 국민 의식까지도 크게 달라졌어요. 예를 들어 환란 이전에는 우리 사회에도 '평생 직장' 개념이 일반적이었다면, 지금은 아무리 안정된 직장에 있는 사람들도 재직중인 직장이 평생 직장이 될 걸로 생각하지 않습니다.

증권시장을 살펴볼까요? 우리나라 증시를 외국인에게 개방하기 시작한 것은 1992년부터니까 10년이 조금 넘습니다. 1997년 말 국내 증시의 외국인 보유 주식 비율은 14퍼센트 미만이었습니다. 그런데 이것이 2004년 말에는 40.1퍼센트로 대폭 늘어납니다. 전 세계적으로 헝가리(72.6퍼센트), 핀란드(55.7퍼센트), 멕시코(46.4퍼센트) 다음으로 증시에서 외국인이 차지하는 비중이 높습니다. 외환위기 이후 10년도 안 되는 사이에 우리 경제는 이처럼 '강산'이 바뀌는 변화를 겪었습니다.

김병권　많은 것이 개혁의 명분 아래 바뀌었는데, 기존의 문제점은 더욱 심화되고 전에는 없던 새로운 문제들이 돌출하고 있습니다. 그렇다면 이것은 개혁이 부족하기 때문에 발생하는 현상이 아니라 오히려 세

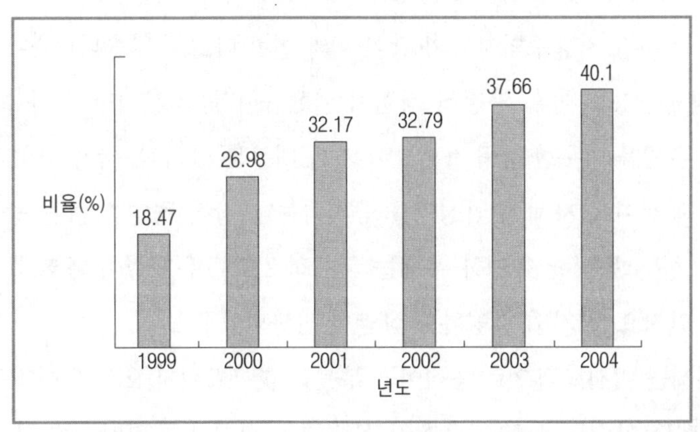

〈도표 1-2〉 우리나라 주식시장의 외국인 상장주식 보유 비율

기준 : 연말, 시가총액, 자료 : 한국은행

계화와 글로벌 스탠더드라는 기준을 가지고 추진했던 경제 개혁의 결과라고 보는 게 타당합니다. 그런데 참여정부의 국무총리란 사람은 "이보다 더 좋을 수 없다"고 사뭇 태평하단 말이죠.

박세길　반면, 재계를 비롯한 시장 지상주의자들은 아직도 개혁이 미진하기 때문에 경제가 어렵다고 아우성입니다. 우리 사회의 보수적 집단은 "시장 경제가 아직도 부족하다"는 말을 무당의 만병통치 주문처럼 사용하고 있는 거죠.

　가령 어떤 집에 큰 화가 닥쳤어요. 어찌할 바를 모르는 집안 사람들이 용하다는 무당을 찾아가 굿을 했어요. 그런데 열심히 굿을 벌이고 부적을 붙이고 시키는 대로 했는데 우환이 가라앉지 않는다 말입니다. 이 경우 무당이 뭐라고 하겠습니까? "아이고 죄송합니다. 제 처방이 틀렸습니다." 라고 말할까요?

　무당은 이렇게 말할 겁니다. "거 봐라 치성이 아직도 부족하지 않느냐, 더 크게 상을 차리고 더 정성들여 굿을 벌이자” 하고 말이죠.

지금 시장 지상주의자들의 말이 이와 별반 다르지 않습니다. 이미 한국 경제는 IMF 이후 완전히 체질이 변했습니다. 자본시장이 자유화되었고 은행을 비롯한 금융기관들이 거의 대부분 사회적, 국가 산업적 기능은 뒷전이고 자체 수익성만을 중시하는 시장적 경영을 하는 중입니다. 또한 노동시장 유연화 추세는 국제적으로도 유례없이 빠르게 진행되고 있지요. 공기업 민영화도 상당히 진행되었구요.

이제는 비시장적으로 움직이는 부문을 찾아보기가 오히려 어려운 상황인데도 아직도 시장 자유화가 부족해서 경제가 풀리지 않는다고 딴지를 거는 건, 치성이 부족하다고 되레 도끼눈 뜨는 무당과 뭐가 다르냐는 거죠.

사회 기실 1990년대 초반부터 십수년간 그리고 결정적으로는 외환위기 이후 글로벌 스탠더드를 앞세운 시장주의 개혁이 빚어낸 결과가 오늘의 한국 경제입니다. 그런데 그 결과를 놓고 노무현 정부는 “웬만큼 안정화되었다”고 자부합니다만 국민들 상당수는 “못 견디겠다. 근본적으로 잘못된 거 아니냐”며 현실에 대한 비판이 갈수록 짙어 가는 상황입니다. 개혁의 방향성 자체도 불신하게 되었습니다. 그런데 재계를 중심으로 한 기득권세력은 한술 더 떠서 “아직도 개혁이 모자란다. 시장화와 기업 활동의 자유를 한층 높여야 한국 경제가 살아난다”고 주장합니다.

결국 참여정부와 기득권세력은 속도감과 정도의 차이가 있을 뿐 대체로 시각을 같이하고 국민들은 이런 흐름에 회의를 느끼고 있습니다. 자, 이런 답답한 현실에서 여기 모인 분들은 한국 사회가 근본적인 대안을 모색해야 한다는 데 의견을 같이합니다. 그런데 과연 ‘대안’이란 무엇입니까. 요즘에는 "진보가 비판만으로는 안 되고 대안을 가져야 한다"는 언술이 하나의 유행처럼 되고 있는데, 가만히 들여다보면 대안의 내용 이전에 '대안'이라는 개념조차 말하는 사람마다 다르게 사용하거든요.

박세길 이전 시기 진보운동이 현실 구조에 대한 비판과 부정 중심으로 진행되었던 사정이 있는데요, 그러다보니 "그럼 당신들은 대체 뭘 하려는 거냐" 하는 질문에 대해서는 상당히 추상적이고 원칙적인 방향 외에는 언급할 내용이 풍부하지 못한 약점이 존재하거든요. 최장집 교수 같은 분은 이를 '안티테제'와 '진테제'로 표현하죠. 지금은 안티테제가 아니라 진테제가 필요한 시점이라는 건데, 저도 적극 동감입니다.

김병권 그런데 대안을 '정책적으로 조금 더 세련된 안' 정도로 이해하는 것은 문제가 있지 않습니까? 예를 들어 교육제도에 문제가 많다고 해서 우리나라 입시 정책은 거의 매 정부마다 바뀌곤 하는데 이전과 다른 정책을 다 대안이라고 표현하는 건 곤란하죠.

박세길 그렇습니다. 시스템은 그대로 두고 응용 프로그램을 약간 개선하자는 것을 대안이라고 할 수는 없는 겁니다.

김병권 우리가 피시PC를 사용하려면 반드시 필요한 게 운영체제 아닙니까. 오퍼레이팅 시스템, 줄여서 오에스OS(Operating System)라고 하죠. 도스, 윈도우즈, 유닉스 등등…. 일정한 운영체제 내에서 기능별 응용프로그램을 뭘 쓸 것인가 하는 것이 개별 정책 차원이라면 대안이란 운영체제를 교체하는 문제죠.

그동안의 개혁은 엄밀히 말하면 시장주의 또는 신자유주의라는 운영 체제 하나만 가지고 계속 버전업을 해온 거 아니겠습니까. 김영삼 정부는 신자유주의 버전 0.7쯤 되는 거고 김대중 정부는 버전 1.0 노무현 정부는 1.5 정도? 현재 노무현 정부가 추진중인 한미 FTA가 체결되면 한국 사회 운영체제가 완전히 미국체제에 동화된다는 점에서 신자유주의 버전 2.0이라고 볼 수 있겠네요.

사회 그렇게 보면 정부와 기득권세력 사이의 차이는 신자유주의 운영체제 내에서 응용 프로그램을 어떤 것으로 쓸 것인지에 대한 견해차나 신자유주의 운영체제 자체의 버전업에 관한 의견 다툼일 뿐이라고 볼 수 있겠군요. 우리가 말하는 대안은 운영체제의 교체, 한마디로 한국 사회가 신자유주의가 아닌 다른 방식으로 운영될 수 있는 길을 제시하는 것이라고 하겠습니다.

그런데 대안이 운영체제를 바꿀 방안이라고 하면 이건 너무 먼훗날의 일, 그래서 당위적으로는 옳은데 현실적 실천력을 담보하지 못하는 이상주의적인 과제로 간주될 우려는 혹 없을까요?

정희용 그래서 반드시 현실 조건에서 실천 가능하고 정상 작동이 될 수 있음을 입증해야만 국민적 대안이 되는 것이지요. 얼마 전까지만 해도 신자유주의적 세계화는 결코 흔들리지 않을 대세라고들 여겨졌지만, 지금 보십시오. 이미 신자유주의로 초토화되었던 남미 국가들은 최근 미국에의 의존을 줄이고 공공 부문의 발전을 우선시하는 새로운 발전의 길을 모색하고 있지 않습니까. 지역간 공조로 에너지, 자원을 비롯해 경제 공동 번영을 긴밀하게 찾아나가는 추세구요. 남미는 미국이 자신의 앞마당으로 여기던 지역입니다. 언제나 미국식 체제를 강요해 왔고 필요할 경우 군사 쿠데타를 지원하거나 직접 조종하여 정치권력을 갈아 치우던 것이 최근세사의 일입니다. 누구도 이 지역이 미국의 입김에서 벗어나 독자적인 발전을 모색하리라고 예상하지 못했습니다.

대안 시스템을 실행에 옮기기는 무척 어려운 일이지만 절대로 불가능한 일이 아닙니다. 또 먼 훗날 되어도 좋고 안 되어도 좋다는 식의 유토피아 구상이 아니라는 겁니다.

박세길 진보가 집권하려면 단순히 선거에서 많은 표를 얻는 것만으로는 안 됩니다. 집권 시 운용할 프로그램이 있어야 하는 거지요. 이는 노무현 정부가 역설적으로 깨우쳐 주었습니다. 2002년 대선에서 국민들의 변화에 대한 열망을 통해 노무현 대통령이 탄생했지만 정치, 경제, 사회 모든 면에서 국민의 열망을 반영해 국정을 계획하고 운영할 안이 없었기에 결국 고위 관료들과 시장의 주도권을 쥔 일부 재벌들 그리고 친미적인 지배 집단이 기존에 짜놓은 프로그램에 동화되어 버리지 않았습니까.

사회 네, 그런 점에서 대안은 국민들이 진보를 집권시켰을 때 바로 적용해 나갈 국정 운영 프로그램이라고 할 수도 있겠고 신자유주의와 전혀 다른 원리와 동력으로 사회를 구성할 기본 운영체제라 표현할 수도 있겠습니다.

그럼 대안에 대한 정의를 이 정도로 설정해 두고 원래의 주제로 돌아가기로 하지요. 이해찬 전 총리의 발언이 타당한지 아니면 국민들이 몸으로 느끼는 인식이 정확한 것인지를 먼저 가려내야 하겠죠?

02 } 수출 신화가 붕괴되다

박세길   먼저 수치로 볼 때 수출이 지속적으로 증가하고 있다는 것은 틀림없는 사실입니다. 2005년 수출은 2847억 달러를 기록함으로써, 역대 최고치를 경신했고 전년 대비 수출 증가율은 2003년 19.3퍼센트, 2004년 31퍼센트에 이어 2005년 12.2퍼센트로 3년 연속 두 자릿수로 늘어나고 있습니다. 특히 2005년 경우는 대외 여건이 고유가와 원/달러 환율 하락으로 그다지 좋지 않았기에 의미가 큽니다. 그러나 수출의 증가가 곧 한국 경제의 안정성과 건전성을 표현하는 절대적인 지표라도 되느냐 하는 점에 심각하게 이의를 제기하지 않을 수 없습니다. 수출은 잘되는데 국민경제는 추락하는 일이 현재 우리가 목격하고 있는 바입니다.

정희용   "수출입국" 구호가 요란했던 박정희 정권 이래로 우리나라 사람들에게는 수출에 대한 일종의 신화 같은 것이 존재합니다. 수출이 잘되면 나라 경제도 덩달아 잘될 것 같은 착각이죠. 수출입국이란 말을 뜯어보면 '수출'과 '입국'을 동격으로 간주하고 있습니다. 다시 말해서 수

01 해마다 수출은 최고치를 경신하고 있지만 내수 소비는 전혀 살아나지 못하고 중소 기업의 침체, 양극화는 더욱 심화된다. 수출과 국민경제 간의 순환고리가 완전히 파괴된 것이다.

02 국제 경쟁력을 지닌 일부 대기업 중심으로 경제를 운용할 수밖에 없다는 논리에는 국민경제의 종합적 발전에 대한 관점이 빠져 있다.

03 '글로벌 스탠더드'란 이름으로 한국 경제가 획일화되고 있다. 글로벌 스탠더드는 실상 '아메리칸 스탠더드'에 다름아니며, 미국 자본주의 사이즈의 옷에 한국인의 몸을 억지로 맞추는 행위다.

출이 나라를 발전시키는 일이라는 뜻인데요, 이 명제가 성립하자면 기본적으로 수출이 실제로 국민경제 전체에 도움이 되어야 하겠지요. 그런데 나타나는 현상은 그렇지가 않습니다.

수출이 사상 최대라지만 내수는 계속 침체되어 있습니다. 또 고용이

〈도표 1-3〉 전년 대비 수출 증가율

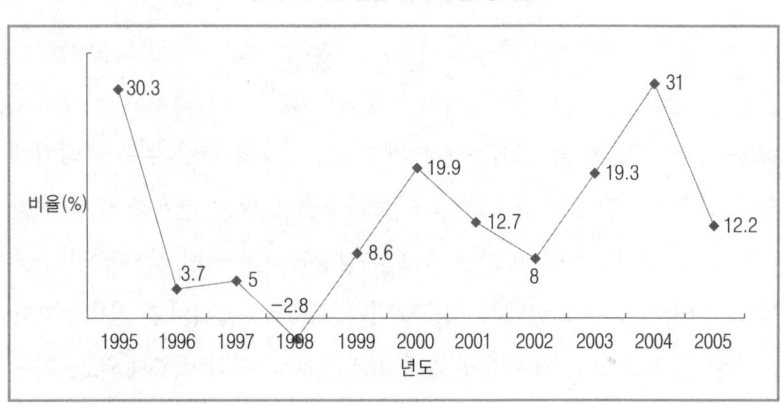

자료 : 한국무역협회, 통계청

늘어나는 것도 아니에요. 주로 대기업이 수출을 주도한다고 할 때, 수출 대기업과 연관 또는 협력 관계에 있는 중소기업에게도 혜택이 돌아가야 할 텐데 중소기업 경기는 매년 악화일로예요. 사정이 이렇다면 수출과 국민경제는 연관성이 상실된 겁니다. 서로 따로국밥인데 수출 잘되는 것만 이야기하면 뭡니까?

<도표 1-4> 수출과 내수 소비 증가율

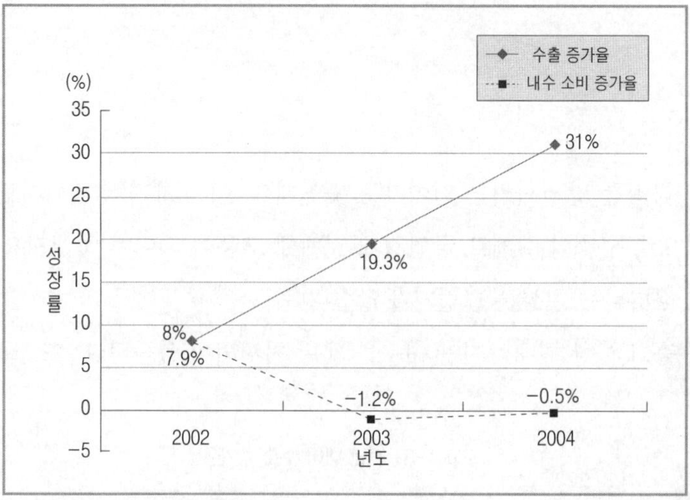

자료 : 한국은행

박세길　그동안 한국 경제는 자본과 기술, 시장의 상당 부분을 해외에 의존하면서 자립적인 재생산 구조를 갖추는데 많은 한계를 드러내 왔습니다. 그럼에도 수출이 전체 경제의 성장을 이끌었던 것은 순환 구조를 그런대로 갖추고 있었기 때문입니다. 수출이 늘어나면 설비투자와 고용이 확대됩니다. 일자리가 늘어나고 가계의 수입이 증대되죠. 이는 다시 내수를 활성화시킵니다. 투자의 확대는 생산성을 향상시키기 때문에 기업의 가격 경쟁력을 높입니다. 가격 경쟁력은 다시금 수출을 증대시키는 요인이 되구요. 이러한 선순환 구조가 비교적 안정화 추세를 보였던 것은 1987년 이후라고 할 수 있습니다. 해외 기술 사용료의 급증은 국내 기업의 독자적 기술 개발을 촉진했으며 이는 중소기업의 부품 공급 능력 강화로 이어졌습니다. 또한 1987년 '노동자대투쟁' 이후 임금 소득이 상승하면서 내수 시장의 폭발적 확대를 야기했는데 승용차가 일반화된 것은 그 대표적인 징표라고 할 수 있습니다.

정희용 말씀하신 것처럼 선순환이 이어질 때나 수출입국이란 말이 의미를 가지고 또 그걸 내세워 경제적 안정도 논할 수 있는 것이죠.

김병권 그렇습니다. 수출의 국민경제 파급 효과가 날로 떨어지고 있습니다. 1990년에는 10억 원어치를 수출하면 46명의 고용 효과가 있었지만, 2000년에는 16명으로 10년 새 3분의 1로 고용 효과가 줄었습니다. 생산 공장의 중국 등 해외 이전이 늘어났고 공장 자동화가 진척되어 절대적 고용 숫자가 줄어들었구요, 산업별로는 수출 주력 업종이 과거 섬유나 의류 같은 노동집약 산업에서 반도체나 휴대폰처럼 고용 효과가 작은 자본집약 산업으로 바뀌는 추세라는 점도 크게 작용한 것입니다.

박세길 최근 수출 강세를 보이는 업종들이 고용 효과가 크지 못한 것은 부품의 해외 의존도가 높은 사정에도 기인합니다. 이점을 단적으로 보여 주고 있는 것이 2000년대 들어와 한국의 수출을 주도하고 있는 IT 산업의 외화가득률입니다.

1995년도 전기·전자 업종의 외화가득률은 65.3퍼센트였습니다. 쉽

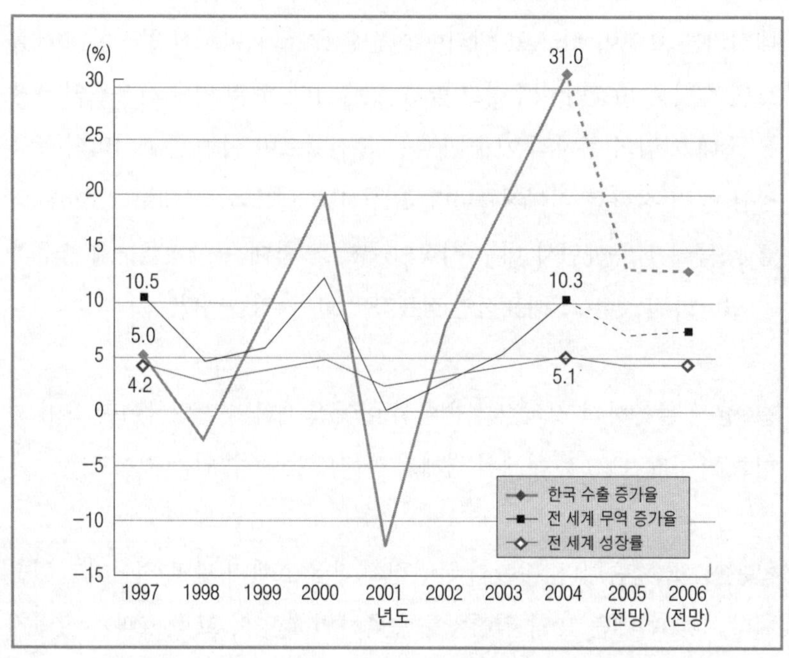

게 말해 100달러를 수출하면 부품이나 재료 구입에 35달러를 지불하고 65달러를 벌어들인 것입니다. 그런데 2004년 반도체, 핸드폰, 통신 장비 등 IT 제품을 포함한 전기·전자 업종의 외화가득률은 40.0퍼센트로 크게 떨어졌습니다. 반면 1990년대까지 한국의 수출을 이끌었던 자동차, 선박의 경우는 외화가득률이 70퍼센트를 넘고 있습니다. 반도체, 휴대폰 등에서 부품의 해외 의존도가 그만큼 높다는 이야기입니다. 이는 달리 해석하면 해당 분야에서 국내 중소 업체의 부품 공급 능력이 향상되지 못했다는 것을 말합니다.

부품 해외 의존도가 높으니 국내 업체들이 성장하지 못하고 국내 업체들이 정체되니까 다시 주요 부품을 기술력 높은 해외 업체들에 의존

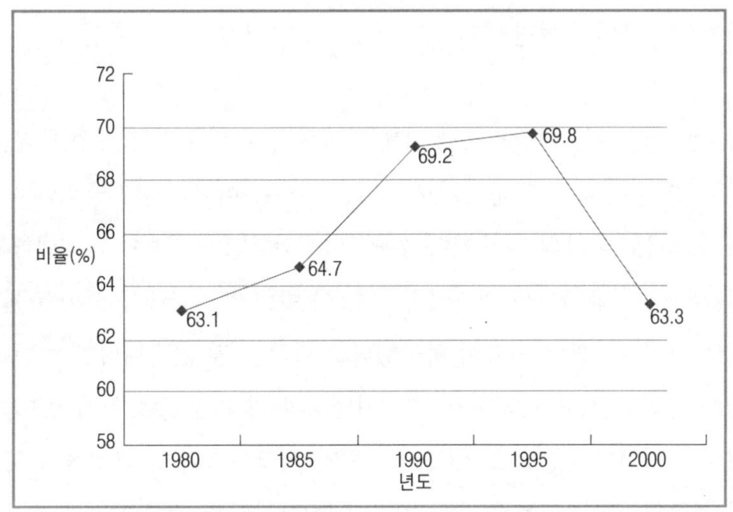

하는 악순환이 반복되는 겁니다. 이래서 점점 수출 대기업과 내수 중소
기업의 양극화는 심해지기만 합니다.

정희용   산업은행이 3175개의 국내 업체를 대상으로 조사한 「2004년
기업재무분석」 결과보고서에 따르면 2004년 국내 제조업의 전체 영업
이익 중에서 매출액 상위 10대 기업의 비중은 46.8퍼센트로 10대 기업
이 전체의 절반을 차지한 것으로 나타났습니다. 어떤 회사들이냐면, 삼
성전자, 현대자동차, LG전자, 포스코, SK, 기아자동차, GS칼텍스정유,
S-Oil, 현대중공업, LG필립스LCD 등입니다. 이들 10개 회사가 전체 기
업 이익의 절반을 차지한다면 나머지 기업들은 어떻게 되었다는 것입
니까? 일부 대기업을 제외하면 대부분의 기업들은 실질적으로 마이너
스 성장, 후퇴하고 있는 겁니다. 기업의 양극화는 대기업과 중소기업의

차이를 벌리는 정도를 넘어서 손가락으로 꼽을 수 있는 소수 대기업을 제외하면 나머지 중견 기업들도 기반이 취약해져 가는 상황입니다.

김병권 : 뭐, 제가 개인적으로 이해찬 씨에게 사감이 있는 건 아니나(웃음) 이분이 사회 안정의 근거로 실업률 저하를 이야기하고 있으니 여기에 대해서도 한마디 하지 않을 수 없군요. 외환위기 직후인 1998년에 실업률은 6.8퍼센트까지 치솟았습니다. 이 수치가 지난해에는 3.5퍼센트대로 떨어지니까 실업률이 하락했다고 말하는 것 같습니다만 이건 정말 눈가리고 아웅하는 짓입니다. 기업들의 연쇄 부도로 일시에 100만 이상의 실업자가 거리로 내몰린 상황과 비교하다니요. 안정을 말하려면 외환위기 이전, 예를 들어 1996년 2.0퍼센트 1997년 2.5퍼센트라는 수치와 비교를 해야죠.

<도표 1-7> 실업률 연도별 추이

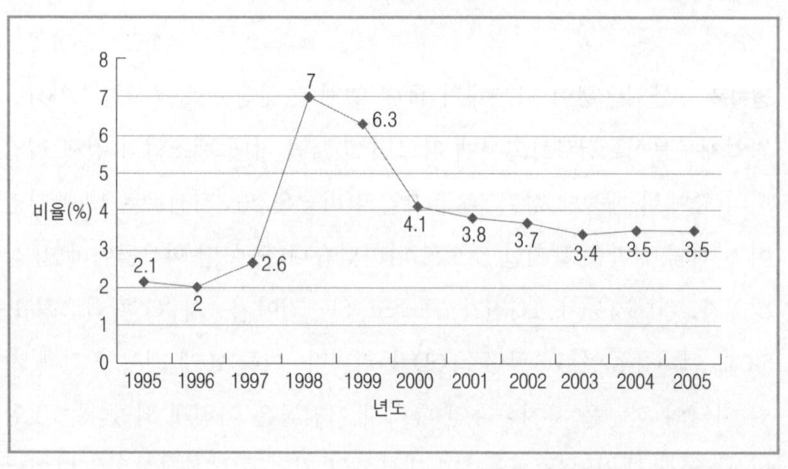

기준 : 구직 기간 일주일, 자료 : 통계청

정희용　실업률 통계 수치가 절대 말해 주지 않는 더 중요한 것은 고용의 질이 악화된 사실입니다. 국민들이 먹고살기 위해 계약직, 임시직, 일용직 등 비정규직으로 하향 이동하고 있는 점은 전혀 반영이 되지 않죠. 비정규직이 언제든 일터에서 쫓겨날 수 있는 불안정한 신분인 것은 물론이고 시간당 임금 수준이 정규직 노동자의 48.6퍼센트에 불과하니 얼마나 삶이 열악해지고 있냐는 거죠.

사회　이해찬 전 총리가 집중적으로 두들겨 맞는 상황이니 (웃음) 제가 변호인이 좀 되어 보겠습니다. 10대 기업이 국내 제조업 영업이익의 절반을 독차지하는 현상에 대해 이렇게 보는 사람도 있습니다. "바야흐로 세계화 시대다. 국제무대에서 경쟁력을 지닌 기업들 이른바 초일류기업은 살아 남고 그렇지 못한 기업은 도태된다. 이것은 국내적으로 불균등을 시정하려 한다고 되는 문제가 아니다" 하고 말이죠.

정희용　왜 악역을 자처하십니까. (전체 웃음)

오히려 변호인께서 솔직하게 문제의 본질을 꺼내신 것 같습니다. 숱한 사회적 부작용과 국민들의 고통에도 불구하고 이해찬 씨가 당당할 수 있는 배경에는 '어차피 이게 세계적 추세고 글로벌 스탠더드'라는 믿음이 깔려 있기 때문입니다. 상황을 몰라서 죄를 지은 게 아니라 알고도 저지른 일종의 '확신범'이라는 거죠.

박세길　이거 토론이 점차 법정 공방으로 변하는 것 같습니다.(웃음) 사회자께서 하신 말씀이 바로 신자유주의를 옹호하는 사람들의 전형적인 논리입니다. 또 옹호자가 아니라 하더라도, 신자유주의가 못마땅하긴 하지만 시대적 대세가 그런 걸 어떻게 하겠느냐고 숙명적으로 받아들이는 체념적 관점이기도 합니다.

김병권　그런 주장을 신자유주의라고 부르건 시장 지상주의라고 하건 간에 국민경제 전체의 종합적인 성장과 발전을 도모하는 경제 시스템과는 거리가 먼 사고방식입니다.

　개별 기업이 자기 합리화를 위해 그렇게 주장한다면 모를까 우리 국민 사천팔백만, 경제 활동 인구 이천오백만을 생각한다면 국정을 책임진 사람이 할 말은 아닙니다. 그리고 글로벌 스탠더드라는 것도 그렇습니다. 그건 한마디로 미국식을 일방 강요하는 아메리칸 스탠더드 또는 자본 이익에 모든 기준을 맞추는 캐피탈 스탠더드Capital Standard입니다. 전 세계 200여 국가 가운데 이 국제 질서에서 이익을 보는 나라가 몇이나 됩니까. 미국과 영국을 비롯해 불과 몇 나라 안 됩니다. 그 나라들조차 내부를 들여다보면 사회는 다시 20대 80 양극화로 갈라져 있습니다. 거대 초국적 자본만 마음껏 활개치는 이 비정한 질서를 글로벌 스탠더드라는 말로 합리화시키려 하는데요, 참 마음에 안 드는 표현입니다.

정희용　신자유주의의 국제적 전도사 가운데 하나죠.『뉴욕타임스』칼럼니스트인 토마스 프리드먼은 자신의 저서『렉서스와 올리브나무』에서 낯이 간지러워서 그랬는지 스탠더드니 뭐니 그런 말 안 쓰고 '황금 구속복'이라고 표현하죠. 방금 캐피탈 스탠더드라고 지적한 것과 일맥상통하는 용어입니다.

　프리드먼이 말하는 바는 이렇습니다. "세계라는 시장에 나오려면 황금 구속복을 입어야 한다. 영국 대처와 미국 레이건 대통령이 만든 자유

시장 자본주의라는 이 황금 구속복을 입고 안 입고는 자유지만 황금 구속복을 입지 않는 한 투자자는 그 나라를 외면할 것이다." 친절하게도 프리드먼은 착용법까지 가르쳐 줍니다. "황금 구속복은 각 나라마다 맞춤형으로 제작된 것이 아니고 미국식 자본주의 사이즈 단 하나밖에 없기 때문에 몸에 옷을 맞출 수는 없다. 그러니 옷에 몸을 맞춰라" 하고 말입니다.

사회　그러니까 현재의 '시장 개혁'이란 미국식 자본주의 사이즈 옷에 한국 사람들의 몸을 맞추고 있다는 말이기도 하군요.

김병권　프리드먼이나 신자유주의자들은 공통적으로 디스 오어 낫씽 this or nothing, 즉 '이 길' 아니면 국물도 없다는 말을 하고 있습니다. 우리는 지금 대안을 논하자고 모였습니다. 대안이 뭡니까. 굳이 영어로 표현하자면 얼터너티브 프로그램alternative program, 이 길이 아니다 싶을 때 택할 수 있는 '다른 길'입니다. 글로벌 스탠더드는 무슨 대단한 국제주의적 기준이라도 되는 듯하지만 실은 대안의 가능성을 원천적으로 배제하는 일방적 논리일 뿐입니다.

사회　좋습니다. 자연스럽게 문제가 글로벌 스탠더드를 앞세운 신자유주의로 수렴되고 있으니 좌담의 주제를 옮기기로 하겠습니다. 한국은 IMF 구제금융을 받으면서 세계적으로 유례없이 빠른 속도로 신자유주의를 받아들였는데요, 과연 신자유주의가 한국 경제에 심어 놓은 것은 무엇입니까. 이걸 정리한 다음 신자유주의 일반으로 논의를 이어가기로 하지요.

03

주주자본주의의 한국 공습

사회 먼저 어쩌다 한국이 그렇게 빠른 속도로 신자유주의 물결에 휩싸이게 되었는지, 확인하는 차원에서 전개 과정부터 짚어 볼까요?

박세길 1997년이 결정적이기는 했지만 외환위기 이전인 1990년대 초반 미국이 한국 정부에 금융시장 개방을 관철시키면서부터 이미 재앙의 싹은 잉태되었습니다. 몇 차례에 걸쳐 단계적으로 금융과 자본시장이 개방된 결과 1993년 400억 달러 수준이던 외채 규모는 1998년 1500억 달러를 넘어서게 되었습니다.

자금 공급 확대는 곧바로 재벌 기업을 중심으로 한 과잉투자를 낳았습니다. 이런 가운데 1997년 한보철강을 필두로 대기업의 연쇄 부도 사태가 촉발되면서 덩달아 국제 금융자본의 국내 진출 교량자 역할을 하던 금융기관의 부실화를 초래한 것이죠.

이 과정에서 1997년 후반 월가의 큰손들이 한국에 투자했던 자금을 일시에 빼내감으로써 외환위기를 고의적으로 재촉함과 동시에 미국 정

01 1997년 외환위기는 금융시장 개방 → 과잉투자 유발 → 외환위기 유도 → 국제통화기금IMF 통치 → 국제금융자본의 진출이라는 일반적인 공격 수순이 한국에도 그대로 적용된 과정이라 할 수 있다.

02 1998년부터 2004년까지 7년간 외국인들이 국내 증시에서 거둬들인 총수익 규모는 136조를 상회한다. 이는 우리나라의 연간 국가 예산, 4년간 무역을 통해 벌어들인 수익과 맞먹는 규모다. 결국 국민경제가 확대재생산 되지 않는 가장 기본적인 이유는 주요 대기업과 금융이 외국자본 수중에 묶여 있기 때문이다.

03 경제 운용의 목표를 주주의 이익에 맞추는 주주자본주의는 국부의 해외 유출은 물론 노동시장의 불안정, 설비투자 부진, 성장률 감소를 낳아 한국 경제의 성장 동력을 고갈시킨다.

부는 일본의 한국 지원을 차단하여 한국 정부가 꼼짝없이 국제통화기금*IMF 앞에 무릎을 꿇도록 유도했습니다. 결국 한국은 구제금융을 대가로 국제통화기금 관리체제 아래로 들어가게 된 것입니다.

사회 외환위기가 촉발된 과정을 잘 정리해 주셨는데, 미국이 한국 정부에 금융시장 개방을 관철시켰다거나 한국에 대한 일본의 지원을 차단했다는 것은 아직 근거가 부족한 분석 아닌가요?

박세길 금융시장 개방은 80년대부터 국내에서 논의가 되고 계획을 준비하기는 했지요. 그러나 90년대 들어서면서 이미 미국의 신자유주의적 정책이 국제 정치적으로 강화되고 있는 과정이었습니다. 남미를 한바탕 휩쓸었구요. 이 분위기에서 한국이 자율적이고 독자적 판단에 의해서만 금융과 자본시장을 개방한 것은 아니라는 겁니다.

김병권　재정경제원이 당시 김대중 대통령 당선자 시절 대통령직 인수위원회에 제출한 「1997 경제위기의 원인, 대응, 결과」라는 보고서에서는 경제위기가 발생한 구조적 요인으로 고비용 저효율 구조의 심화, 과다한 차입에 의존한 기업 경영, 불합리한 대출 관행, 감독 체계의 미비 등 네 가지 요소를 들고 있어요. 또한 직접적 요인을 따로 나누어 ① 연이은 대기업 부도, ② 제2금융권의 무차별적인 자금 회수, ③ 부실채권의 급증과 대외신인도 하락, ④ 외국 금융기관의 급속한 자금 회수, ⑤ 총체적 리더십 결여 등으로 제시하고 있습니다.

　　외환위기의 원인을 내인 또는 외인 어느 하나만으로 설명할 수는 없다고 봅니다. 외환위기는 당시 한국 경제의 내부적인 취약성과 동남아시아, 국제금융시장 등 외부적인 요인이 모두 반영된 결과물이기 때문입니다. 어느 쪽의 규정력이 더 본질적이었는가 하는 차이는 있겠지요.

박세길　내인론의 일종으로, 이윤율의 구조적 저하란 마르크스주의 경제학적 관점에서 외환위기를 설명하는 견해도 있습니다. 표에서 보듯이 자본 이윤율이 지속적으로 하락하는 것은 사실입니다. 그러나 왜 하필 다른 여느 해가 아닌, 1997년에 위기가 발생했는가에 대한 종합적인 진단은 되지 않는 것 같습니다.

　　실천적 관점에서 제가 주목하는 것은, 그보다는 한국의 위기 국면을 국제금융자본과 미국이 어떻게 저들의 입맛에 맞게 백퍼센트 활용했는가 하는 측면입니다.

정희용　미 국방성의 한국전쟁 비밀 문서들이 얼마 전에야 해제되었죠. 1997년 외환위기와 관련된 미국의 비밀 문건들도 또 몇 십 년 후에

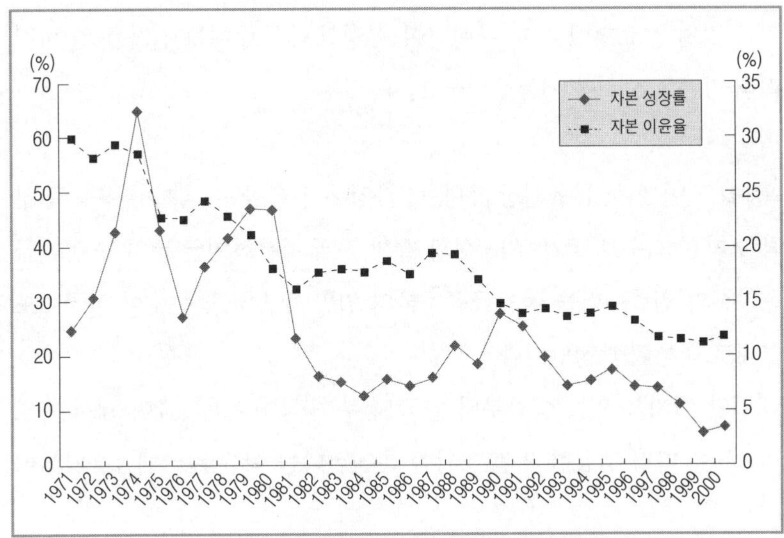

〈도표 1-8〉 전산업 자본 성장률과 이윤율 비교 : 1971년~2000년

자료 : 김숙경, 2005, 「마르크스의 축적론과 한국 경제의 축적 경향」

나 공개되려나요? 확실한 증거를 지금 내놓기 어렵다지만 정황 증거는 많습니다. 미국은 아시아권의 자체적 통화기금, AMF*(Asian Monetary Fund)죠, 창설을 눈에 쌍심지를 키고 반대했습니다. 전 일본 대장성 재무관을 지낸 사카키바라, 홍콩의 탕Donald Tang 재무장관 등의 제안이었는데 아시아에서의 영향력 감소를 우려한 미국과 IMF의 압력으로 무산되었죠. 서머스 당시 미국 재무부 차관이 심야에 전화를 걸어 노골적으로 불편한 심기를 드러낸 것을 사카키바라가 증언한 바 있습니다.

위기 당시 재무부 장관이었던 강경식은 후에 발표된 비망록에서 "IMF 구제금융으로 몰린 이유는 미국의 갑작스런 자금 회수에 있다. 한 달 사이에 180억 달러를 회수당하고도 위기에 몰리지 않기는 불가능한 일"이라고 적고 있습니다. 또 강만수 전 재정경제부 차관이 낸 『현장에서 본 한국 경제 30년』이라는 책에는 한국 정부가 일본에 긴급히 브리지론 지원을 요청했을 때 클린턴이 김영삼 대통령에게 전화를 걸어 강력히 비판한 사실을 기록했더군요.

박세길　어쨌든, 금융시장 개방 → 과잉투자 유발 → 국가 신용등급 하락과 자금 회수로 국가 부도 상황 발생 → 국제통화기금 통치 → 국제금융자본의 진출이라는 국제금융자본의 일반적인 공격 수순이 한국에도 그대로 적용된 과정입니다.

일단 백기를 드는 순간부터 한국 정부는 국제통화기금이 제시한 프로그램에 따라 긴급한 외환 조달을 촉진한다는 이유로 국제금융자본이

〈도표 1-9〉 외환위기 주요 일지

1월 23일	한보철강그룹 법정관리 신청
3~6월	삼미 진로 뉴코아 등 대기업 연쇄 부도
7월 2일	태국 바트화 폭락
7월 15일	기아 사실상 부도, 협조융자 신청
8월 13일	인도네시아 루피아화 폭락
8월 20일	태국 정부 IMF 프로그램 합의(총 172억 달러)
9월 21일	일본 정부 1000억 달러 규모의 아시아통화기금*AMF 창설 제안
10월 24일	기아 법정관리, S&P 사, 한국 국가 신용등급 하향 조정
10월 27일	무디스 사, 한국 국가 신용등급 하향 조정
10월 31일	인도네시아 IMF 프로그램 합의(총 342억 달러)
11월 5일	블룸버그 "한국 가용 외환 보유고 20억 달러" 보도
11월 16일	캉드쉬 IMF 총재 극비 방한, 구제금융 방안 논의
11월 19일	강경식 부총리 경질, 임창렬 신임 부총리 임명
11월 21일	IMF 구제금융 신청 공식 발표
11월 26일	S&P 사, 한국 국가 신용등급 추가 하향 조정
12월 3일	캉드쉬 총재 방한, 대기성 차관 제공에 관한 양해각서 체결

자료 : 한국자산관리공사 「외환위기 일지」

진출할 수 있는 길을 최대한 넓혀야 할 처지에 빠집니다. 그에 따라 외국인의 주식·채권투자 등 자본시장 개방은 더욱 확대되었고 외환 유입과 유출도 한결 자유로워졌습니다.

김병권 아울러 이참에 영미식 주주자본주의가 원활하게 작동할 수 있도록 하는 일련의 조치가 취해졌죠. 기업인수합병*M&A을 활성화하기 위한 제도, 소액주주 권익 보호를 위한 제도적 장치가 연속 도입되었습니다. 1999년도는 '자본시장 육성의 해'로 선포되면서 뮤추얼 펀드의 도입, 건전한 기관투자가 육성, 기업 공개*와 상장 요건 완화, 증권 위탁거래 전문회사와 채권 전문 딜러 회사 설립 요건 완화, 신용평가기관의 육성 등 주주자본주의 작동을 위한 제도적 보완 조치가 잇달아 취해졌습니다. 국제금융자본이 마음껏 활개칠 수 있는 조건이 마련된 것이죠.

사회 잠시만요, 주주자본주의 개념도 정리하고 넘어가죠.

김병권 신자유주의 단계 자본주의의 특성이라고 할 수 있는데, 말 그대로 경제활동의 목표를 오직 주주shareholder의 이익 극대화에 맞추는 거죠. 기업 경영이든, 시장 경제든, 국민경제 전체든 간에.

정희용 주주자본주의에서는 엄밀히 말하면 국민경제라는 개념이 사라지지요. 주주, 즉 대자본의 이해관계가 최우선이니까요.

김병권 이전 시기 기업 경영의 패러다임이 기업 활동을 통해 순이익을 많이 남기는 것이었다면, 주주자본주의에서는 주주의 이익을 확보하는 수단이 기형적으로 발전합니다. 인건비를 줄여서 남길 수도 있고 기업 인수합병으로 주가를 올려도 되는 거고요. 노동자를 일시에 대량 해고하여 비용을 절감하더라도 어쨌든 주주에 대한 배당은 늘어나는 거니까, 이런 경영자가 상상을 초월하는 연봉이나 스톡옵션*을 받는 거죠.

사회　　그런 방법으로는 당장에는 몰라도 장기적으로 기업의 경쟁력이 상실되는 거 아닙니까?

김병권　　그거야 자본이 상관할 바가 아니죠. 자본 입장에서는 기업 주가가 높을 때 팔아치워 차익을 남기고 다시 다른 기업 주식을 사들이면 되는 거니까요. 이게 신자유주의 시대를 풍미하는 미국식 경영의 본질입니다. 주주 중심 경영이니 가치 경영이니 수사는 요란하지만 그 이면에는 이런 냉정한 계산이 도사리고 있습니다.

박세길　　외국자본이 한국에서 어떤 식으로 주주자본주의를 만끽했는지 자세히 뜯어보면 그 작동 메커니즘이 이해가 될 겁니다.

　　국제금융자본은 우선적으로 집단적 부실 상태에 놓여 있던 금융산업을 가볍게 장악하였습니다. 그에 따라 대부분의 주요 은행들이 외국자본에 의해 잠식되고 말았죠. 2004년 말 현재 국민은행 77.8퍼센트, 신한은행 64.3퍼센트, 하나은행 65.5퍼센트 등 국내 은행의 외국인 투자자 주식 보유 비율이 대체로 50퍼센트를 넘어서고 있습니다. 제일은행, 한미은행, 외환은행 등은 아예 소유권이 외국인으로 넘어가게 되었습니다.

정희용　　자본주의에서 은행은 산업의 젖줄이라고 하잖습니까. 외국자본이 국내 금융기관을 거의 삼켰다는 것은 한국 경제의 명맥을 틀어쥐었다는 뜻이죠. 외환위기를 겪지 않았다면 상황이 이 정도로 치닫지는 않았을 겁니다. 최근에 한 금융 전문가를 만나보았더니 신자유주의 종주국인 미국조차도 금융기관만큼은 외국자본의 진출을 엄격히 제한하고 있는데 우리는 아무런 준비도 없이 문을 다 열어주었다고 분개하더군요.

박세길　외국자본의 손길은 금융 산업에 머물지 않고 제조업과 공기업 쪽으로도 확산되었습니다. 그 결과 종묘, 제지의 경우는 업종 자체가 외국자본의 독과점 지배로 넘어갔습니다. 대기업 중에서도 2004년 말 현재 삼성전자 주식의 58퍼센트, 현대자동차의 55퍼센트를 외국인이 소유하게 되었고, SK텔레콤, 만도기계, 한라공조 등의 최대 주주 또한 외국자본입니다. 공기업 역시 상황은 비슷합니다. 예를 들면 대표적 우량 공기업이었던 포스코는 외국인 지분이 70퍼센트 수준에 이르렀어요.

김병권　외국계 자본이 경제의 중추를 장악함으로써 한국에서 생산된 국부가 국민경제의 각 부분에 재투자되지 않고, 외국자본의 이윤 회수로 해외 송출되고 있습니다.

박세길　2004년 외국인이 배당수익을 해외 송금한 돈만 약 3조 원입니다. 외국인의 배당수익은 2004년 5조 원을 돌파하는데 이는 IMF 이전에 비해 10배 증가한 수치입니다.

정희용　1998년부터 2004년까지 7년간 외국인들이 국내 증시에서 거

외국인 투자자의 주식 투자수익(1998~2004년)	1322억 달러(약 136조 8400억 원)
한국 경상수지 흑자(1998~2004년)	1301억 달러
한국 무역수지 흑자(2004년)	297억 달러
한국 1년 예산(일반회계 기준, 2005년)	134조 3704억 원
한국 국내총생산(2004년)	778조 원
한국 총 가계부채(2004년 말 현재)	474조 6623억 원

자료 : 『동아일보』 2005년 4월 5일

뒤들인 총수익이 136조를 상회한다는 신문 보도가 있었습니다. 우리나라의 연간 국가 예산 수준(일반회계 기준)입니다. 이밖에 이자수익, 비상장 기업이나 토지, 건물에 대한 투자수익까지 보태면 그 규모는 훨씬 늘어나겠죠. 시간이 지날수록 한국 경제는 외국자본의 배만 불려주고 있는 겁니다. 주주 중시 경영으로 기업 투명성이 높아진 게 큰 소득이라구요? 빈대 잡다가 초가삼간 태운 격이죠.

김병권 2004년 증시 상장법인 중 12월 결산법인 527개 사의 3/4분기까지의 순이익이 37조 수준인데 이 해 외국인의 주식 투자이익이 36조 원입니다. 1년간 국내 기업이 벌어들인 돈과 거의 맞먹는 투자 수익을 외국인들은 우리나라에서 올리고 있는 것입니다.

결국 국민경제가 확대재생산 되지 않는 가장 기본적인 이유는 주요 대기업, 금융이 외국자본 수중에 묶여 있기 때문이라고 할 밖에요.

박세길 주주자본주의라니까 주식을 가지고 있는 모든 사람들이 혜택을 보는 듯한 착각을 불러일으키는데 사실 일반 국민이 주식을 소유해 봐야 얼마나 가지고 있겠습니까.

정희용　우리 증시 전체적으로 외국인 비중이 40퍼센트를 넘어서고 국내 기관투자가 비중이 20퍼센트 이상입니다. 그럼 개인 투자자 비중은 40퍼센트가 채 안 된다는 건데, 여기서 다시 기업의 대주주가 가진 물량을 제외하면 일반적인 소액 개인 투자자의 비중이라는 건 정말 미미하겠지요. 게다가 외국인 주식 소유 비중이 높은 기업일수록 주주에 대한 배당이 많아요.

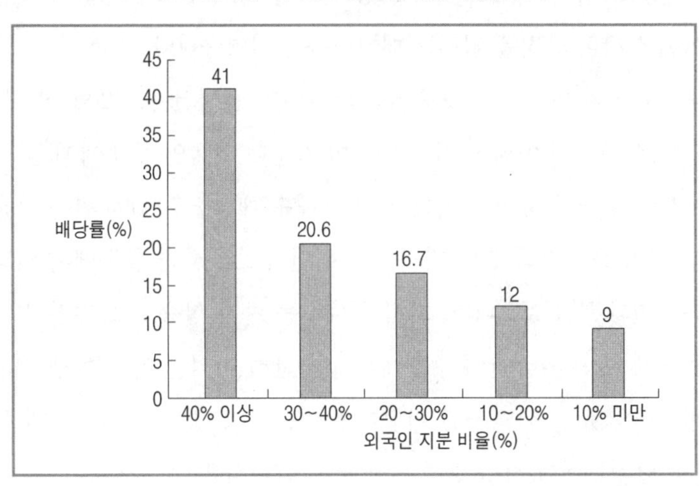

〈도표 1-11〉 외국인 지분율과 배당의 상관관계

　머니 게임에서 밀리는 일반 투자자는 배당 성향이 낮은 저가주에 투자하게 되고 외국인은 알짜 기업의 주식을 보유하며 경영진에 압력을 행사해 거액의 배당을 받아가는 불균형이 가중되고 있습니다.

김병권　신자유주의적 자본운동이 주주자본주의라는 그럴듯한 이름을 앞세워 한국 경제를 접수하기 시작할 때 국내 일부 시민단체 등에서는 이를 적극 환영하는 분위기도 있었습니다. 그 배경이 일부 지분을 가지고 기업과 그룹 전체를 흔드는 재벌 총수에 대한 견제와 소액 주주의 경제적 권리 찾기 운동의 일환이었음은 십분 이해한다 하더라도 신자유주의의 실체가 명백히 드러난 지금에 와서는 이에 대한 객관적 평가가 필요한 일이죠.

박세길　이 주주자본주의의 문제는 국부의 해외 유출로만 그치는 게 아닙니다. 기업의 투자 부진과 고용 악화를 일으켜 내수 시장과 노동자의 삶에 심각한 타격을 입히는 메커니즘을 지녔습니다.

　대표적으로 외국인 지분율 58.1퍼센트인 삼성전자는 2004년 한 해 동안 10조 원의 순이익을 거두지만 이 가운데 외국인 주주에 대한 배당으로 1조, 경영권 방어를 위한 자사주 매수*에 3조 7920억 원을 사용하는 등 기업 순이익의 절반 가까이가 원천적으로 생산 활동에 투입되지 못하는 결과를 빚었습니다. 자사주 매수는 주가 상승으로 연결되기 때문에 크게 보면 외국인 주주들에게 고스란히 이익을 안겨준 셈입니다. 나머지 이익도 언제 경영권 위협이 들어올지 모르는 판이라 사내 유보금으로 남겨두어야 하니, 재투자에 쓰기 어렵지요.

정희용　제조업만 그런 게 아니고 금융권도 주주자본주의에 앞장서는 형국인데요, 외국인의 수중에 장악된 은행은 리스크가 따를 수 있는 기업 대출을 회피하고 '주택담보대출' 등 가계 대출로 방향을 전환하지 않았습니까? 결과적으로 은행권은 사상 최대의 수익을 거두었으나 전체 경제의 건설적 투자자금을 공급하는 은행 본연의 역할은 뒷전이 되고 가계 부채를 급증시키며 신용 대란을 조장하는 데 단단히 한몫을 하게 됩니다.

은행이 국민을 상대로 고리대금업과 본질적으로 다르지 않은 방식으로 이윤을 추구하는 현상에 대해 국민은행 강정원 행장조차도 "국민의 자본으로 국민을 상대로 장사를 해 얻은 수익이 외국인 주주들의 주머니로 들어가는 이상한 구조"라고 토로한 바 있습니다.

김병권 주가 차익 실현을 통해 단기에 자본 이익의 회수를 도모하는 주주자본주의는 필연적으로 기업인수합병과 노동자 대량 감원 등을 통해 주가를 부양시키고 빠져나가는 투기적 행태를 동반합니다. 뉴브리지 캐피탈은 제일은행을 인수 후 되팔면서 1조 5000억 원의 차익을 실현했고, 골드만삭스는 진로를 인수해 되팔아 3조 원의 이익을, 또한 소버린자산운용은 ㈜SK와 경영권 분쟁을 일으켜 주가 상승을 유도하여 8000억 원의 주가 차익을 실현했습니다.

사회 애초에 기업을 장기적으로 경영할 생각도 없는 이런 투기 행위 때문에 노동자들이 삶의 터전에서 쫓겨나게 되는 것은 안타까운 현실입니다. 주주자본주의가 단기 기업 수익성을 높이기 위해 파괴적인 노동시장 유연화에 적극적이기 때문이죠. 대규모 구조조정과 감원, 해고, 비정규직의 대량 양산 등은 주주자본주의의 후폭풍이라고 할 수 있지요.

전반적 양상을 볼 때 한국 경제의 성장률이 외환위기 이후 줄곧 하향 곡선을 그리게 된 데에는 명확한 이유가 있군요.

정희용 그렇습니다. 성장률 하락은 한국 경제가 처한 총체적 상황을 반영하는 것입니다. 어떤 분들은 한국 경제가 초기 고성장 국면을 이미

<도표 1-12> OECD 가입국의 1인당 GDP 순위

순위	국가명	2004년	2003년	2002년
1	룩셈부르크		58,013	47,150
2	노르웨이	54,383	48,219	41,801
3	스위스	49,385	44,533	38,359
4	덴마크	44,619	39,330	32,043
5	아일랜드	44,515	37,966	30,626
6	미국	39,724	37,606	36,184
7	아이슬란드	41,907	35,973	29,127
8	스웨덴	38,412	33,618	27,051
9	일본	36,533	33,617	31,162
10	네덜란드	35,682	31,752	26,076
11	오스트리아	35,717	31,318	25,589
12	핀란드	35,515	31,011	25,277
13	영국	35,855	30,292	26,489
14	프랑스	33,490	29,336	24,069
15	벨기에	33,826	29,321	23,730
16	독일	32,573	29,100	24,072
17	캐나다	31,106	27,402	23,504
18	오스트레일리아	30,941	25,798	20,445
19	이탈리아	28,925	25,333	20,494
20	뉴질랜드	24,326	20,220	15,321
21	스페인	23,253	19,900	15,746
22	그리스	18,493	15,643	12,070
23	포르투갈	16,058	14,176	11,777
24	한국	14,144	12,707	11,485
25	체코	10,462	8,850	7,199
26	헝가리	9,849	8,156	6,379
27	멕시코	6,400	6,122	6,301
28	슬로바키아	7,608	6,047	4,487
29	폴란드		5,429	4,958
30	터키	4,182	3,364	2,606

자료 : 통계청, 2003년 기준 정렬, 단위 : 달러

지났기 때문에 성장률 하락은 당연하다고 말하는데, 우리가 G7* 국가라도 되나요? 한국 경제는 2004년 GDP 기준으로 세계 10위, 교역량 세계 11위로 외형적으로 보면 대단하지만 그 내부를 들여다보면 전혀 사정이 다릅니다.

우리의 1인당 GDP는 2004년 1만 4144달러로 경제협력개발기구* OECD 30개 국가 가운데 24위입니다. 그리스, 포르투갈에 못 미치고 체코(1만 462달러)보다 약간 나은 수준입니다. G7과 비교하자면 최하위인 이탈리아가 2만 8925달러니까 정확히 우리의 두 배죠. 게다가 양국간 GDP 격차를 따지자면 25년이나 됩니다. 즉 한국의 1인당 GDP는 이탈리아의 1980년 수준이라는 겁니다. 다시 말해서 양국의 2004년 경제 성장률(한국 4.6퍼센트, 이탈리아 1.2퍼센트)이 향후에도 일정하게 유지된다고 가정할 때, 한국이 이탈리아를 추격하는 건 2026년에나 가능하다는 거죠.

사회 우리 경제의 성장률이 더 떨어진다면 격차는 더 크게 벌어지겠군요.

김병권 이미 그런 우려가 현실화되는 중입니다. 2005년 성장률은 4퍼센트로 이로써 우리 경제는 2003년부터 2005년까지 경제 성장률이 3년 연속 잠재 성장률 5퍼센트에 미달하는 초유의 사태에 직면해 있습니다. 이는 현재의 저성장이 일시적 현상이 아니라 문제임을 보여 주는 것입니다.

정희용 양이 아니라 경제의 질, 삶의 질을 가지고 선진국과 비교하자면 우리는 아직 청소년기 수준입니다. 한창 쑥쑥 자라서 건장한 청년으로 선진국들과 어깨를 겨뤄야지, 벌써부터 저성장이 당연하니 뭐니 운운할 때가 아니라는 거죠.

박세길　앞으로 10년간 우리 경제의 잠재 성장률이 4퍼센트 미만에 머물 수 있다는 전망도 나오고 있어요. 한국은행 조사국에서 발표한 「우리 경제의 성장 잠재력 약화 요인과 향후 전망」 보고서에 따르면 2014년까지 10년간 잠재 성장률은 정부와 민간의 노력 여하에 따라 4.0~5.2퍼센트 범위에서 움직일 것으로 전망하고 있습니다. 정부와 민간이 투자 확대 등 성장 잠재력 확충을 위한 적극적인 노력을 기울이지 못할 경우에는 성장률이 4퍼센트 미만으로 추락할 수 있다는 분석입니다.

정희용　1996년까지 외환위기 이전 10년간 우리 경제의 연평균 성장률이 8퍼센트 대를 초과했던 것과 비교한다면 심각성을 짐작할 수 있죠. 우리가 이렇게 주춤거리고 있는 사이, 우리 경제를 맹렬히 추격중인 중국이 연평균 9퍼센트 대, 인도가 최근 3년 연속 7퍼센트 대의 높은 경제 성장률을 유지하고 있는 실정이에요.

사회　성장률 4퍼센트와 9퍼센트라는 건 엄청난 차이거든요. GDP가 똑같은 두 나라가 각각 매년 4퍼센트와 9퍼센트씩 성장한다면, 불과 15년 후 성장률 9퍼센트인 나라의 경제 규모가 4퍼센트인 국가의 두 배가 됩니다. 한 세대인 30년이면 네 배 차이, 이쯤이면 거의 대학생과 초등학생만큼의 경제력 차이가 나는 거죠. 한국 경제가 지금 우리 세대에 제대로 방향을 잡지 못하면 우리 다음 세대가 그만큼 어려움을 겪게 되겠죠.

김병권　방금 한은 조사 보고서에서 그나마 투자에 노력을 기울여야 잠재 성장률 5퍼센트 대를 바라볼 수 있다고 한건데 우리 경제는 지금 향후의 성장을 이끌 설비투자가 정체하는 추세입니다. 외환위기 이전 1990~1997년간 설비투자 증가율은 연평균 9.6퍼센트였으나 최근 4년간 설비투자 증가율은 0.3퍼센트 증가에 그쳤습니다. 수출이 최고조라지만 이미 살펴본 바와 같이 주주자본주의 아래에서 재투자가 이루어지지 않아 2004년 제조업 설비투자 비용은 외환위기 이전의 70퍼센트 대에 불과합니다. 저성장에 투자 부진까지 겹쳐 이 구조적 위기의 끝이 보이지 않습니다.

사회　이 지점에서 일단 한국 경제 현상 진단은 정리하겠습니다. 주주자본주의가 지배적 경제 원칙으로 자리잡으면서 당장의 국부 유출과 내수 부진, 고용 불안은 물론이고 장기적인 경제의 성장 동력마저 잠식당하는 상황이군요. 돌아가는 모습을 재확인할수록 가슴이 답답해지네요.

04

성장과 분배 논쟁에 깔린 함정

사회　외국자본에 잠식된 경제 주권을 되찾고 한국 경제의 새로운 성장 동력을 만들어 내는 일, 또한 그 과정에서 사회 양극화와 파괴된 국민경제의 순환 구조를 살려내는 것이 경제 대안의 목적일 수밖에 없습니다.

이제 다음 논의는 성장 문제를 집중적으로 검토할 차례인데 여기에서 이런 문제를 제기할 수가 있어요. 성장률은 다소 정체되더라도 분배에 공을 들여 사회 양극화를 완화시키면 국민들이 피부로 느끼는 고통은 훨씬 줄어드는 것 아닌가. 다시 말해 이제는 성장에 너무 집착하기보다 사회 전체적인 소득 재분배와 취약 계층 지원에 눈을 돌려야 할 시점이 아닌가 하는 거죠. 적극적으로 분배 우선론을 주장하는 측에서는 단순히 사회 정의나 형평성 차원에서만이 아니라 이렇게 분배를 늘림으로써 내수 기반이 확충되고 경기가 살아나는 효과를 거둘 수 있다고 평가하기도 하죠.

한국 경제의 성장 대안을 논하기 이전에 성장과 분배의 해묵은 논쟁에 대해 한 차례 매듭을 짓고 진도를 나가기로 하죠.

01 기득권층은 참여정부의 분배 정책으로 한국 경제가 역동성을 잃는다고 주장한다. 그러나 분배 정책이 경기를 후퇴시킨다는 주장에 아무런 근거가 없을 뿐 아니라, 결정적으로 참여정부에 들어와서 분배의 형평성은 훨씬 후퇴했다. 이 주장은 전제와 결론 모두 완전한 오류다.

02 기득권층보다 훨씬 우월한 국민경제의 성장 해법을 제시할 때 진보가 국민적인 지지를 받을 수 있다. 역사는 언제나 성장 주도권을 쥔 세력이 분배를 결정하는 힘을 가져왔음을 보여 준다.

03 인구 1천만도 안 되는 일부 유럽 복지국가 모델이 우리의 지향점일까? 경제 성장은 재벌에 맡기고 그 떡고물로 사회복지 수준을 높이자는 발상은 현실적이지도 않으며 우리의 미래 대안이 될 수 없다.

정희용 우선 최근 기득권층이 언론을 통해 유포하고 있는 "과도한 분배가 성장을 어렵게 한다"는 주장에 대해 짚고 넘어가지 않을 수 없습니다. 2004년 「한국경제신문」이 이른바 경제 오피니언 리더라는 사람들을 대상으로 한 설문 조사에서 42퍼센트 가량이 "참여정부의 분배 중시 정책이 성장의 일차적 걸림돌"이라고 응답한 바 있습니다. 이것 참 황당한 이야기예요. 노무현 정부가 실제로 분배에 적극성을 보인 것이 없거든요.

외환위기 다음해부터 2003년까지 전체 취업자 가운데 노동자 비중은 61.7퍼센트에서 65.1퍼센트로 늘어났습니다. 그런데 노동소득분배율은 오히려 2003년 59.7퍼센트로 하락했어요. 노동소득분배율은 요소국민소득(노동소득＋사업소득＋자산소득)에서 임금소득 비중을 말하는 건데, 이 수치가 줄어드는 것은 노동자는 늘어나지만 노동자의 몫은 오히려 줄어든다는 것이죠. 이 정부 들어서 사회적 양극화, 소득 양극화가 갈수록 심화되고 있는 판에 이런 주장이 공공연히 득세하는 걸 보면 기

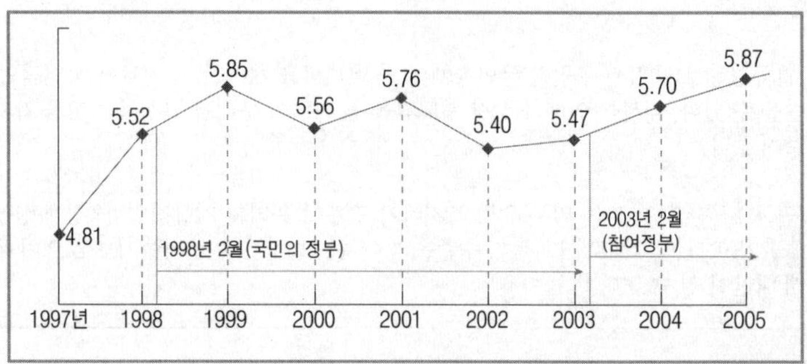

〈도표 1-13〉 도시 근로자 소득 격차

(1분기 기준, 소득 격차=최상위 계층 소득/최하위 계층 소득. 5분위 분류 때)
자료 : 2005년 5월 19일 「한국일보」 「소득 양극화 최악」 기사

득권층의 이데올로기 작업이 정말 거침이 없고 뻔뻔스럽구나 하는 생각이 들어요.

박세길　공병호 경영연구소를 운영하고 있는 공병호 소장이 대표적인 이데올로그라고 할 수 있죠. 이 양반 책을 보니 "분배 위주의 평등 정책으로 한국 경제가 역동성을 점점 잃게 될 것이고 그로 인해 10년 후 한국은 중산층이 사라져 좌파들이 계속 집권하는 나라가 된다"는 식이더군요. 분배 정책이 잘 실현되면 중산층이 강화되는 것인데 오히려 붕괴된다는 논리니 참으로 해괴하기 짝이 없지요.

　우리나라에서 국민들이 스스로를 중산층이라고 자부하는 비율이 가장 높았던 시기가 90년대 초반이거든요. 사회 각 부문의 민주화운동과 노동조합 결성, 87년 7~9월 노동자대투쟁으로 임금이 상승하고 국내 소비가 활성화된 것이 이 무렵이죠. 당시 노동자 임금 상승은 이를 상회하는 1인당 생산성 향상으로 이어졌구요. 반대로 지금은 노동자 대다수

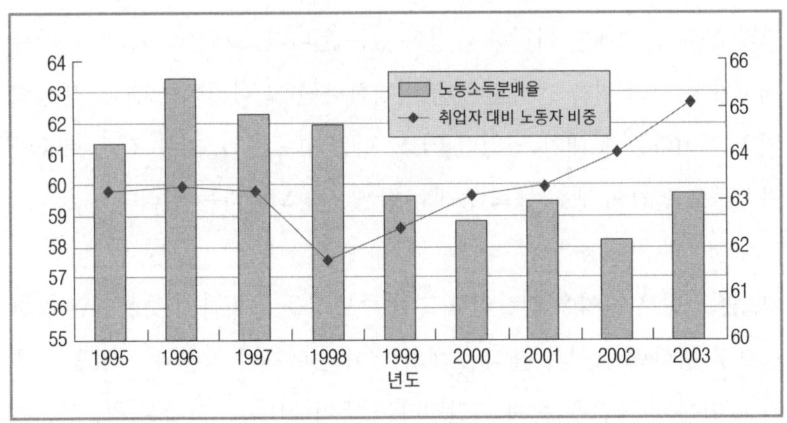

〈도표 1-14〉 노동소득분배율 추이

자료 : 통계청

가 실질 임금 하락을 겪고 있고 자영업과 중소기업의 침체로 중산층이 붕괴되는 상황입니다. 어느 때보다 소득 불균형이 심해서 나타나는 현상을 두고서 분배 정책 때문이라니 이런 지독한 억지가 어디 있습니까?

김병권 기득권층이 경제 위기의 원인을 참여정부의 분배 우선 정책으로 돌리는 것은 지속적으로 이런 공세를 통해 20대 80 사회 구조를 정당화 하려는 속셈이 있는 거죠. 겉으로야 성장과 분배의 조화를 말하지만 어떤 상황에서도 분배의 형평성을 긍정적으로 검토하지 않습니다.

그런데 이 반작용이긴 하지만 진보 일각에서는 경제 성장 문제를 논하는 자체를 혐오하는 시각도 엄연히 존재하는 것 같습니다. 기득권층에서 저토록 분배를 폄하하고 성장에 대해 떠들고 있는데 이쪽에서까지 성장 논의에 가세할 이유가 있느냐는 시각이죠.

박세길 그 또한 부인할 수 없는 사실입니다. 마치 '보수=성장', '진보

=분배' 이런 등식이라도 존재하는 것처럼 생각하는 경향도 있어요. 성장과 분배 논쟁에는 이러한 함정이 있는 겁니다. 그런데 지금까지 인류 역사가 발전의 길을 걸어온 것을 인정한다면 그 이면에는 결국, 생산력의 발전이라는 토대가 있었던 거죠. 평등이나 인권, 자유 같은 소중한 가치들도 인간의 생산 능력 증대와 함께 신장되었다는 겁니다.

김병권　진보 진영이 성장의 확고한 주도성을 발휘하지 못한다면 원천적으로 생산력 발전과 물적 토대의 개선은 언제나 자본과 기업을 소유하고 있는 기득권층 손에 내맡긴다는 뜻이 됩니다. 그것은 곧, 성장은 기득권층이 담당하고 진보 진영은 그들에게 분배를 더 해 달라고 떼쓰는 꼴이 되는 게 아니겠습니까?

박세길　그러므로 성장과 분배 논쟁은 그 전제부터 잘못되었다고 할 밖에요. 무엇이 우선이냐가 아니라 누가 성장 해법을 제시하고 주도할 수 있는가 하는 점이 중요합니다. 생산력의 비약적 증대를 만들어 낸 계급이 항상 역사의 전면에 나서 그들을 중심으로 사회관계를 바꾸어 냈습니다. 봉건제에서 자본주의로 이행할 때는 그 역할을 부르주아가 담당했지요. 산업혁명을 주도하면서 봉건영주와 토지에 속박되어 있던 농민들을 해방시킨 건 부르주아 계급이거든요. 부르주아가 성장을 주도했기 때문에 봉건 지배 세력을 대체하여 이후 자본주의 사회의 지배 계급으로 등장한 것이구요. 마르크스도 공산당 선언에서 부르주아가 당대 역사에서 일정한 선진적 역할을 했다는 점을 분명히 인정합니다.

　진보 진영에서 국민이 주인이 되는 사회를 꿈꾼다면 당연히 성장에 대한 확실한 대안과 주도성을 만들어 내야 하는 겁니다.

김병권　당연합니다. 적극적인 사회의 변화를 모색하는 세력일수록 성장에 대한 확고한 비전과 계획을 가지고 있어야 합니다.

정희용　또 하나 우리가 간과해서는 안 될 지점이 있습니다. 그것은 외환위기 이후 한국 경제의 저성장 기조가 사회 양극화, 흔히 말하는 20대 80 사회 구조와 함께 병행되고 있다는 사실입니다. 즉 저성장으로 나눌게 없어서 양극화가 심화되는 게 아니라 경제의 저성장이 양극화와 동전의 앞뒤처럼 짝을 이뤄 진행되는 구조라는 겁니다.

　이것은 신자유주의가 도입된 거의 모든 나라에서 공통적으로 나타나는 현상인데 우리보다 10여 년 일찍 주주자본주의를 강요받았던 남미 국가들이 대표적인 사례죠. 시장 완전 개방, 공기업과 주요 국영 기업 매각, 외국자본 유치 등 IMF 처방을 충실히 따랐지만 남미 국가들의 경제 성장률은 극히 낮은 수준이고 멕시코처럼 거듭 국가부도 사태를 맞기도 합니다. 남미는 현재 소득 수준을 비롯해 여러 지표에서 사회 양극화가 극단적으로 진행되고 있는 상황입니다.

사회　저성장은 자본 측에도 별로 유리할 게 없는 거 아닐까요?

정희용　꼭 그렇지는 않습니다. 주주자본주의에서 가장 혜택을 누리는 층은 자본소득을 누리는 집단입니다. 그런데 이들의 입장에서는 경제가 죽죽 성장하는 게 그리 달가운 일이 아닐 수도 있습니다. 고성장은 인플레를 동반하게 되고 그렇게 되면 화폐 가치가 떨어지므로 그들은 앉아서 손해를 볼 확률이 높아집니다. 물론 인플레 없는 성장도 있기는 하지만요. 대체적으로 그렇다는 겁니다.

반면 저성장 기조에서는 화폐 가치가 큰 변동 없이 유지되는 가운데 주식 배당으로 안정적 수익을 누리죠. 또 지금처럼 저성장과 실질 금리 제로인 상태야말로 부동산이나 주식 투기 붐이 일어나기 딱 좋은 환경입니다. 제로 금리에서 부동 자금이 은행에 들어가겠습니까? 땅 투기, 주식 투기로 몰리죠. 그 투기 행위의 실익은 대부분 풍부한 유동 자금을 확보한 자들이 차지하게 됩니다. 대다수 국민들은 투기는커녕 자기 이름으로 된 한 몸 누일 공간 장만도 어려운 판이니까요.

최근 2~3년 사이 서울 시내 아파트 평균 매매가는 600만 원 대에서 1015만 원 대로 두 배 가까이 폭등했는데 같은 기간에 노동자 평균 임금은 겨우 20만 원이 오르는 식이죠. 이건 신자유주의 종주국인 미국도 사정이 동일합니다. 미국에서도 서민층은 내 집 마련이 갈수록 어려워지고 있습니다. 결론적으로 주주자본주의가 반드시 저성장 기조로 간다는 것은 아니나, 저성장 국면을 충분히 즐길 수 있다는 것입니다. 반면 서민들은 저성장 기조에서 더욱 고통이 심하고 희망을 잃게 된다는 것이구요.

사회 아파트 평당 분양가가 2000만 원을 넘는 경우도 이젠 큰 뉴스거리가 아닌 시대가 되었어요. 지난해 우리나라 노동자 월 평균 임금이 233만 원인데 매달 50만 원씩 저축한다고 해도 이런 아파트 한 평 값을 마련하려면 20개월을 꼬박 모아야 한다는 결론입니다.

박세길 월급 모아 33평 아파트를 사려면 대체 몇 년 걸린다는 건지….

김병권 2005년 7월 행정자치부는 우리나라 전국민 상위 불과 1퍼센트가 전체 사유지의 51.5퍼센트를 소유하고 있다는 충격스러운 실태를 발표해 많은 사람들을 허탈하게 만들었지요. 상위 5퍼센트로 확장시켜 보면 면적의 82.7퍼센트, 부동산가액의 67.9퍼센트를 소유하고 있다니 소득 불균형을 논할 때 흔히 거론되는 '20대 80의 법칙' 조차도 우리 현실에 비추어 본다면 사치스러운 이야기일 뿐이죠.

정희용　이렇게 보면 결국 현재의 한국 경제는 저성장과 소득 양극화라는 두 마리 말이 끌고 가는 쌍두마차인 셈입니다. 여기에서 성장과 분배 어느 게 우선이냐 또는 더 중요하느냐는 논쟁은 핵심을 비껴간 것 아니겠습니까? 신자유주의로 왜곡된 경제 구조를 근본적으로 바꾸지 않고서는 경제 성장도 양극화 해소도 다 어려운 이야기입니다.

　대안 경제 모델을 만들어 낼 때만 성장과 분배를 동시에 해결할 수 있다는 거지요. 그래서 우리가 신자유주의로 성장 동력을 잃은 한국 경제의 문제점을 근본적으로 검토하고 새로운 사회 운영체제를 통해 그 대안을 찾고자 하는 것 아니겠습니까.

김병권　옳습니다. 우리는 한국 경제의 저성장 구조에서 문제점을 느끼고 성장 모델과 동력을 찾고자 합니다. 그러나 그것은 성장이 분배보다 우선적이어서가 아닙니다. 분배의 불균형 시정과 성장 동력을 확보하는 일이 서로 연결된 구조이기 때문입니다.

　좀 심하게 말하자면 자칫 이대로 가다가는 우리나라 국민 전체는 배가 고픈데 삼성그룹 하나만 독주하게 생겼어요. 외국 사례 들기 좋아하는 사람들은 아예 삼성 등 잘 나가는 재벌 그룹을 더 밀어서 우리도 스웨덴 모델로 가자는 견해를 주저하지 않고 내기도 해요. 복지 국가, 사회민주주의의 대표적 국가로 이름 높은 스웨덴의 성장과 분배 관계를

한국 경제를 망친 '보이지 않는 손' _ **PART 1**

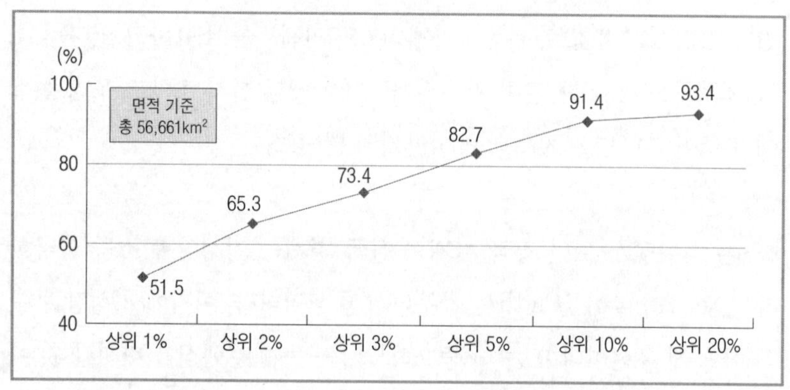

뜯어보면 결국 발렌베리Wallenberg그룹의 경제 이니셔티브를 인정해 주되 대신 그들에게 세금을 좀 많이 걷어 그걸로 국민 복지를 추진하는 양상입니다.

박세길　성장은 발렌베리가 담당하고 사회민주주의 정권은 세금으로 분배에 대한 요구를 실현하는 관계군요.

김병권　네, 그걸 사회 대타협의 모범이라고 생각하는 사람들이 의외로 많아요. 1938년 사민당 정권과 발렌베리가 맺은 '살트셰바덴협약'을 통해 이루어진 관계죠. 당시 발렌베리 가문은 그룹의 소유와 경영권을 보장받는 대신 최고 85퍼센트의 세금을 납부하며 일자리 창출에 앞장서겠다는 약속을 한 거지요. 세계 최대 통신 업체인 에릭슨을 비롯해 자동차 회사 사브, 발전 설비 부문 세계 3대 업체인 ABB 등이 발렌베리 계열사이고 스웨덴 주식시장 시가총액*의 50퍼센트 이상, 국민총생산의 60퍼센트 이상을 발렌베리그룹이 차지하고 있죠.

그런데 세계 초일류급 기업들을 비롯해 14개 상장사를 거느린 발렌베리 그룹에 의존하는 스웨덴은 인구 900만에 불과합니다. 서울시 인구에도 못 미치잖아요. 게다가 우리나라 삼성이 발렌베리처럼 예를 들어 기업 순이익의 절반 이상을 세금으로 납부하고 사회적 공헌에 헌신할 수 있을까요? 마땅히 내야 할 상속세 증여세조차 회피하려고 온갖 편법을 동원하는 게 삼성그룹 아닙니까. 설령 이건희 일가가 발렌베리 가문을 모델로 삼겠다고 마음을 먹더라도 그게 가능하지가 않은 실정입니다. 삼성그룹의 주력 기업인 삼성전자는 이미 외국인 지분율이 58퍼센트를 넘어선 상태입니다. 여전히 최대 주주는 이건희 가문이지만 주식 비율로만 따지면 삼성전자는 한국 기업이라고 보기도 어려워요. 국민 경제에 대한 기여? 이런 명분은 주주총회에서 씨도 안 먹힙니다.

정희용　한동안 너도나도 스웨덴을 복지 국가 모델, 한국 사회가 지향해야 할 사회 대타협의 사례로 다투어 소개하고 난리가 아니었는데, 글쎄요, 삼성그룹이 서울시 인구 정도를 먹여 살린다면 모를까 5000만 대한민국을 부양할 수 있을까요. 어림도 없죠. 한국은 한국에 맞는 길을 찾아야죠. 대한민국 고유의 성장 방법론을 고민해야죠.

사회　신자유주의는 결코 성장도 분배도 해결할 수 없다는 것을 우리는 토론을 통해 여러 차례 확인했습니다. 이제 이 양자를 대립적으로 보는 시각, 또는 지금의 경제 구조에 전혀 손을 대지 않고 타협에 의해 성장과 분배의 조화를 이룰 수 있을 거라는 생각에서 벗어나 발상을 근본 전환해야 할 시점이 아닌가 싶습니다.

05

만능도 공정한 심판도 아닌 시장

사회   앞서 우리는 무분별한 신자유주의적 시장화로 한국 경제가 뿌리부터 흔들리고 있는 현실을 진단해봤습니다. 시장은 편리하기도 하지만 경쟁 탈락자들을 불가사리처럼 닥치는 대로 삼켜 버리는 속성을 지니고 있지요. 외국자본이 경제 핵심을 틀어쥔 문제, 주주자본주의가 성장 동력을 떨어뜨리고 사회 양극화를 가속시키는 문제 등은 모두 어떤 형태로든 시장의 횡포에 대한 적절한 제어가 필요한 상황임을 보여줍니다.

그런데 시장 지상주의자들은 시장 경제의 우월성이 이미 역사적으로 입증된 사실이라고 주장합니다. 시장 경제의 대척점에 서 있던 사회주의 소련의 붕괴가 이를 증명한다는 것입니다. 어떻게 반론을 펴시겠습니까?

박세길   그건 역사를 대단히 편의적으로 해석하는 일입니다. 시장과 공동체 영역의 상호 관계가 역사적으로 어떻게 변모해 왔는지 살펴볼

01　시장과 공동체는 인류사를 통해 항상 대립하면서도 상호 의존 아래 발전해 왔다. 소련의 붕괴는 특정 국면에서 시장 경제가 중앙 통제식 경제보다 경쟁력이 우수함을 입증한 사례일 수 있으나, 시장이 공동체 위에 군림하는 것을 용인하는 논거로 비약시킬 사항은 아니다.

02　국민이 끊임없이 견제하고 감시해야 할 대상으로만 국가를 간주한다면 국가가 경제와 시장에 개입하는 것을 불순하게 바라보는 시각이 도출된다. 이는 신자유주의가 서식하기에 알맞은 국민—시장—국가 관계에 다름아니다.

03　신자유주의 종주국인 미국이 '보이지 않는 손'이라는 자유 시장 논리에 의해 굴러간다고 보면 큰 착각이다. 미국은 실질적으로 월가와 정치권력의 결탁, 명백한 '보이는 손'의 작용에 의해 월스트리트 자본주의를 유지하고 있다.

필요가 있습니다.

원시공동체 사회는 공동체가 중심이 된 사회였습니다. 노동은 씨족 단위로 수행되었으며 노동의 결과 역시 공동으로 분배되었고 오늘날 시장 기능의 단초인 잉여 생산물의 교환은 아주 부분적인 역할을 할 뿐이었습니다. 그러나 이러한 원시공동체는 고대 노예제 시대가 오면서 주도적인 위치를 시장에 내주었습니다. 대표적인 노예 국가인 그리스, 로마는 노예 시장을 중심으로 움직였으며 최대의 상품 공급자는 국가였죠. 국가는 끊임없이 이어지는 정복 전쟁과 식민지 건설을 통해 노예를 조달하고 이를 시장에 쏟아 부었던 것입니다.

고대 노예제가 붕괴되고 중세 봉건시대가 열리자 시장의 기능은 급격히 축소되고 반면 촌락공동체를 중심으로 공동체는 다시금 주도적인 위치에 서게 됩니다. 봉건국가는 수탈의 기반인 촌락공동체가 시장의 교란으로 붕괴될 것을 우려하여 다양한 형태로 시장을 억제하였습니다. 조선시대의 사농공상士農工商이라는 신분 표현은 그러한 시장 억제책을 반영하고 있어요. 그 뒤 자본주의 시대가 열리면서 관계는 다시금 역전되고 시장은 촌락공동체를 해체시키면서 사회 전반에 걸친 지배권을 확립하기에 이르렀습니다.

사회　20세기 후반 사회주의와 자본주의 사이의 냉전에서 일시적으로 자본주의가 승리했다고 해서 그것이 곧 시장 경제의 우월성이 완전히 입증되었다고 볼 수는 없다는 말씀이군요.

박세길　네 그렇죠. 인류 역사는 공동체와 시장이라는 두 대립물 사이의 투쟁의 역사이기도 합니다. 그러면서도 공동체와 시장은 서로를 자신의 존재를 위한 필요조건으로 삼아 왔어요. 공동체 없는 시장이란 무의미하며 시장 기능이 없는 공동체도 현실성이 희박하죠. 시장이 가장 위세를 떨치고 있는 자본주의조차도 상품 판매와 노동력 재생산을 위해서 공동체 영역을 자신의 기반으로 삼지 않을 수가 없는 거죠.
　예컨대 노동력의 재생산 과정을 봅시다. 누구든지 경제적으로 완전하게 자립할 때까지는 노동력 판매 없이도 생존이 보장될 수 있어야 하는데 이는 가족을 중심으로 하는 공동체 영역에서 해결될 수밖에 없지 않습니까. 신자유주의 국가들이 시장 경쟁을 강조하면서도 사회 안전망을 강구하는 것도 따지고 보면 공동체의 최저선, 기본 판은 깨지 않아야만 시장 경제의 작동 메커니즘을 유지할 수 있다는 타산에서 나온 거구요.
　소련의 붕괴를 특정 국면에서 시장 경제가 중앙 통제식 경제보다 경쟁력이 우수함을 입증한 사례로 해석하는 것은 얼마든지 인정할 수 있으나, 시장이 공동체 위에 군림하는 것을 용인하는 논거로 비약시켜서는 곤란합니다.

정희용　자본주의가 처음부터 그렇게 노동력 재생산을 고려했던 것은 아니죠. 노동시장 자유화가 마구잡이로 적용된 한 극단을 우리는 18세기와 19세기 유럽에서 찾아볼 수 있습니다. 당시에는 열 살도 안 되는 어린아이까지 공장에 데려다 일을 시켰습니다. 저임금 노동력을 시장 원리에 따라 찾다 보니 이런 일들이 벌어진 거죠.

　　그런데 조금 시간이 지나자 이러한 무분별한 행위가 자본의 축적에 결코 이롭지 못하다는 점을 자각하게 됩니다. 아동 노동은 단기적으로 보면 저임 노동력 조달 수단이지만 장기적으로는 노동력의 사회적 재생산을 저해함으로써 오히려 생산력을 떨어뜨리고 임금을 상승시키는 부정적 효과를 낳거든요. 영국에서는 수십 년간의 경험을 겪고 1833년에 가서야 공장법에 9세 미만 아동의 고용 금지 규정을 만듭니다. 물론 이조차도 자본가 스스로의 양보에 의한 것은 아니었습니다. 피털루 학살 사건 등을 거치며 수많은 노동자의 피로 얻어낸 것이죠.

사회　참고로 국제노동기구ILO에서 174개 회원국 전체의 결의로 아동 노동 착취 금지 협정이 채택된 것은 20세기 마지막 해인 1999년의 일입니다. 그리고도 국제노동기구와 국제사면위원회(엠네스티 인터내셔널)에 따르면 아직도 전 세계적으로 5세에서 14세 사이의 아동 약 2억 5000만 명이 아동 노동에 내몰리고 있다고 해요.

박세길　시장에 대한 규제를 말하면 시장 지상주의자들은 당장 시장을 철폐하고 그 기능을 국가가 대신하자는 것이냐, 사회주의를 하자는 것이냐 하고 핏대를 올리는데 지나친 오버입니다. 시장을 없애자고 주장하는 게 아닙니다. 인류 역사는 그 문제점에도 불구하고 항상 시장을 끌어안고 발전해왔습니다. 없애자는 것이 아니라 공동체에 복무할 수 있는 방향으로 시장을 조성하자는 것이지요.

사회　공동체와 시장이 종종 대립해 왔고 지금도 그런 모습을 보이는 것은 사실인데, 그 합리적 조정자 역할을 누가 하느냐가 중요합니다. 국가의 역할에 방점을 두기도 하고 또 시민사회의 성숙도에 대해 기대를 거는 견해도 있습니다. 이에 대해서는 어떻게 생각하십니까?

박세길　저는 그 매개체가 당연히 국가라고 생각합니다. 앞에서 논의했듯이 국가가 어떤 역할을 하느냐에 따라서 시장이 전횡을 할 수도 그렇지 않을 수도 있습니다. 특히 자본주의 사회에서 막강한 시장과 자본을 제어할 수 있는 능력은 적어도 국민국가의 형성 이후에는 국가밖에는 없습니다. 시장의 룰을 짜고 시장에서의 경쟁이 공정하고 사회의 공익적 발전에 복무하도록 유도하는 기구는 국가라는 것이죠.

김병권　오해할 여지가 있어서 덧붙이자면, 국가가 국민경제 운용의 주도 주체가 되자는 뜻은 아니죠?

박세길　그렇지요. 국가 계획경제와는 다른 의미입니다. 무너진 소련의 경제 시스템이 사회주의 경제의 전형이라고 할 수는 없고 엄밀히 말해서 중앙집중적 국가 계획경제였죠. 이 시스템에서는 국가가 국민 생활에 소요되는 모든 재화의 생산 총량부터 결정해 들어갑니다. 예를 들어 올해는 칫솔 몇 개, 컴퓨터 몇 대 하는 식으로요. 그리고 이를 각 생산 단위에 할당을 주죠. 결국 국가가 계획과 생산, 분배에 이르기까지 경제활동의 주도체가 되는 겁니다. 시장이 주도가 되는 것과는 정반대의 시스템이지요.

그러나 우리가 국민경제의 비전 제시자로 국가의 역할을 상정할 때는 어디까지나 계획과 생산, 분배의 주체는 기업과 국민입니다. 이때 시장은 생산과 분배의 미시적인 조절을 담당하게 되는 것이고요. 즉 시장은 국민경제의 역동성을 높이기 위한 도구, 수단에 불과합니다. 그런데 이 시장이 국민경제의 주체인 국민을 삼키려 할 때는 국민들이 국가의 힘을 통해 제어해 나가야 한다는 것이지요.

사회 그렇다면 시민사회의 역할은 무엇일까요?

김병권 시민사회, 더 넓게 국민들의 이해와 요구는 국가 정책의 기준을 이루는 것이지요. 결국 경제 체제를 결정하고 거시적인 경제 방향을 선택하는 것은 국민들입니다. 국가는 국민들에게 바람직한 비전과 기획을 제시하고 시민사회가 합리적인 선택을 할 수 있도록 근거 자료를 제공하는 역할을 해야 합니다.

국가의 역할이 강조되면 시민사회의 자율성이 훼손되지 않을까 걱정하는 분들도 많지만 이는 국가와 시민사회의 대립을 전제로 한 우려입니다. 대립이 아니라 국민의 자율적이고 합리적인 판단을 집행하는 주체가 곧 국가라고 관계를 재정립해야 할 텐데요.

사회 시민단체나 진보 인사들 가운데서도 국가의 역할 강화에 대해 일단 부정적으로 받아들이는 견해가 많습니다. 과거 국가가 국민 위에 일방적으로 군림하고 인권을 억누르며 기득권층을 대변하는 도구로 작용했던 시절에 대한 학습효과로 보입니다.

정희용 그래서 신자유주의 도입 초기, 작은 혼란이 있었던 것 같습니다. 작은 정부, 권한이 축소된 정부에 대한 요구는 재계나 외국자본 일반 그리고 시민단체 일부도 모두 비슷한 목소리를 내는 기묘한 상황이었습니다. 물론 지나고 보니 각자 셈이 달랐던 거죠. 국가 역할이 축소되고 시장에 개입할 수단이 사라지는 속도에 비례해서 사회적 양극화와 시장의 군림 현상이 두드러지게 되었습니다.

신자유주의가 무서운 게 뭐냐면, 국가 권력기구는 하다못해 4년, 5년마다 한 번씩 선거를 거치면서 국민들의 심판도 받고 교체도 되고 하지만 시장을 움직이는 거대 독점자본은 그런 평가를 받을 의무도 견제 장치도 없다는 것입니다. 시장이 알아서 평가하고 경쟁력이 없는 부분은 도태시켜줄 터이니 시장에 맡겨 두라는 것은, 얼핏 공정하고 자유로운 판단을 보장하는 듯하지만 사실 그 안에 엄청난 불공정 게임을 전제하고 있습니다.

축구 룰이 있다고 해서 국가대표 선수단과 초등학교 축구부가 경기를 하는 게 공정한 경기는 아니겠죠?

김병권 규칙에 대한 합의는 국민들이 만들어 내는 것이겠죠. 시장의 보이지 않는 손이 공정하고 공익적인 것이 아니라 할 때 이를 적절히 제어하자는 사회적 공감대를 만들어 내는 것은 국민들입니다. 그걸 반영하여 경제 시스템을 손보고 정책을 변화시키는 역할을 국가가 맡아야 하는 것입니다.

좀더 근본적인 측면을 말하자면, 국가와 시민사회가 서로 대립하는 존재로 설정하는 데 대해 이의를 제기하지 않을 수 없습니다. 시민사회 영역과 국가 영역이 서로 상충 대립되는 것으로만 간주한다면, 경제를 국민이 원하는 형태로 바꾸는 일은 요원할 밖에요. 국가를 기본적으로 국민의 이익을 지킬 수 없는, 즉 국민들이 끊임없이 견제하고 감시해야 할 대상으로 간주하면 그 연장선상에서 국가가 시장에 개입하는 것을 불순하게 바라보는 시각이 도출되는 겁니다. 결국 "가능한 한 국가가 시장에 개입하는 것을 최소화하는 정책을 만들자" 이렇게 나가는 거죠. 90년대의 시민운동에는 이런 경향이 일정하게 나타납니다. 그런데 국민과 국가가 이런 관계를 맺을 때 가장 이득을 보는 것은 누구입니까. 바로 시장을 주무를 수 있는 세력, 신자유주의자들입니다.

정희용   아담 스미스를 거론할 때 자주 인용하는 유명한 구절이 있지 않습니까. "우리가 저녁 식사를 할 수 있는 것은 푸줏간, 양조장, 빵집 주인들의 박애심 덕분이 아니다. 오히려 그들의 돈벌이에 대한 관심 때문이다."

이건 시장주의자들이 전가의 보도처럼 사용하는 '보이지 않는 손'이란 개념, 즉 다수 시장 참여자들이 자신의 이익을 경쟁적으로 추구할 때 그 결과로서 공공적 이익이 발생한다는 뜻인데, 아담 스미스가 살았던 시대, 지금부터 3세기 전에나 적합할 수 있는 말입니다. 그가 21세기 현재의 자유 시장을 관찰한다면, "저마다의 사적 이익 추구가 곧 가장 효율적인 결과와 공익을 낳는다"는 명제를 고집할 것 같지는 않습니다.

세계적으로 불과 몇 개의 독점자본, 다국적 기업이 생산과 물류, 유통을 틀어쥐고 있는 판입니다. 외환위기 이후 노동시장 자유화로 직장에서 쫓겨난 사람들이 대거 자영업에 뛰어들었죠. 동네 빵가게, 식당,

호프집 등등의 경쟁은 훨씬 치열해졌지만 자영업 전반의 동반 침체로 귀결되고 있습니다. 가족의 생계를 책임진 이분들에게 아담 스미스가 언급한 '돈벌이에 대한 관심'이 부족했겠습니까? 동네 빵집이나 식당이 맥도날드, 아웃백스테이크, 스타벅스와 경쟁해야 하는 판인걸요. 자유 경쟁으로 공익을 낳기는 고사하고 사익 추구조차 어려운 것이 최근 우리가 직면한 현실이죠.

사회 시장주의자들은 경제를 시장 자율에 맡겨 두지 않고 국가가 개입하는 것은 후진적 국가에서나 벌어지는 일이고 또 그것이 후진국이 선진국으로 도약하지 못하는 근본 이유라고도 합니다. 과거 우리도 정경유착의 폐해가 심했기 때문에 이런 주장에 적잖은 사회 구성원들이 동의하기도 합니다. 이 문제는 어떻게 해결해야 할까요?

김병권 놓치지 말아야 할 사항은 지금의 선진국들 그리고 신자유주의에 앞장서고 있는 나라들도 대부분 경제 발전 초기 단계에서는 시장에 대한 국가적 개입을 당연시했다는 점입니다. 미국도 1929년 대공황 시 국가의 적극적 개입을 통해 위기를 극복하려 했구요.

정희용 케인즈주의가 대표적인 예였죠. 그런데 국가적 개입은 신자유주의 아래서도 빈번하게 일어나고 있습니다. 미국의 국익 또는 미국 자본의 결정적 이해가 걸린 문제가 발생할 때는 절대로 시장의 보이지 않는 손에만 맡겨 두지는 않습니다.

가깝게는 1998년 미국의 헤지 펀드인 롱텀캐피털 매니지먼트 사 LTCM의 파산 위기 때도 그랬죠. 헤지펀드 일반이 그렇듯이 롱텀캐피털은 운용 자산의 수십 배에 달하는 레버리지*를 사용하다가 러시아의 모라토리엄* 선언으로 완전 파산 위기를 맞았습니다. 시장 원리로 보면 무리한 투자를 했던 이 헤지펀드는 공중분해 되는 게 타당하죠. 그런데 손실액이 1000억 달러에 달한 이 회사가 자금 회수를 위해 보유 유가증권을 투매할 경우 그 파급효과는 월가 전체로 퍼져 증시에 큰 타격을 입힐 상황이었거든요. 긴급 소집된 은행장 회의에서 메릴린치, 모건스탠리, JP모건 등 주요 은행들이 롱텀캐피털에 대한 지원에 반대를 했으나 당시 재무장관 로버트 루빈은 회의장 방문을 닫아걸고 합의를 볼 때까지 열어주지 않겠다며 자금 지원을 종용했습니다. 결국 롱텀캐피털에 대한 자금 지원이 결정되어 미국 경제가 한 고비를 넘습니다.

이처럼 명백한 '보이는 손'의 작용을 통해 미국이 세계 최대의 적자와 채무에도 불구하고 월스트리트 자본주의를 유지하고 있는 겁니다.

김병권　그 루빈 재무장관은 미국 최대 투자은행 가운데 하나인 골드만삭스의 공동 회장을 지낸 사람입니다. 월스트리트 자본의 이해를 대변하는 사람이죠. 정경유착은 후진국만의 폐단이 아닙니다.

클린턴 집권 초기 미국 경제 부처는 완전히 월가 사람들로 채워졌습니다. 재무부 장관 루빈이 그렇고 재무부 부장관 로렌스 서머스는 IBRD* 부총재였습니다. 립튼 국제경제담당 재무차관은 IMF의 수석 경제학자였구요. 그래서 클린턴 정권을 월스트리트－재무부 복합체라고도 합니다.

거대 금융자본의 핵심 인사들이 미국 경제 정책을 주무르는 위치에 올라가고 그들은 다시 국제경제의 흐름을 월스트리트에 유리하게 이끌어 가는 역할을 합니다. 이보다 더 죽이 잘 맞는 정경유착이 어디 있습니까. 클린턴 정부 시절에 발생한 아시아 연쇄 금융위기는 월가가 또 한 번 거대한 부를 축적하는 주요한 기회였습니다. 그뿐 아니라 한국을 비롯해 아시아 각국의 금융시장을 완전 개방시키는 계기였구요. 이걸 반드시 음모론으로 해석하지 않는다 하더라도 적어도 미국의 경제 전략 특히 금융의 흐름은 정부와 자본간의 긴밀한 공조와 밀월이 전제조건이라는 사실을 부인할 수는 없겠죠.

박세길 시장 경제가 확대되면 정경유착이 사라진다는 생각은 착각에 불과합니다. 중앙통제식 계획경제에서는 경제에 대한 권력의 주도권 때문에 정경유착이 발생했다면, 시장 경제가 극을 이루는 경제 시스템에서는 자본이 권력을 조성하고 결정하면서 자웅동체, 암수 한몸을 이룹니다.

구자유주의, 즉 자본주의 초기의 고전적 자유주의는 야경국가* 식의 작은 정부를 지향하고 시장의 독자적 작동을 강조했습니다. 경제는 경제 논리대로 돌아갈 테니 정치는 경제에 간섭하지 말라는 식이었죠. 그러나 신자유주의는 한 발 더 나아가 능동적으로 정치권력을 포섭합니다. 적극적으로 권력기구를 친자본, 친시장적으로 활용하는 것이죠.

사회 부시 정권도 1기 집권 때는 엔론 등 에너지 기업과 관련해서 구설이 끊이지 않더니 재선 이후에는 부시와 공화당에 막대한 선거 자금을 지원한 기업들이 이라크 재건 사업에서 특혜를 누리는 문제로 다시 한 번 도마에 올랐습니다.

자본이 권력을 포섭하고 권력은 다시 자본의 무한한 확장과 국경을 넘는 거침없는 이동을 위해 시장 경쟁과 세계화를 주창합니다. 이러한 세계화의 한복판에서 개별 국민국가가 국민의 복리와 국민경제의 발전을 도모하는 올바른 길은 무엇일까요?

바깥의 환경이 그러하니 우리도 그 모습을 하루라도 빨리 복제하고 따라가자는 사고가 팽배해 있는 시점입니다. 그러나 그 방식에는 이미 살펴보았듯이 너무도 많은 문제점이 도사리고 있습니다. 신자유주의적인 광란의 질주가 아닌 다른 길은 어떻게 모색할 것인가, 그러면서도 지구촌이 점차 시공간적으로 좁혀지고 서로 긴밀하게 어깨를 맞대고 살아가야 하는 이 21세기 환경에서 문을 닫아걸거나 역사의 시간을 뒤로 돌리는 퇴행적 방식이 아닌 전진적인 길은 과연 무엇인가 다시금 고민하게 됩니다.

이 문제는 다음 토론에서 이어가기로 하면서 오늘의 논의를 정리하겠습니다. 다들 수고하셨습니다.

Part 02

노동자 고용 국가 책임 정책은 바로 "국민 노동을 육성하여 국제적 경쟁력을 확보하는 정책" "국민경제의 성장 동력 관리 정책"이며, "풍요로운 국민 생활 보장 정책"입니다. 국가는 무엇보다 노동자들이 새로 발전하는 경제 분야에 빠르게 적응, 기여할 수 있도록 강력한 산업 교육, 기술 교육에 대해 책임을 져야 하며, 개별 기업과 노동자를 국가적으로 매개하여 기업에게는 필요 노동력을, 노동자에게는 필요 노동 공간을 촘촘하게 매개하는 역할을 맡아야 합니다.

한국 경제의 새로운 미래를 찾는다

국가 주도형 모델과 자본 주도형 모델

사회 지난 논의는 시장이 만능이 아니기 때문에 무분별한 시장 지상주의를 경계하고 시장 기능이 사회와 국민경제의 공익을 침해하지 않도록 적절한 개입과 조절이 필요하다는 것이었습니다. 그러나 이것은 시장의 광포함을 막자는 차원, 일종의 안티테제이지 신자유주의로 활력을 잃어버린 한국 경제가 살아날 수 있는 방안에 대한 논의는 아니었습니다.

안티가 아닌 진테제, 한국 경제의 동력을 어떻게 형성할 것인지에 대한 논의를 본격적으로 진행하겠습니다.

김병권 급하면 체한다고, 본격적으로 하는 건 좋은데, 한국 경제가 어떤 과정을 거쳐 현재에 이른 것인지 잠시 살펴보았으면 합니다.

사회 미래로 가는 이정표를 세우기 전에 지나온 길을 분명히 짚어보자는 것이군요? 좋습니다.

김병권 예, 한가한 회고를 하자는 것은 아닙니다. 지금까지 한국 경제의 성장 모델이 무엇이었는가를 확인해 두자는 겁니다. 여러 문제점을 다 제쳐두고 외형적인 면만 보자면 어쨌든 우리 경제가 60년대 이후 지금까지 양적으로 급격하게 팽창한 것은 사실입니다. 그런데 이러한 성장이 어떤 세력과 전략에 의해 이끌어졌는가, 즉 성장 전략과 주도체라는 측면에서 고찰한다면 한국 경제의 기존 성장 모델은 크게 '국가 주도형 모델'과 '자본 주도형 모델', 이 두 가지로 압축할 수 있습니다.

사회 국가 주도형 모델이 대체로 박정희 정권 등 권위주의 정권 시절의 성장 모델이라는 건 잘 알려진 사실입니다. 자본 주도형 모델은 정확히 무엇을 뜻하나요? 신자유주의 시대의 경제 모델인가요?

김병권 정확히 보셨습니다. 1차 경제개발 5개년 계획이 시작된 때로부터 80년대까지 우리 경제는 국가가 전면에 나서서 생산 계획과 산업 정책을 수립하고 이에 필요한 요소들인 자본, 노동, 사회 간접자본 시설까지 적극적으로 조직하고 동원, 배분해 내는 시스템이었습니다. 경제 발전 전략도 경제 발전의 주도권도 국가, 정확히 표현하면 권위적 관료 집단이 쥐고 나간 것이죠. 이처럼 경제 전략과 주도권이 국가에 있었기에 이를 '국가 주도 모델'이라고 한 것입니다.

이에 비해 90년대 들어서부터 지금까지는 자본이 국가의 자리를 대체해온 과정이었습니다. 시장 주도 모델이라는 표현을 쓰는 경우도 있으나 이는 적절치 않은 용어입니다. 그 시스템을 누가 주도하는지 이러한 경제 시스템의 최종 이익이 어디를 향하는지 모호하게 만들기 때문입니다. 자본이 스스로의 이익을 목적으로 생산과 산업 전반을 규정하고 주도하는 메커니즘을 정확히 설명한다는 점에서 '자본 주도 모델'이라고 지칭하는 것이 맞다고 봅니다.

사회 시장 경제, 또는 시장 주도형 경제란 말은 가치 중립적인 듯하지만 사실은 대자본 우위성이 확실하게 관철되는 질서임을 이전 토론에서도 이미 확인했었죠.

정희용 국가 주도형 모델로 경제 성장이 진행될 때 한국은 외형적으로는 단기간 내에 산업화에 성공하지만 관치 경제, 재벌 경제의 문제점을 낳았습니다. 부족한 자본과 인적자원을 인위적으로 몇몇 재벌 그룹에 몰아주면서 경쟁력을 키우는 방식이어서 건전한 내수 부문과 중소기업 토대 구축에 실패해 한국 경제의 자생성을 떨어뜨렸고 수출에 과도하게 의존하는 시스템이 되었죠. 또한 관치 경제로 정경유착과 온갖 비리들이 난무하는 등 비민주적 요소가 한국 경제의 고질병이 되었습니다.

김병권　그러한 국가 주도형 모델은 80년대 중후반을 거치며 서서히 수명을 다하고 경제의 핵심 시스템이 자본 주도형으로 바뀌어 나갑니다. 그 배경은 이렇습니다. 국내적으로는 직선제 대통령이 된 노태우 정부, 그 뒤를 이은 김영삼 정부는 이전 권위주의 정부와 차별화를 위해 정치나 경제 영역에서 민주화 제스처를 쓰지 않을 수 없었고 또 이미 경제 사이즈가 커져 민간 경제 부문을 과거와 같이 정권 차원에서 계획, 조절한다는 것이 용이하지가 않은 상황이 되었죠.

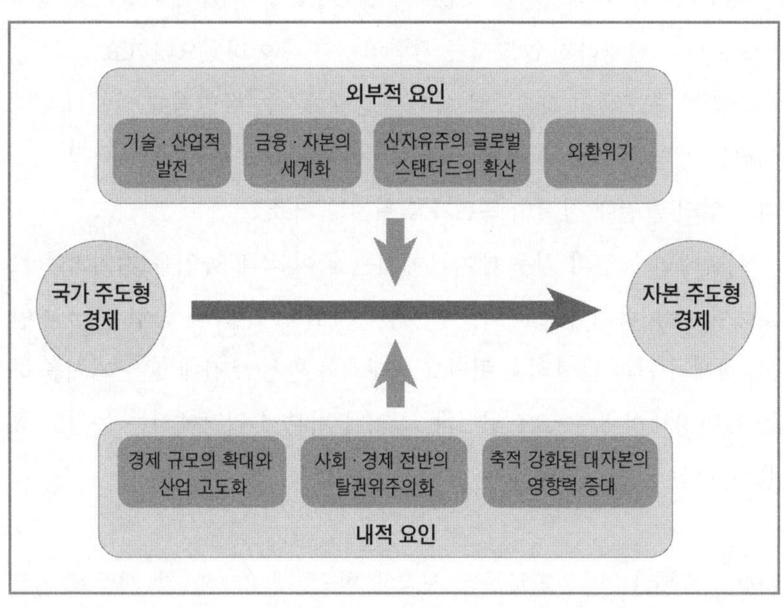

〈도표 2-1〉 자본 주도형 경제로의 이행 요인

박세길　한국 경제가 자본 주도형 모델로 넘어간 시기는 영미권을 중심으로 신자유주의가 본격화된 시기와 일치합니다. 즉 외적으로 전 세계적 범위의 자본, 금융 자유화 물결, WTO*나 IMF를 축으로 한 국제 질서와 세계화 등이 자본 주도형 경제로의 전환을 촉구한 요인들이었습니다.

김병권　자본 주도형 모델은 일단 경제 운용 기조 자체가 철저히 대자본의 이해를 관철시키는 방향으로 변하죠. 그 이전 국가 주도형 모델에서는 권위주의적 통치 집단이 정권의 정당성을 확보하기 위해서라도 경제의 외형적 성장에 관심을 기울이고 국민경제라는 틀을 유지하는 데 신경쓰지 않을 수 없었습니다. 근대화, 산업화라는 국민적 아젠다는 권력 집단이 국가적 동원 기제로 악용하기도 했지만 이 아젠다를 형식상으로나마 반영하지 않고서는 권력의 유지가 어려웠으니까요.

　그러나 주도권이 자본으로 넘어온 상태에서는 국민경제 전반의 이익이라는 개념은 사라져 버립니다. 자본이 소유하고 운영하는 특정 기업과 산업의 발전에 철저히 목표가 맞춰지는 거죠.

　이를테면 농업의 경우 대자본에게는 굳이 국내 농업을 지키거나 보호해야 할 이유가 없습니다. 국민경제 차원에서 볼 때 농업은 식량 안보, 경제 주권과 밀접히 관련되고 생태계와 환경 보전에 많은 기여를 하는 국민경제의 필수 요소입니다. 그러나 자본의 입장에서는 농업도 효율성, 생산성이나 수익성의 잣대로만 파악되는 거지요.

사회　우루과이라운드로부터 시작해 한-칠레 FTA와 쌀 개방에 이르기까지 결국 국내 농업이 마지노선을 잃게 되는 것도 그런 배경 때문이라고 하겠습니다. 국제 시장에서의 교역을 통해 이익 실현 기회를 넓히는 것이 자본에게는 유리할 것이구요, 농업을 희생시켜서라도 그 길을 추구하겠지요.

정희용　자본에게는 자본 자체의 이익 창출을 위한 전략이 있을 따름이지 국민경제 차원의 성장 전략이 필요 없다는 것, 아주 중요한 지적이고 국가 주도형 경제 시스템과도 다른 근본 차이로군요. 결국 국적·민족을 떠나 세계 시장을 무대로 자본이 이익을 최대한 누릴 수 있는 최적 환경을 만드는 과정이고 자연히 그 과정에서 각 나라의 국민경제가 심각하게 타격을 받게 되구요.

김병권　그러니 자본이 주도하는 경제 시스템이 정착된 나라는 그 나라 대자본이 아무리 천금을 벌어들이더라도 사회 곳곳에 최저 생활 수준 이하로 떨어지는 극빈 계층이 늘어날 밖에요. 신경제로 10년 이상 호황을 누리고 전 세계 유동성 자금을 월스트리트로 다 끌어들이는 미국이지만, 허리케인 카타리나가 한번 휩쓸고 지나가니 사회 치부가 그대로 드러나는 거 아닙니까.

정희용　정말 가관이었죠. 뉴올리언즈 지역 빈민들이 허리케인 경고가 발령해도 타고 빠져나갈 차량이 없어서 그대로 참변을 당했어요. 자동차 왕국인 미국에서 그 많은 자동차들은 두었다 뭐에 쓰는지…. 이재민들이 경찰과 총질을 하며 싸우는 사태까지 벌어졌는데 그건 사회적으로 뿌리 깊은 절망과 분노가 재난을 계기로 표출된 사회 병리 현상이죠.

김병권　IMF 직전 재벌과 대기업들의 방만한 차입 경영과 중복 투자, 문어발식 확장 등은 사적 자본이 저마다 자기 이익만을 추구한 결과물입니다. 결국 통제받지 않는 자본의 무분별한 운동 방식이 국가 부채를 대폭 증대시켜 외환위기를 초래하는 중요한 하나의 원인이 된 것입니다.

정희용　같은 자본주의라 해도 국가 주도형 경제는 일종의 국가자본주의적 성격을 띠잖습니까. 국가독점자본주의 논쟁도 그래서 생긴 거죠. 자본 주도형 시대에는 주주자본주의가 전면화되는 거구요.

김병권　그렇게 상호 조응시키는 것도 충분히 타당성이 있는 개념이군요. 신자유주의 경제는 범세계적 자본 주도형 경제이며 그 표현 형태는 주주자본주의라고 정의할 수 있겠네요.

〈도표 2-2〉 한국 경제 모델의 변화 과정

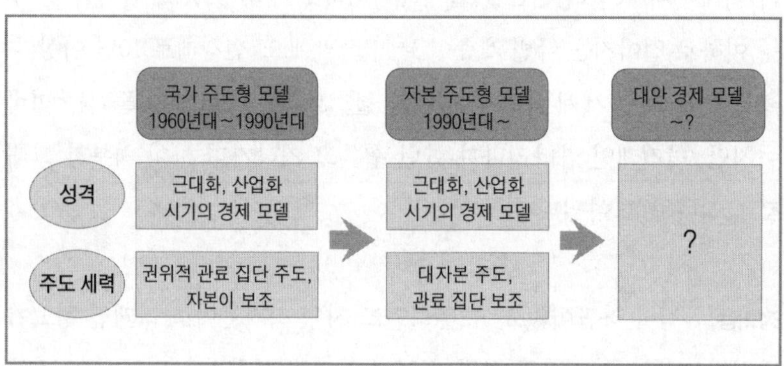

} 노동 주도형 경제로의 이행

사회　신자유주의적인 자본 주도형 경제가 국민경제 전체의 균형적 발전에는 별 관심이 없고 시장 만능주의로 사회 온 부문을 경쟁과 양극화에 빠뜨리는 시스템이라는 점은 분명합니다. 그렇다고 해서 다시 박정희식의 국가 주도형 경제 모델로 돌아갈 수도 없는 것 아닙니까?

박세길　당연하지요. 이미 국가 주도형 모델이 더 이상 작동 가능하지 않은 상황을 맞아 자본이 주도하는 모델로 넘어간 것인데요. 그런데 최근 수년 사이 우리 사회에는 '박정희 시대가 좋았다'는 박정희 향수가 상당히 퍼지고 있습니다. 이건 자본 주도형 모델이 지배적으로 자리를 잡아 저성장과 양극화, 청년 실업이 심화된 사회 현실에서 나온 반사작용입니다. 우리가 아무리 노무현 정부에 실망했다 하더라도 박정희 같은 통치 체제로 돌아가자고 할 수 없는 것처럼 경제 역시 마찬가지입니다.

김병권　그래서 제가 서두에 한국 경제가 지나온 과정을 압축적으로

01 국가 주도형 모델에서 한국 경제가 빠른 산업 변화를 감당하며 고성장을 이룬 배경에는 양질의 노동력이 존재한다. 노동, 자본의 동원과 집중을 고스란히 감당한 주체는 노동자들인 것이다.

02 국민적 노동의 질과 창의성을 높임으로써 생산력을 발전시키고 경제의 새로운 가치를 창조해내는 노동 주도형 경제만이 자본 주도형 경제의 폐해를 극복할 수 있다.

03 노동 주도형 경제는 사적 소유와 시장 경제를 수용한다는 점에서 자본주의 범주라고 할 수 있다. 그러나 자본의 이익이 아니라 국민경제 전체와 그 구성 주체들의 이익을 목표로 삼고 일하는 국민들의 노동 조건과 노동의 질적 발전을 통해 생산과 성장의 주도권을 행사하는 시스템이라는 면에서 자본이 중심이 되는 경제 체제와 질적으로 다른 것이다.

살펴보자고 한 겁니다. 현재의 주주자본주의, 자본 주도형 경제 모델을 실컷 비판하다 보면, "그럼 다시 국가 주도 시스템으로 가자" 이런 시대 착오적인 이야기가 나올 수 있다는 겁니다.

사회 흘러간 모델인 국가 주도형 경제 모델도 현재 진행중인 자본 중심 모델도 우리 경제를 성장시킬 유효한 모델이 아닙니다. 하나는 역사적으로 이미 관 속에 들어간 것이고 다른 하나는 지금 기승을 부리며 대한민국을 수렁에 몰아넣고 있는, 반드시 극복해야 할 경제 모델이라면, 우리는 어떤 대안 경제 모델을 찾아야 하는 것일까요?

정희용 그것을 살펴보기 위해서는 한국 경제가 무엇을 기둥으로 성장해 왔는지 진정한 원천 동력을 먼저 확인해야 할 것입니다. 한국 경제가 거쳐 온 두 가지 경제 모델을 확인했습니다만, 어떤 모델에서건 실제로 경제의 지속적 발전을 가져온 요인은 우리 국민의 노동력이라고 하겠습니다.

2005년 작고한 경영학자 피터 드러커는 그의 저서 『자본주의 이후의 사회』 한국어판 서문을 이런 말로 시작합니다. "역사에 기록된 것 가운데 한국전쟁 이후 40년 동안 한국이 이룩한 경제 성장에 필적할 만한 것은 아무 것도 없다"라고 말이죠.

사회　드러커는 한국을 "부존자원이 없는 후진국이 교육의 확산을 통해 성공적으로 산업 사회에 진입한 대표적 국가"라고 평가한 인물이지요.

정희용　그렇습니다. 드러커는 한국 경제 발전의 핵심을 제대로 꿰뚫어 본 사람입니다. 다른 나라에 비해 유독 강한 우리 사회의 교육열은 한국이 짧은 시간 동안 근대화를 이룬 원천 동력 가운데 하나입니다. 외환위기 이전까지 우리 경제는 급격한 고도성장을 이루었습니다. 60년대 초반 경공업에서 시작해 70년대의 중화학공업, 80년대에는 자동차·전자산업, 다시 90년대에는 반도체와 IT 산업에 이르기까지 고부가가치를 찾아서 산업 축을 빠르게 이동했거든요. 이는 산업의 변화와 발전을 감당할 만큼 풍부한 양질의 노동력이 존재했다는 의미입니다.

사회　그러니까 주도를 하고 전략을 짠 집단은 당시 국가 체제를 손에 쥔 권력 집단이었으나 그 이면의 동력은 실질적으로 노동의 질에서 찾을 수 있다는 거로군요.

정희용　그렇지요. 경제 개발 초기 단계에서는 저임금 노동력이 무기였지만 이는 지속적인 경쟁 요소가 될 수 없습니다. 임금이 더 낮은 후발주자가 등장하면 단순 저임 노동력에 기초한 경쟁력은 사라집니다.

어려웠던 경제 상황에서 우리 국민들이 스스로 노동의 질을 어떻게 높였는지 보여주는 중요한 사례가 대학 진학률입니다. 고등학생의 대학 진학률이 1980년에 27.2퍼센트에 불과했으나 2004년에 81.3퍼센트까지 올라가요.

박세길 아마도 노동의 질이 뒷받침되지 않았다면 단기간에 높은 생산성과 국제 경쟁력을 확보할 수 없었을 것입니다. 2차 세계대전 종전 이후 많은 후진국들이 국가 주도형 경제 개발을 추진했습니다.

국가 주도 시스템 자체가 성공 요인이라면 다른 나라에서도 모두 성공적인 결과가 나타나야 하는데 전혀 그렇지 않습니다. 반대로 시스템은 달라도 높은 교육열을 보인 다른 동아시아 국가들 예를 들면 대만이나 홍콩, 싱가포르 등은 같은 기간 높은 경제 성장을 이룩했습니다.

김병권 대만은 재벌을 배제하고 철저하게 중소기업 중심의 경제 시스템을 만들었고 홍콩과 싱가포르는 개방형 도시국가로 운영되었죠. 한국과 전혀 다른 경제 시스템인데 교육 수준과 저축률이 높다는 공통점이 발견되는군요.

사회 논의를 정리해 봅시다. 경제의 고성장을 이룬 시기 한국 경제는 외형적으로는 국가 주도형 경제 모델이었지만 그 원천 동력은 노동자들이 제공했다는 점이 중요합니다. 이른바 '한강의 기적'을 이룬 산업화의 결정적 공로가 박정희, 또는 권력 집단과 밀착 관계를 형성해 성장한 재벌에게 있는 것이 결코 아니라는 거죠.

정희용　그런데 자본 주도 모델로 넘어가면서 우리 경제의 성장 원동력이 깎여 나간다는 게 가장 큰 문제입니다. 우선 저축률부터 살펴보지요. 가계와 기업 그리고 정부 부문의 저축을 모두 합한 '국민총저축률'은 1988년 40.5퍼센트를 정점으로 떨어지기 시작하여 2002년에는 31.3퍼센트 수준까지 하락합니다.

저축률 하락의 주요 원인은 가계 부문입니다. '개인순저축률*'은 90년 이후부터 하락 추세를 나타내기 시작해서 2002년에는 그 수치가 1.5퍼센트까지 떨어집니다. 우리나라에서 개인순저축률 통계를 시작한 것이 1975년부터인데 역대 최저치죠. 신자유주의로 우리 국민들의 가계 경제가 얼마나 궁핍한 처지에 내몰렸는지 여실히 드러납니다. 결과적으로 2000년 이전까지 일본, 대만보다 높았던 우리 국민들의 개인순저축률이 이후 두 나라를 하회하고 있으며 2002년 이후에는 미국보다도 낮은 수준으로 곤두박질했습니다.

김병권　외환위기 이후 실질 소득은 감소하고 가계 부채 증가로 원리금 부담이 급증한 탓이죠. 2003년 가계당 신용 잔액*이 3000만 원 가까이 되는데 저축을 할래야 할 도리가 없는 거죠.

정희용　가장 심각한 것은 한국 경제를 발전시켜온 동력인 노동의 토대가 흔들리고 있다는 점입니다. 외환위기 이전 우리나라 실업률은 연평균 2.4퍼센트 대로 자연 실업률에 가까운 상태였던 것이 1998년에는 7퍼센트로 치솟았습니다. 물론 1999년이 지나면서 실업률이 하락하지만 여전히 체감 실업률은 지표 실업률과 큰 격차를 보이고 있습니다.

최근 한국노동연구원 김용현 연구위원은 "2005년 통계청이 발표한

〈도표 2-3〉 연도별 취업자 수와 비정규직 노동자의 비율

	2005	2004	2003	2002	2001	2000	1999	1998	1997	1996	1995
취업자계	22,856	22,557	22,139	22,169	21,572	21,156	20,291	19,938	21,214	20,853	20,414
비임금노동자	7,671	7,663	7,736	7,988	7,913	7,795	7,628	7,641	7,810	7,653	7,515
임금노동자	15,185	14,894	14,402	14,181	13,659	13,360	12,663	12,296	13,404	13,200	12,899
비정규직 노동자	7,268	7,270	7,134	7,319	6,944	6,965	6,529	5,762	6,122	5,701	5,400
비정규직의 비율	47.9%	48.8%	49.5%	51.6%	50.8%	52.1%	51.6%	46.9%	45.7%	43.2%	41.9%

자료 : 통계청 경제활동 인구 조사, 단위 : 만 명

실업률은 3.5퍼센트지만 일자리를 찾지 못하여 구직을 단념한 실망 실업자와 임시적으로 아르바이트 등을 하고 있는 불완전 취업자를 합하면 실업자 수가 182만 5000명으로 실업률이 7.8퍼센트에 달한다"는 보고서를 내놓았습니다. 실업률이 하향 안정화되고 있다는 정부 인식은 완전 허구라는 거죠.

실업률보다 근본적인 문제는 기업들의 '구조조정'이 일상화되면서 취업 노동자 가운데 비정규직의 비중이 대폭 증가했다는 점입니다. 비정규직은 외환위기 직전인 1996년 만해도 43퍼센트 정도였는데, 1999년 처음으로 50퍼센트를 넘어선 뒤 지난해 말 48.8퍼센트로 여전히 전체 고용 노동자의 절반을 차지합니다.

박세길　48퍼센트라는 것은 통계청 자료 기준인 것 같은데, 현재 노동계에서는 2005년 비정규직 노동자의 수를 840만 명, 전체 임금노동자의 56퍼센트로 보고 있습니다.

사회　한국 경제 성장의 원천 요인이 노동에 있다면, 주주자본주의를 넘어서는 대안도 역시 노동에서부터 출발해야 하는 것 아닐까요?

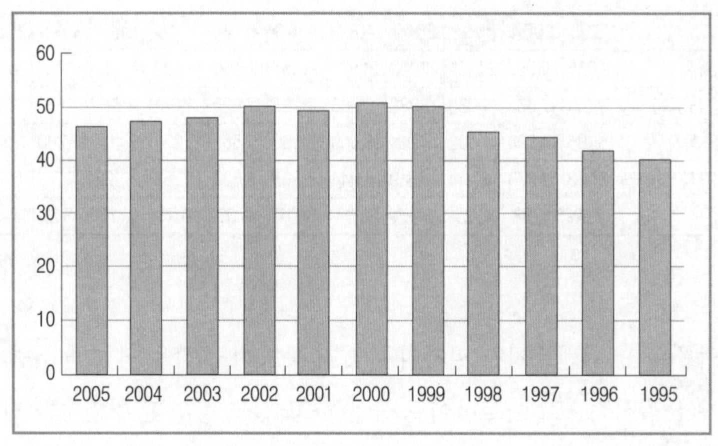

〈도표 2-4〉 비정규직 노동자의 비율

김병권 바로 그런 취지에서 향후 한국 경제가 지향해야 할 대안 경제 모델은 노동 주도형 경제가 되어야 합니다.

노동 주도형 경제 모델은 국가 주도—자본 주도—노동 주도로 이어지는 한국 경제 전개 과정의 일부분입니다. 국민적 노동의 질과 창의성을 제고시킴으로써 생산력을 발전시키고 경제의 새로운 가치를 창조해 내는 것을 기본 전략으로 삼는 경제 모델이죠.

사회 하지만, '노동 주도'라고 할 때는 경제 운용 전략의 핵심을 노동의 발전에 둔다는 의미만으로 부족하지 않습니까? 우리는 국가 주도형이 권위적 관료 집단이 주도한 시스템이고 자본 주도형이 축적 강화와 사회적 발언권을 확대한 자본 집단이 주도한 시스템이라는 점을 확인했습니다. 그 연장선에서 고찰할 때, 노동 주도가 되려면 실제로 노동자가 경제를 주도해야 한다는 뜻이 아닌가요? 그러자면 노동계급 정권의 수립이 전제되어야 하고 이는 결국 사회주의 경제로 귀결되지 않겠습니까?

정희용　노동 주도형 경제와 기존에 존재했던 사회주의 경제는 근본적으로 다릅니다. 하나씩 풀어가 보도록 하지요. 우선, 노동 주도라 할 때 노동의 범위를 임금노동자 또는 전통적인 노동계급으로 국한시키지 않는다는 관점입니다. 우리 국민 가운데 대자본가, 부동산이나 자본소득만으로 살아가는 극히 일부를 제외한 일하는 국민 전체가 수행하는 노동을 의미하는 것입니다. 이렇게 전통적인 계급 개념과 다른 관점으로 접근하는 것은 이유가 있습니다.

첫째로 주주자본주의로 큰 이익을 얻는 소수의 주주들, 자본소득 계층 이외의 모든 국민들은 신자유주의적 경제, 자본 주도형 경제를 극복하는 데 이해를 같이하고 있기 때문입니다. 이미 앞의 토론에서 확인했듯이 현재의 한국 경제는 노동자, 농민 등 기층 계급만이 아니라 자영업자, 중소기업가 모두 발전은커녕 현상유지도 어려운 상황입니다. 중산층이 거의 분해되어 저소득계층으로 전락하고 있습니다. 약 2500만 명에 달하는 경제활동 인구, 이들의 가족까지 포함해 4800만 국민 중 거의 대다수가 자본의 발전이 아니라 노동의 발전을 축으로 하는 경제 시스템을 옹호할 수밖에 없습니다.

둘째로 국민경제의 발전은 어느 특정 계급에서의 노동 발전만으로는 부족합니다. 일하는 국민 전체의 노동 조건, 노동의 질과 창의성을 높이는 것이어야 국민경제가 세계화 시대에 강력한 경쟁력을 담보할 수 있습니다. 노동 주도란, 이처럼 자본 주도형 경제에 반대하고 한국 경제 성장의 원천 동력인 노동의 발전에 동의하는 범국민적 아젠다, 그리고 이를 정치권력과 경제 운영 핵심부에 정확히 반영하는 정치적 동력을 통해 주도성을 쥐게 되는 것을 의미합니다.

박세길 　노동 중심의 대안 경제 모델은 자본주의의 골간을 이루는 사적 소유와 시장 경제를 부인하지 않습니다. 그런 면에서는 이 모델은 자본주의 자체를 완전 부인하지는 않습니다. 그러나 생산 활동에서 노동이 주도적 역할을 전제한다는 점에서 자본주의라고 한정지을 수도 없습니다. 생산 활동에서 어느 계급이 주도적 역할을 하는가는 한 사회를 파악하는 매우 중요한 기준입니다. 따라서 노동 중심 경제 모델은 굳이 표현하자면 자본주의이면서 동시에 자본주의가 아닌 것입니다. 이런 점에서 이전에 없었던 전혀 새로운 모델이라고 할 수 있습니다.

　현 단계 한국 경제의 가장 큰 문제점은 외국자본이 경제의 명줄을 쥐고 있다는 점입니다. 일부를 제외한 한국의 자본가 계급 상당수는 이런 조건에서 이중적 지위에 처해 있습니다. 국내적으로는 여전히 자본 이익 창출에 매달리는 계급적 속성이 분명하면서도 세계화 무대에서 초국적 거대 자본과의 경쟁에서는 자체의 생존 전망이 불투명한 존재 조건이지요. 따라서 우리는 이들 자본가조차도 노동의 발전을 통해 강화된 국민경제를 기본 단위로 세계적 차원에서 경쟁하는 전략에 얼마든지 동참 가능하다고 보는 것입니다.

　하물며 한계에 이른 중소기업이나 자영업자 등 소자산가들은 더 말할 것도 없습니다. 이들 계층의 사적 소유권이 인정되지 않는다면 이들은 국민적 노동의 발전을 목표로 하는 새로운 경제 시스템에 찬성하지 않고 저항 세력이 될 것입니다. 그래서는 결코 주주자본주의를 극복할 수 없습니다. 이들 역시 국민적 노동을 성장·발전시키는 경제 룰을 따라 기업 활동과 시장 경제 활동을 창발적으로 수행하면서 일하는 국민으로 함께 할 수 있습니다.

사회 계급 관점에 대한 문제나 사회주의 경제와 어떻게 다른 구상인가에 대한 의문은 풀린 것 같습니다. 그런데 자본주의 범주이면서 자본주의를 지양하는 경제 체제라는 것에 대해 보충 설명이 좀더 필요합니다. 가령 사민주의와는 어떤 차이점인가 하는 거지요. 유럽식 사회민주주의가 미국식 자본주의에 비해서는 사회복지를 비롯해 노동과 공공 영역의 보호에 대한 균형 감각을 갖춘 자본주의라고 할 수는 있으나 신자유주의의 거센 물결을 만나 기존의 성과마저 후퇴하는 상황입니다.

단적으로 1999년 6월 토니 블레어 영국 총리와 게르하르트 슈뢰더 독일 총리가 발표한 「유럽 사회민주주의 정책 강령」을 보면 시장 경제를 토대로 삼을 것을 강조하고 있습니다. 궁극적으로 신자유주의에 투항하는 모양새죠.

박세길 결론부터 말하자면 유럽 사민주의는 '인간의 얼굴을 한 자본주의'라는 표현처럼 자본주의의 보완책일 뿐입니다. 쉽게 말해서 생산 활동에서 자본의 주도성을 인정한 조건에서 세금을 많이 거두어 복지 비용을 충당하는 제도입니다. 자본주의를 뛰어넘는 제도가 결코 아니지요. 사민주의가 자본의 주도성을 극대화하는 신자유주의에 쉽게 동화되는 이유가 바로 여기에 있습니다.

노동 주도형 경제 모델은 생산 활동에서 노동의 주도적 역할에 기초한 모델이기 때문에 노동 소모적인 신자유주의는 물론이고 사민주의와도 근본적으로 다른 작동 원리를 지닌 것입니다.

김병권 앞선 논의에서 대안이란 '새로운 사회의 운영체제'라며 컴퓨터의 오퍼레이팅 시스템에 비유한 바 있습니다. 원래 훌륭한 OS는 기존의 구운영체제에서 작동되던 프로그램들을 폐기하거나 배제하는 게 아니라 수용해줍니다. 그래야만 기존 운영체제를 사용하던 사람들도 새 운영체제로 옮겨갈 수 있거든요.

이렇게 본다면 자본주의의 장점과 성과를 수용하고 노동자, 농민은 물론 소자산가와 기업가까지 새 시스템의 사용자로 만들 수 있는 경제 모델이 되는 것이 바람직하고 또 그럴 경우에만 실현 가능성을 담보받을 수 있지 않겠습니까?

정희용 우리가 생각하는 대안 경제 시스템은 노동의 발전을 중심 전략으로 삼는 경제 모델인데, 그 최종 목적은 국민경제의 발전 그리고 그 구성원인 여러 계급·계층의 노동 조건과 노동의 질을 높이는 데 두고 있는 것입니다. 이런 점에서 우리의 경제 대안을 '노동 중심 국민경제

〈도표 2-5〉 각 경제 모델의 차이점

	국가 주도형 모델 (1960년대~1990년대)	자본 주도형 모델 (1990년대~)	노동 주도형 모델 (21세기 대안 시스템)
성격	근대화, 산업화 시기의 경제 모델	신자유주의 시기의 경제 모델	지식기술혁명 시기의 경제 모델
주도 세력	권위적 관료 집단 주도, 자본이 보조	대자본 주도, 관료 집단 보조	일하는 국민 주도, 국가와 자본이 보조
발전 전략	생산요소의 국가적 동원과 투입	자본효율성과 시장 경쟁	노동 창의성, 인적 자원의 발전
국민경제 관점	높은 편. 권위주의 정권이 국민경제 발전을 정권 정당화 명분으로 차용	낮다. 국민경제보다 개별 자본의 이익이 우선시 됨	매우 높다. 국민경제의 건전한 발전이 노동 창의성 발현의 기본 조건

론'이라고 칭해도 좋을 것 같습니다.

사회 '노동 중심 국민경제론'. 성장의 원동력인 노동의 주도성과 함께 국민경제의 발전이라는 목표 지점까지 포괄한 용어로군요.

03

} 노동 창의성 시대

사회　경제가 자본 주도형에서 노동 주도형으로 전환되어야 한다는 논리의 취지나 가치 지향성은 의심할 바 없습니다만 근거에 대해서는 더 세밀하게 따져봐야 할 것 같습니다. 지난 시기 우리 국민들이 거둔 성과만으로 근거를 유추하는 것은 부족하다는 판단입니다.

　　예컨대 이를 지나치게 강조하다 보면 "한국인은 원래 근검절약하고 교육열이 높기 때문에 고도성장을 이룰 수 있었다"는 민족주의적 관점에 빠질 우려도 있습니다. 민족적 특수성은 세계적 보편성과 맥을 같이할 때 의미가 확인될 것입니다. 좀더 객관적이고 세계사적인 맥락을 살펴보기로 하지요.

박세길　맞습니다. 그런 점에서 산업혁명 이후 생산력 발전과 노동의 진화가 어떻게 상호 작용하면서 오늘날에 이르렀는지 면밀히 고찰해 볼 필요가 있습니다. 즉, 왜 생산 영역의 실질적 주도성이 노동으로 이동할 수밖에 없는지 해명해 보자는 것입니다.

01 다품종 소량생산 시대로 넘어오면서 기계제 대공업 시대의 피동적 노동에 일대 변화가 초래된다. 기업 경쟁력을 좌우하는 근본 요소는 기계장치나 자본 규모가 아닌 창의적 노동에 의존하게 된다.

02 기업도 노동의 변화를 반영해 팀제를 도입하여 수직적 조직 체계를 수평적으로 바꾼다. 또한 원가 절감, 자원 관리 등 물적 요소에 대한 관심은 점차 경영 정보, 학습 조직, 지식 관리 등 인간과 노동의 지적이고 창의적인 원천 동력을 흡수하려는 방향으로 이동한다.

03 노동의 변화는 인간관계와 조직의 변화를 연속적으로 불러일으킨다. 노동의 변화로부터 창의성, 자율성, 연대와 협력이 현대 사회의 핵심 원리로 부상한다.

아시겠지만 산업혁명 이후 20세기 중반까지 생산성을 좌우하는 결정적 요소는 사람이 아니라 기계였습니다. 누가 최신 기계장치를 대량으로 보유했느냐에 따라 기업의 경쟁력이 결정되었습니다. 이 시기는 소품종 대량생산 시대였고 사람의 노동은 기계의 움직임을 보조하는 것으로 교육 수준이 낮고 단순 반복적인 육체노동일 뿐이었습니다. 노동자들의 자율성이나 두뇌 사용은 매우 제한적이었으며 생산성 향상에 부차적인 요소였을 따름입니다.

테일러나 포드 시스템은 기계장비가 노동보다 우위에 섰던 시대의 상징입니다. 미국의 프레드릭 테일러에 의해 창안된 테일러 시스템은 노동자의 동작을 시간 단위로 정밀 분석한 것을 토대로 노동 행위를 기계의 동작에 최대한 일치시키고자 시도한 것입니다. 포드 시스템은 이를 더욱 발전시켜 기계와 부품 등 생산요소를 표준화·규격화하는 것을 바탕으로 노동을 극도로 세분화하고 이를 컨베이어 라인으로 연결시키는 일괄 생산 시스템이었습니다.

테일러-포드 시스템은 생산성의 급격한 향상을 가져왔지만 그 과정에서 노동자는 인간이기를 포기하고 기계의 부속품으로 기능해야 했습니다.

김병권　채플린 주연 영화 「모던 타임즈」가 생각나는군요.

박세길　그렇죠. 자본주의적 기계제 대공업 아래서 정신노동과 육체노동이 분리되고 육체 노동자들은 컨베이어 벨트를 따라 가면서 아무 생각 없이 나사만 조이는 존재로 전락하죠.

원래 노동은 인간의 대표적인 창의적 활동입니다. 먼 옛날 돌조각을 주워 이를 사냥 도끼로 사용하고 단면을 더 날카롭게 다듬기 위해 다른 돌에 부딪히거나 연마하는 일, 돌에 무늬나 그림을 새겨 넣는 행위 등이 다 인간의 창의성과 예술성이 녹아든 행위였습니다. 이처럼 원래 정신 영역과 육체 영역이 하나로 조화되었던 인간의 노동이 자본주의 기계제 대공업 시대에는 크게 왜곡되어 정신적·지적·창의적 영역이 피동적이고 부차적인 요소로 전락합니다.

이런 시기에는 생산을 자본이 좌우할 수밖에 없습니다. 기계와 공장을 소유하고 있기 때문이죠. 자본은 희소가치를 지닌데 반해서 일자리를 원하는 노동자들은 넘쳐납니다. 또한 노동 과정은 극도로 단순화, 규격화되어 기업가들의 필요에 따라서 언제든지 부품 교체하듯이 노동력을 교체할 수 있었지요.

정희용　그 점에서는 지난 세기말 붕괴된 일부 국가사회주의도 별반 차이가 없는 걸로 보이는데요. 산업자본주의에서 자본이 수행하는 기능을 국가로 집중시킨 경우에 다름아니죠. 국가가 생산 활동 전반을 기획하고 지휘하면서 노동자들은 역시 피동적 존재가 되고 노동에서 지적이고 창의적인 역동성을 발현하지 못했던 것입니다. 결과적으로 이들 사회주의 나라에서 국가는 노동자에게 시혜를 베풀고 노동자는 국가에 순응하는 관계가 성립되었다고 할까요.

박세길　그런데 물자가 부족해 공장에서 대량으로 찍어내기만 하면 다 팔려나가던 소품종 대량생산 시대가 마냥 지속되지는 않습니다. 절대 생산 능력의 향상으로 물자가 풍요해지고 기업간 경쟁은 한층 치열해지며 기업이 소비자들의 요구에 맞추어 가야 하는 다품종 소량생산 시대가 도래하면서 자본이 생산에서 절대적 주도성을 발휘하던 관성에 변화가 오기 시작합니다.

다품종 소량생산은 처음에는 생산재나 중간재 등 비소비재로부터 도입되기 시작했으나 점차 소비재 영역으로 확산되었습니다. 80년대에 들어오면 이미 많은 소비재 부문에서 자동화 공정에 의한 대량생산보다 소비자의 요구를 빠르게 파악하고 이를 반영한 제품을 먼저 생산할 수 있는 기업들이 경쟁력을 갖게 되지요.

이러한 경향은 전체 소비재로, 나아가 서비스와 문화 분야까지 확산되는 추세입니다. 자동차를 예로 들어 봅시다. 자동차 산업은 20세기의 대표적 산업으로 막대한 규모의 조립 공정을 포함하는 장치 산업이고 대량생산 대량소비의 대명사라고 할 수 있습니다. 1900년대 미국 포드자동차의 모델 T(T카)는 가벼우면서도 힘이 세고 대량생산돼 값이 쌌습니다. 당시 소비자들은 편리하게 움직일 수 있고 자신의 봉급으로 살 수 있는 자동차면 만족했던 것입니다. 따라서 T카는 단 두 가지 모델에 모두 검은색이었지만 20년 동안 1500만 대나 팔렸습니다. 그 당시에는 대량생산 방법으로 값싸게 만들기만 하면 되었던 것입니다.

하지만 요즈음의 자동차는 모델도 다변화되었고, 같은 모델이라 하더라도 색상이나 선택 사항 또한 다양해지고 있습니다. 통계에 의하면 한 해 동안의 자동차 각 모델별 평균 판매 대수가 1985년도에는 10만 7000대, 2004년에는 4만 8000대 수준으로 자꾸 줄어들고 있습니다.

김병권　2004년 미국 시장에서 판매되고 있는 자동차 모델이 대략 340종 정도라고 합니다. 자동차 회사들이 얼마나 자주 신제품을 출시하고 또 서로 치열한 판매 경쟁을 벌여야 하는지 짐작이 됩니다.

박세길　그에 따라 모델별 수명이 갈수록 짧아집니다. 포드의 모델 T를 통해 알 수 있듯이 과거에는 자동차 모델의 수명이 20년까지도 갔지만 요즈음은 길어야 4년이며 그나마도 갈수록 단축되고 있습니다. IT 제품은 정도가 더하죠. 그야말로 속도 경쟁입니다. 삼성전자가 휴대폰 1대를 생산하는 데 소요되는 시간은 8초 정도였는데 구미공장 생산 라인을 개선해 이를 6초로 단축시키겠다는 계획을 2005년에 발표한 바 있습니다.

이처럼 자본주의 세계 시장은 제품의 차별화와 다양화, 즉 '창의성'과 제품 개발 시간, 즉 '속도'를 놓고 숨막히는 전쟁을 벌이는 형국입니다. 창의성은 기업 경쟁력을 높이는 결정적 요소가 되었습니다. 창의성은 또한 속도를 규정합니다. 컨베이어 벨트를 빨리 돌리는 식의 속도 경쟁은 한계가 명확합니다. 창의적으로 개발 프로세스를 재규정하는 것이 속도 경쟁의 요체입니다.

사회　기계제 대공업 아래에서 중요성이 퇴화되었던 노동의 창의성이

20세기 후반부부터는 경쟁력의 핵심으로 부각되는 거군요.

박세길 네, 그런데 이 창의성은 근본적으로 어디에서 나오겠습니까. 창의성은 결코 자본 그 자체에서 나오지 않습니다. 아무리 거액의 자본을 들이고 성능이 우수한 설비를 들여놓는다고 해도 기계로부터 나올 수 있는 것은 정해진 동작의 반복뿐입니다. 사람의 창의성이 결정적 요소가 되면서 노동자와 기계의 관계도 변합니다. 즉 사람의 창의성이 기계를 지배하기 시작한 것입니다. 기계의 움직임이 노동하는 사람의 동작을 결정했던 과거 산업 시대와는 반대 양상입니다.

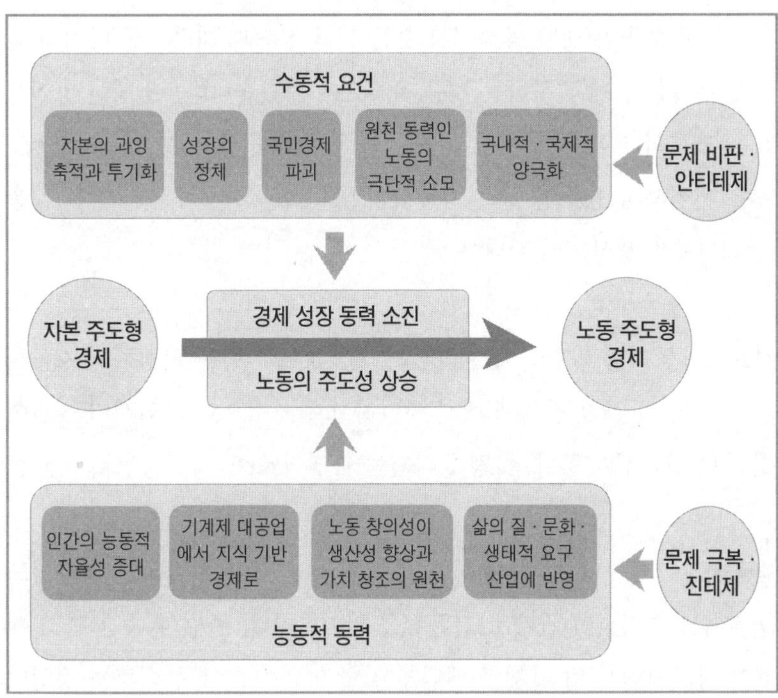

〈도표 2-6〉 자본 주도형 경제에서 노동 주도형 경제로의 이행 동력

　이렇게 생산 시스템을 혁신하고 생산성을 좌우하는 핵심 요소가 기계 장치에서 사람의 창의성으로 옮겨짐으로써 창의적 노동이 생산의 중심에 자리잡게 된 것입니다.

김병권　그러한 노동의 변화는 개별 노동자의 책임 범위와 행동 양식의 변화를 넘어서 생산 라인 전체 그리고 기업 조직 전반으로 파급되고 있죠. 다품종 소량생산 체제에 적응하기 위한 기업들의 노력은 초기에는 종전의 테일러—포드 시스템을 대체하는 것으로 집중되었습니다. 70년대 말부터 이른바 포스트 포드주의가 나타나는데 도요타를 중심으로 도입된 린 생산 시스템은 그 대표적인 사례죠.

　린 생산 방식은 수공업 생산 방식과 대량생산 방식의 장점을 결합한 것으로서 수공업 생산 방식에서 오는 원가 상승과 대량생산 방식의 융통성 부족을 함께 극복하는 것을 목적으로 삼았습니다. 린 생산 방식에서는 조직의 모든 부분에서 여러 기능을 수행할 수 있는 다능공多能工 팀을 편성하며 융통성 있는 자동화기기를 사용하여 매우 다양한 제품을 적정량씩 생산하게 됩니다.

사회　노동자를 파편화해서 작업시키는 것보다 팀을 편성하고 자율성을 주어 생산 공정 전체에 대해 파악하고 창조적으로 작업시키는 편이 훨씬 더 생산성이 좋다, 이렇게 나가는 과정이죠?

김병권　그렇습니다. 팀제의 도입은 기업 조직이 수직적인 피라미드 조직에서 수평적인 관계로 전환됨을 의미합니다. 종전의 중간 관리 체계가 사라지면서 팀 자체로 책임져야 할 영역이 크게 증대하는 것입니다. 과거에는 상급자에게 건의하고 문제 해결을 기다려야 했으나 이제 많은 부분을 팀 스스로 처리합니다. 예를 들면 도요타 공장에서는 문제가 발견될 경우 노동자 누구나 라인을 정지시킬 수가 있습니다. 라인 스톱은 일일 목표 생산량에 심각한 지장을 주는 것으로 과거에는 현장 관리 책임자만이 그 같은 권한을 행사할 수 있었습니다.

경제 토대의 저변에서부터 노동하는 단위가 이렇게 바뀌기 시작하면 이는 공장과 기업 차원을 넘어 사회적 변화로 이어집니다. 개인과 개인, 개인과 조직, 개인과 국가 등 사회 전체적인 관계에서 수직적이고 상명하복적인 관계들이 더 이상 통용되지 못합니다. 서로 수평하고 대등한 관계라는 인식이 발전하는 겁니다.

박세길　변화의 물결은 지식과 노동의 결합으로 한층 증폭됩니다. 작업자가 처음부터 기획에 참여하고 작업을 설계할 수 있을 때 다양한 아이디어가 쏟아져 나오고 작업 시스템을 능동적으로 개선할 수 있으며 새로운 제품 생산을 빠르게 소화해낼 수 있습니다. 이를 구조적으로 보장하기 위해 등장한 것이 기존 기능 조직을 학습 조직으로 발전시키는 것이었습니다. 기업 활동도 생산을 강조하던 것에서 새로운 지식을 획득하고 창조하는 학습의 과정으로 이해하는 움직임이 나타나고 있습니다.

생산성 향상이 자본과 물자의 관리에 달린 문제라고 기업들이 파악할 때는 '경비 절감 운동', '재고 관리' 나아가 '자원 관리' 등이 중요한 요소였습니다. 이게 조금 더 발전하면 경영 정보 시스템으로 모아집니다. EIS(executive information system)라고 하죠. 캐쉬 플로우, 물자, 부품, 기계 이런 것들은 부분적일 뿐이고 이들 전체에 대한 정보의 통괄 여부가 핵심이 되는 겁니다.

지금은 어떻습니까. 또 한 단계 더 나가고 있죠. 지식 관리 시스템, 즉 KMS*(knowledge management system)입니다. 정보가 중요하긴 한데 그 정보를 생성하고 판단하고 응용하는 건 사람만이 할 수 있는 것이구요, 따라서 기업 내 인적 자원이 보유한 노하우와 지식을 효율적으로 축적하고 활용할 수 있도록 만드는 것이 가장 중요한 문제로 떠오르고 있습니다.

정희용　정리하자면, 양이 아니라 질이 중요한 시대가 되면서 지식 기술 노동과 육체노동의 융합으로 창의적 노동이 발전하기 시작하고 이는 조직 원리에도 영향을 주어 수직적 위계 질서에서 수평적 관계로 인간관계를 재편함으로써 팀제나 네트워크처럼 자율성에 기초한 연대와 협력의 중요성을 높인다는 것이죠.

현대의 노동은 이처럼 창의성, 자율성, 협력을 가장 큰 특징으로 합니다. 이 세 가지 특징은 노동이나 경제 차원만이 아니라 향후 새로운 사회의 조직 원리로 부상할 가능성을 내포하고 있습니다. 사회란 결국 일하는 국민들이 일터에서 체득한 생활 원리를 기초로 조직되는 것이기 때문입니다.

지난 대선에서 이는 단적으로 입증되었습니다. 국민들은 정당 구도나 지역 구도와 같은 정치인들이 걸어 놓은 주문에서 벗어나 자율적인 판단을 내리고 인터넷 공간에 스스로 창의적인 여론 광장, 미디어를 형성하여 대선의 이슈와 판세를 결정했습니다. 이 점에서는 '조중동' 등 막강한 영향력을 지녔던 구매체들이 역부족이었습니다. 이처럼 자율성과 창조성에 기초해 사회적으로 광범위한 연대와 협력이 이루어졌기에 노무현 정권이 탄생할 수 있었던 것입니다. 새로운 사회의 원리란 이런 것입니다.

사회　일단 경제적 측면에 국한해서 중간 정리를 하겠습니다. 창의적 노동이 가치 혁신의 토대를 이루고 조직과 관계의 변화를 파급시키는 시대를 맞았습니다. 현대 사회 발전과 산업 경쟁력의 핵심 원천이 노동에서 나오기 때문에 국민경제적 차원에서 노동을 보호하고 발전시키는 경제 대안이 필요함을 확인할 수 있었습니다.

한국 경제가 지향해 나갈 다음 단계의 대안 모델인 노동 주도형 국민경제 모델은 이 원천 성장 동력을 구조적으로 보장하는 데 초점을 맞추고 있다고 하겠습니다.

〈도표 2-7〉 노동 주도형 국민경제 모델

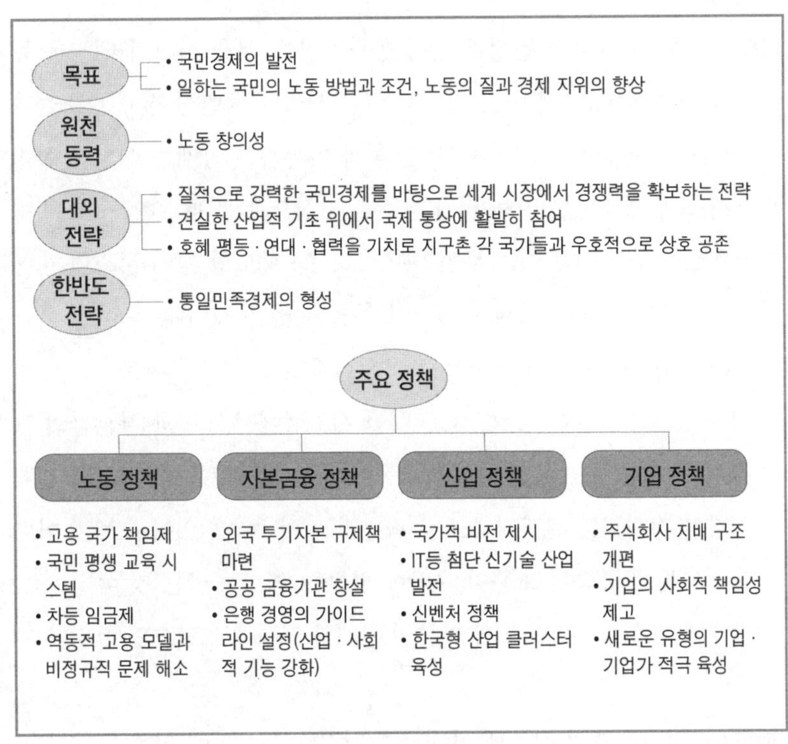

04

지식 기반 경제와 노동 창의성

사회　노동 창의성이 진정한 성장 동력이라는 것을 시대적 배경을 통해 확인했는데요, 이제 이를 기초로 대안 시스템과 현실 경제 요소들과의 관계를 토론해보겠습니다. 즉, 노동과 자본과의 관계는 어떻게 설정되는지, 노동 창의성이라는 성장 동력을 중심으로 볼 때 기업 구조에 필연적으로 요구되는 변화는 무엇인지, 또 노동 주도형 경제 시스템은 신자유주의적으로 짜여진 세계 시장과 충돌은 없을 것인지 등 아주 굵직한 문제들입니다.

제가 먼저 운을 떼기로 하지요. 대안 시스템에서 노동과 자본간의 관계 정립 문제입니다. 비록 창의적 노동이 가치 혁신과 창조, 나아가 경제를 성장 발전시키는 결정적 요소로 작용하는 시대가 되었다고 해도 어디까지나 자본에 종속된 노동일 수밖에 없다는 한계는 남는 것 아닐까요? 대안 경제 시스템에서 노동과 자본의 관계를 조명해 보았으면 합니다.

박세길　신자유주의 시스템 아래서 표면적으로 자본에 의한 노동의 지

01 자본의 희소가치는 줄어드는 반면 노동 상품화 가능성이 크게 약화되는 근본 추세가 자본 우위의 구조를 뒤흔들고 있다.

02 노동의 발전을 통해 가치가 새로이 창출되고 산업 구조가 변화될 뿐 아니라 구산업의 재발견, 재창출이 이루어짐으로써 경제 패러다임이 바뀐다.

03 지식 기반 경제는 중심 동력인 인간의 지식과 창의성을 상품화하고 경쟁 우위의 일부 노동력을 '인적 자본' 요소로 흡수하려는 자본적 관점을 벗어나지 못하는 근본 한계에 봉착한다.

배는 확고합니다. 사회 제도의 획기적 변화가 없는 한 이러한 현상은 상당 기간 지속될 것입니다. 하지만 그 이면에는 기존 질서를 뒤바꿀 수 있는 요소들이 사회 밑바탕에서 성숙되어 가고 있습니다. 자본의 희소가치는 줄어드는 반면 노동의 교환 가능성, 즉 상품화 가능성이 크게 약화됨으로써 궁극적으로 자본과 노동의 관계가 역전될 수 있는 사회적 조건이 마련되고 있는 것입니다.

과거에 자본이 생산 영역을 지배할 수 있었던 가장 큰 요인 중의 하나는 희소가치였습니다. 자본은 희소가치를 무기로 생산 수단을 독점하면서 노동을 줄 세웠던 것이죠. 그런데 이러한 자본의 희소가치가 사라져 가고 있어요. 총량적 관점에서 볼 때 세계적으로 자본은 과잉 현상을 보이고 있습니다. 한국의 경우도 사정은 크게 다르지 않습니다. 2005년 기준으로 시중의 부동 자금만 450조 원이 넘는 것으로 추정되고 있습니다. 비록 여전히 자본 부족 현상을 보이는 곳이 많기는 하지만 이는 자본 흐름이 왜곡된 결과일 뿐입니다.

　희소가치가 사라진 자본은 평균 이상의 이윤을 얻기 위해서 치열한 경쟁을 치러야 합니다. 때문에 적절한 투자 기회가 생긴다면 오히려 자본이 줄을 서야 하는 상황이 만들어지고 있는 것입니다.

　예컨대 사업 전망이 밝은 아이디어나 원천 기술을 갖고 있는 창조적인 노동자들이 그룹을 지어 또는 단독으로 새롭게 창업을 시도하면서 필요한 자본을 유치하는 경우가 비일비재합니다. 벤처 기업이 그 사례 아닙니까? 기계제 대공업 시절에는 상상하기 어려운 일이지요.

　20세기에는 생산 수단을 소유한 자가 생산을 지배하였습니다. 소유는 권력을 발생시키는 절대적 원천이었죠. 그러나 이제 '소유'의 위력은 이전과 판이하게 다릅니다. 반면 지적이고 창조적인 노동은 그 자체로서 생산을 조직하고 지배하는 원천이 되고 있습니다. 이전의 대규모 장치 산업과 달리 창조적 지식 생산을 하는 사람 그 자체가 생산 수단이고 생산력이 사람 속에 내재해 있습니다. 노동자가 일방적으로 자본과 생산 수단에 속박되기만 하던 존재 조건과는 근본적으로 다른 것입니다.

정희용　생산 수단을 좀더 세부적으로 고찰해 보죠. 생산 수단은 노동 대상과 노동 수단으로 나눌 수 있습니다. 노동 수단은 기계 같은 생산 도구와 건물, 토지 등을 말하죠. 한편 지난날 노동 대상이란 주로 자원 등 자연물 또는 자연물에서 일차 가공을 거친 '물질'이었습니다. 이전 노동 대상은 물질의 유한성과 함께 소유권이 분명하다는 성격을 지닙니다.

　과거 노동자들은 공장도 토지도 기계도 없었습니다. 노동 수단이 없다는 거죠. 그럼 생산에 투입시킬 노동 대상은 가지고 있었냐? 역시 아닙니다. 대동강물을 팔아먹는 봉이 김선달이 아닌 이상, 생산 물자들은 역시 다 돈을 주고 살 수밖에 없는 것 아닙니까?

김병권　김선달은 자본주의 이전 시대 이야기고 자본주의가 되면서는 강물이나 강변의 모래도 함부로 거저 가져갈 수 없습니다. (웃음)

정희용　그러니 노동자들은 가지고 있는 노동력을 파는 것밖에는 달리 길이 없었습니다. 이게 자본과 노동자들이 임금을 매개로 서로 관계를 맺는 기초구요. 과거 자본가들은 이렇게 '생산 수단'을 소유함으로써 인간의 노동을 종속시키고 생산 관계의 주도권을 쥐었습니다.

　그런데 오늘날에는 정보, 지식, 문화, 디자인 등 비물질적인 것들이 또한 중요한 노동 대상이 되고 있습니다. 지금 열거한 사항들은 자본가들이 일방적으로 배타적 소유권을 지니기 어렵고 자연물처럼 유한한 게 아니라 인간의 창조 활동만 존재한다면 무한히 만들어질 수 있다는 특성을 지닙니다. 또 누가 소유하느냐보다는 어떻게 이용하느냐가 훨씬 중요합니다. '소유'는 부차적이고 '이용과 활용'이 본질이 된다는 거지요.

김병권　잠깐, 오류가 있을 수 있어요. 말씀하신 정보나 지식이 과거 개념과 같은 물질적 노동 대상이 아닌 것은 분명하지만 그렇다고 자본이 배타적 소유권을 포기하는 부분은 아닙니다. 지적 재산권이 바로 그렇지요. 기술이나 지식 하다못해 의장과 디자인, 음원에까지 그 포괄 범위를 넓혀가고 있습니다. 자본은 끊임없이 모든 것에 소유권을 부여하고 상품화해야 직성이 풀리는 존재입니다.

정희용　잘 지적해 주셨습니다. 하지만 카피 라이트copy right에 대항하는 카피 레프트 운동이 말해주듯 비물질적인 정보와 지식의 소유권은 땅이나 동산의 소유권처럼 분명하게 정의내리기 어려운 것도 사실입니다. 또 설령 누군가 소유권을 독점하더라도 얼마든지 유연하게 변용할 수 있기 때문에 소유권의 배타성이 강고하게 지켜지기 어렵다는 점도 있습니다. 리눅스* 프로그램처럼 아예 처음부터 소유권을 배제하고 공유를 목적으로 새로이 개발되는 것들도 있구요.

제가 말하고자 하는 것은 과거에는 어떤 창의적인 노동자나 기술의 대가, 장인이라 하더라도 우선 기계나 공장 같은 노동 수단이나 생산에 투입할 원재료들을 갖지 못하여 결국 노동력을 파는 수밖에 없었으나 오늘날에는 반드시 그렇지만은 않다는 것입니다. 컴퓨터 한 대를 가지고 생산활동을 하는 이들도 많습니다. 디자이너, 작가, 프로그래머들이 그런 사람들이죠. 이들이 어떤 물질적 원재료, 즉 노동 대상을 꼭 돈을 주고 구입해야만 하는 것도 아닙니다. 인터넷에 떠돌고 있는 각종 정보와 프리웨어들이 이들 작업의 노동 대상으로 사용된다는 것입니다.

이런 점에서 오늘의 노동자들은 자본 앞에 벌거숭이로 노출된 것만은 아니라는 말이죠. 생산의 3요소 가운데 노동 대상과 노동 수단을 독점함으로써 노동계급을 지배하던 자본계급의 존재적 기반이 과거와 같은 철옹성도 아니라는 것이구요.

박세길 컨설팅이나 교육 산업 등도 그렇지요. 전문 지식과 경험을 쌓고 있다면 자본 없이도 창업이 가능합니다. 고급 두뇌 또는 핵심 기술을 지닌 노동자는 기업에 고용된다 하더라도 전문 경영자보다 더 높은 임금을 받기도 합니다.

사회　지금 거론하는 사례들은 대체로 지식 산업에 속하는 것입니다. 지식 산업이 이전의 산업 기준이나 자본과 노동의 개념을 그대로 적용하기 곤란한 특성을 지닌 것은 분명합니다. 그러나 아직 지식 산업은 전체 산업의 일부분에 불과한 것 아니겠습니까?

정희용　창의적 노동이 가장 첨예하게 나타나는 산업 부문을 먼저 예시했을 뿐입니다. 그런데 선도하고 있는 이런 분야의 경험이 곧 다른 산업들 소위 구산업으로 확산될 뿐 아니라 구산업의 형태와 가치 체계를 바꿔냅니다.

70년대에 우리 수출의 주력이었다가 그 뒤 사양 산업 취급을 받아온 게 섬유나 피혁, 신발 등 아닙니까. 그런데 이런 구산업도 단순히 단가 경쟁을 할 때는 구산업이지만 여기에 창의적 디자인이 가미되고 인체 공학과 용도별 특수성을 추구해 나가면 새로운 가치를 창출하는 산업이 됩니다. 또한 바이오 기술, 나노 기술이 어우러지면 신소재 산업이 되는 거구요.

우리는 임금이 상승해서 생산원가가 안 맞는다고 이런 제조업이 동남아로 나가거나 없어지거나 했지만, 여전히 이탈리아는 디자인, 패션, 섬유, 의류로 고부가가치를 생산해내고 있습니다.

김병권　사회자께서 '일부'라고 표현하셨으나 이미 일부가 아닙니다. 요즘 사회과학이 퇴조하면서 국내 노동자들의 존재 조건에 대한 실증적 연구 데이터가 너무 부족해 자료를 가지고 이야기하기는 어렵지만, 과거와 같은 단순 생산직의 비중이 오히려 훨씬 적지 않은가 하는 게 제 의견입니다.

정희용 이미 경제 모든 분야의 변화가 그러하기에 OECD에서는 지식 산업이라는 표현을 '지식 기반 경제'로 수정하여 지식 확산과 인적 자본 육성, 조직 유연성 확보에 의해 산업과 경제가 재편되는 것을 시대적 추세로 인식하고 있습니다.

이렇게 보면 창의성과 지식은 어떤 특정 산업에 국한되는 것이 결코 아닙니다. 왜냐하면 가치 자체를 재발견·재창조하기 때문이지요. 비단 제조업 등 2차 산업만이 아니라 1차 산업, 예를 들어 농업도 지금 시대에 이르면 개념 자체가 근원적으로 뒤바뀔 조건이 만들어집니다. 첫째로 농업이 환경, 생태 산업으로 진화할 조건이 있구요, 둘째로 인류가 역사를 기록하기 시작한 이래 대부분의 기간 동안 농업과 농촌 공동체를 중심으로 움직여 왔기 때문에 여기에는 인류가 축적한 생활적 지혜와 가치가 무진장하게 숨겨져 있습니다. 아직 우리가 미처 이를 발견해내지 못할 뿐입니다.

우리가 된장과 김치를 조상 때부터 먹어왔는데, 이들 발효식품이 인간의 건강에 얼마나 유용한 것인지 과학적으로 인지하기 시작한 것은 최근 불과 이삼십 년 사이의 일 아닙니까? 이처럼 문화적 가치, 공동체적 가치, 환경 생태적 가치, 지식 재창조의 가치 등의 측면에서 본다면 농업만큼 이후 인간의 생활에 새로운 영감과 가치 창조를 끊임없이 제공해줄 산업 분야가 또 있을까 싶을 정도입니다.

사회 일하는 사람의 창의성이 자본보다 우위의 요소가 되는 것은 지식 산업만의 현상이 아니라 인간이 영위하는 모든 산업과 경제활동으로 확산된다는 것이군요.

정희용　그런데 여기서 한 가지 경계했으면 하는 사항이 있습니다. 저는 개인적으로는 지식 기반 경제라는 표현을 그리 달가워하지 않는데요, 그 이유는 시장 지상주의자들은 '지식 기반 경제'라 하면서 인간에 내재한 지식과 창의성을 상품화하고 노동으로부터 분리해내고자 하는 의도를 노골적으로 드러내고 있기 때문입니다.

지식이나 창의성은 다 일하는 사람에게서 나올 뿐 아니라 사람간의 관계, 사람이 자연이나 사회와 맺는 관계에서 발현되는 것입니다. 따라서 지식 기반 경제를 발전시키고자 한다면 일하는 사람들의 노동 조건을 개선하고 유연하고 수평한 조직을 만들어 창의성을 제약하는 갖가지 구속을 없애야 합니다. 또 사람의 능력을 향상시키기 위한 평생 교육과 다양한 문화의 공급이 보장되어야 합니다. 결국 노동 주도형 경제를 관철하는 것이 지름길이라고 하겠습니다.

그런데 신자유주의적 경제는 이와 반대의 노선을 걷고 있습니다. 그러면서도 지식 기반 경제의 중요성을 이야기합니다. 이는 상호 모순이고 양립할 수 없는 지점입니다.

사회　신자유주의 경제는 그래서 사람을 자본 요소로 환원하고 있지 않습니까?

정희용　맞습니다. 노동의 지적, 창의적 발전을 흡수하려는 행태가 사람도 하나의 자본 요소로 보아 '인적 자본'으로 규정하고 상품화 하려는 것입니다. 즉, 신자유주의는 전체 노동의 창의력을 발전시킬 수 없는 시스템인 대신 경쟁을 통해 입증된 우수한 인재를 자본 범주로 포섭시킵니다. 한마디로 엘리트주의라 할 수 있죠. 그러나 그 한계는 명백합니다. 국민 전체, 일하는 사람 전체의 발전을 기하는 시스템과 지식과 창의성을 상품화해서 거래하고 소수 엘리트를 지배 세력으로 포섭하는 시스템의 차이입니다.

사회　네, 지식 기반 경제를 운위하지만 실제로는 전체 노동을 발전시키는 것이 아니라 경쟁 우위가 확인된 소수 엘리트 노동력을 상품화하고 인적 자본으로 흡수하려는 시도가 지속될 뿐이라는 거죠.

이런 점에서 객관적 시대 배경으로 지식 기반 경제라는 개념을 사용하는 것은 무리가 없으나 현재 신자유주의 경제는 지식 기반 경제의 가능성을 자본의 의도대로 활용하려 할 뿐, 그 본질인 전체 국민 노동의 지적 창의적 발전을 보장하는 시스템이 결코 아니라는 점을 명백히 할

〈도표 2-8〉 각 경제 모델이 지식 기반 경제를 수용하는 방식의 차이점

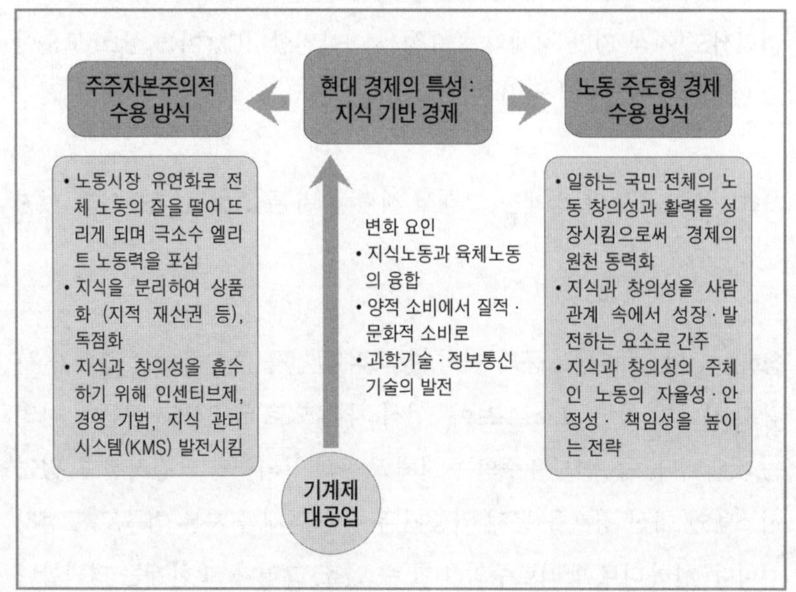

필요가 있겠군요.

노동 중심 국민경제론은 이렇게 보면 지식 기반 경제 시대에 가장 적합한 국민경제 전략이며 지식 기반 경제의 핵인 노동의 창의적 발전을 근본 목적으로 삼는 대안 시스템이라는 점이 한결 뚜렷해지는 것 같습니다.

05

노동 창의성 시대에서의 자본

사회　자본과의 관계 역전을 논하다가 다소 곁길로 들어섰는데 다시 본령으로 돌아가기로 하지요. 이러한 변화에 자본이 순순히 주도권을 내주리라고 기대하기는 어려울 것 같은데 어떻습니까.

박세길　물론 자본이 창조적 노동력을 어떤 식으로든 포섭하고 활용하면서 자신의 지배력을 유지하려는 노력은 계속되지요. 포섭 지배하려는 자본의 구심력과 자율, 수평적으로 움직이고자 하는 노동의 원심력이 상당 기간 동안 줄다리기를 할 겁니다.

정희용　자본주의가 노동의 창의성에 주목하며 이를 각종 경영 기법으로 발빠르게 수렴한 점은 탁월하다고 하지 않을 수 없습니다. 자본주의는 노동의 변화를 생산력 발전 요인으로 끌어들임으로써 체제를 유지해가고 있습니다. 이 점이 구소련 등 사회주의 진영에 비해 앞섰던 부분이죠.

01 소련과 동구 사회주의의 붕괴를 한마디로 요약하자면 노동의 변화를 너무 늦게 수용하기 시작했다는 것이다.

02 신자유주의 단계에 이르러 자본의 이익 추구 활동이 투기와 버블 형성, 노동의 발전이 아닌 극단적 소모로 치닫기에 결과적으로 생산력 향상에 걸림돌이 된다. 생산력 증대를 가로막는 생산 관계는 해체될 수밖에 없다는 것이 역사의 교훈이다.

그 장치들이 대단히 많습니다. 노동의 변화에 따른 생산 시스템의 유연적, 조직적, 수평적 변화를 단행했고 기업의 지식 정보 인프라를 먼저 확충하면서 경쟁력을 높였어요. 스톡옵션을 비롯해 강력한 인센티브제를 도입함으로써 창의성 높은 노동력을 기업 내의 자원으로 확보하는 시스템을 만든 것도 이전과의 큰 차이점입니다. 이런 것들이 다 창의적 노동의 성과를 기업 내로 흡수하기 위한 장치들이었죠. 자본이 이처럼 변화에 능동적으로 대처하고 있는 점만은 가볍게 보지 말아야 하겠습니다.

김병권 그에 비해 사회주의는 전기, 도로 등 구시대 인프라를 급속하게 자본주의 선발 국가 수준까지 올려놓는 데는 성공했으나 정작 노동자의 자발성과 창의성을 이끌어내는 방법에 대해 무지했습니다. 구태의연한 생산 시스템과 수직적 조직 관계가 유지되었고 목표치를 달성하는 정량적 작업을 우선하다보니 제품의 질이나 사용자의 요구에는 주의를 기울이지 못했죠.

사회주의에는 경영학 자체가 없지 않습니까. 경영을 기업 이윤을 창출하기 위한 활동으로만 보지 말고 지금 우리가 이야기한 노동의 자율성과 창발성을 효과적으로 발양시키는 과학이라고 한다면, 이는 사실은 사회주의가 먼저 발전시켰어야 할 영역입니다.

정희용 : 그렇습니다. 고르바초프가 페레스트로이카, 개혁을 내세우면서 우선 강조한 것은 글라스노스트glasnost였습니다. 정보 공개라는 뜻이죠. 자본주의는 이미 정보통신 혁명을 경험하면서 정보의 집약과 효율적 활용 나아가 지식 산업을 빠르게 발전시키고 있는 판에 고작 정보의 공개를 개혁 실천 과제로 들고 나왔단 말입니다.

소련과 동구 사회주의의 붕괴 원인을 한마디로 요약하자면 노동의 변화를 너무 늦게야 수용하기 시작했다는 겁니다. 혼자서 운동할 때는 천천히 가도 상관없지만 자본주의 체제와 경쟁하고 있는 상태에서는 속도의 차이가 엄청난 파괴력을 지닙니다.

박세길 　생산 관계가 생산력 발전에 질곡으로 작용하는 한 그 생산 관계는 필연적으로 무너지게 된다는 교훈을 다시금 확인시킨 것이죠. 사회주의는 사적 소유를 철폐함으로써 노동이 자본에 종속되지 않는 선진적 생산 관계를 만들었다고 자부했지만 그건 외형적인 면에 불과했던 것입니다. 내부를 들여다보면 노동자들은 여전히 자율성이 제한되고 수직적 관계에 묶여 있었던 겁니다.

정희용 　바로 그 점에서 이번에는 자본주의가 톡톡히 대가를 치를 차

레입니다. 자본은 시장 경쟁에서의 적자생존을 위해 재빠르게 노동의 변화를 일부 수용했고 물론 그 방식이 대단히 엘리트주의적, 경쟁적이고 상품화와 자본화에 치중했다는 것은 이미 말씀드렸지만, 어쨌든 그 결과 사회주의에 비해 상당 기간 승승장구한 것이 사실입니다. 그러나 일단 시작된 노동의 변화는 점점 속도에 탄력이 붙습니다.

이 변화 속도가 일정 임계치를 넘어서면 현재와 같은 자본과 노동의 관계 안에서 수렴될 수가 없습니다. 자본이 노동의 변화를 수용하거나 촉진하는 게 아니라 발목을 잡는 상황이 오는 겁니다. 자본 우위의 생산 관계가 노동 창의성을 근간으로 하는 생산력 발전에 질곡이 된다는 것이죠.

사회 지금과 같은 자본의 포섭이나 양보가 불가능한 상황이 온다는 말인가요?

정희용 네, 우린 앞에서 신자유주의가 일반화된 상태에서 자본이 움직이는 메커니즘을 살펴본 바 있습니다. 원래 자본은 생산 과정에서 노동 가치를 수탈함으로써 축적해 나갑니다. 그런데 신자유주의 단계에서 거대 초국적 독점자본에게 생산 활동을 통한 이윤 획득은 부차적인 것이 되고 머니 게임, 자본 소득을 얻으려는 투기 게임이 중심이 됩니다. 이게 주주자본주의의 본질이구요.

주주자본주의는 노동시장 유연화로 손쉽게 이익을 긁어내고 가계와 공적 영역까지 머니 게임 대상으로 끌어들이고 있습니다. 그러다보니 결정적으로는 20세기 후반 자본주의 생산력 발전의 근본 동인을 이루었던 노동 창의성을 소모시키는 형태로 나가고 있는 것입니다. 결국 현재의 자본주의 생산 관계는 생산력을 발전시키기보다는 가로막는 역할을 하게 됨으로써 역사적으로는 이미 소임이 끝난 것입니다.

박세길 　노동 유연화는 기업 입장에서는 실로 꿩먹고 알먹는 일입니다. 시장에는 얼마든지 사람이 넘쳐납니다. 쓸만한 노동력을 언제든지 골라 쓸 수 있으니 구태여 사람을 뽑아서 교육시키고 훈련시키는 데 비용을 들일 필요가 없습니다. 기술 트렌드가 바뀌거나 하면 기존 직원은 내보내고 즉시 적합한 노동력을 시장에서 보충합니다.

노동시장 유연화가 이렇게 두드리면 나오는 도깨비 방망이가 되니까 20세기 후반 많은 기업들이 너도나도 소위 구조조정에 달라붙어 단물을 삼켰습니다. 리엔지니어링*, 리스트럭처링*, 다운사이징* 등의 용어가 기업의 화두가 되었구요. 노조의 반대를 무릅쓰고 감원을 척척 해내는 경영자들이 최고의 경영자로 대우를 받는 풍토가 조성되었습니다. 수십억 원의 연봉을 받는 CEO들은 감원을 통해 기업 비용을 절감함으로써 그리고 M&A를 통해 주가를 부양시킴으로써 주주들의 이익을 만들어 주고 그 대가로 수십억 대의 연봉을 챙겨 받습니다. 미국 100대 기업 CEO들의 평균 연봉이 1200만 달러라고 합니다.

노동시장 유연화는 기업 입장에서 단기적으로 보면 끝내주는 효율을 낼 수 있습니다. 속도의 시대 노동 창의성의 시대에 딱 적합한 자본주의적 발상이 아닐 수 없습니다. 그런데 문제는 그 효과가 지극히 단기적일 수밖에 없고 사회적으로 확산될 수 없다는 것이죠.

정희용 　어디선가 그 필요한 인력을 끊임없이 준비해서 공급해 주지 않으면 언젠가는 바닥이 나는 게임이죠.

김병권　　그렇습니다. 제가 IT 업계에서만 십여 년을 일하다 보니 실감하게 되는 문제인데요, 우리나라 IT 산업 쪽에서 옛날에는 대기업이 인력 공급 풀이었습니다. 대표적으로 삼성SDS가 직원이 약 6000명쯤 되었는데 한해 200~500명이 그만두면 매년 신입사원을 뽑았어요. 삼성SDS에서 신입사원을 뽑아 초기 훈련을 시키면 나중에 중소기업들이 그 인력의 상당부분을 흡수해 갑니다. 중소기업은 신입사원 훈련 비용을 감당할 수 없기 때문인데, 그런 뜻에서 삼성SDS 등 대기업은 신입사원을 양성시키고 공급하는 풀이었던 거죠.

그러나 노동 유연화 정책으로 이제는 대기업도 거의 신입사원을 안 뽑는 상황입니다. 대기업이고 중소기업이고 다 경력직만 뽑고 모두 다 경력자만 원하면 그럼 새로운 인재는 어디에서 충당할 수 있습니까? 매년 신기술과 새로운 개념이 도입되는 게 IT 분야인데 이를 감당하는 구조가 있나요? 이런 노동시장 구조는 노동 능력을 높이는 주체는 없고 모두 다 노동 생산성이 높은 걸 원하기만 한다는 것입니다.

이런 식으로 가다 보면 우리나라 IT 산업의 경쟁력은 퇴보합니다. 대한민국의 청년 실업도 상당 부분 이런 구조와 연관이 있구요. 이 구조가 계속 간다면 노동시장 유연화로 재미본 신자유주의지만 결국 노동시장 유연화로 인해 망할 겁니다.

사회　　정리하자면 주주자본주의로 대표되는 신자유주의 단계에 이르러 자본의 이익 추구 운동이 투기와 버블의 형성, 노동의 발전이 아닌 극단적 소모로 향하게 되면서 결과적으로 생산력 향상에 걸림돌이 된다는 것이군요. 그리고 생산력 증대를 가로막는 생산 관계는 해체될 수밖에 없는 운명이라는 것이구요. 그 단초로서 이미 자본의 희소가치는 감소하고 노동 창의성이 생산성을 좌우하는 핵심 요인이 되어 자본의 주도력 상실, 반대 급부로 노동의 주도성 증대 현상이 대두된다는 것이지요.

그렇다면 향후 자본과 노동의 관계는 어떻게 설정되는 것이 바람직하다고 봅니까.

박세길 신자유주의 시대에 와서 더 극명하게 드러나고 있지만 자본주의는 기본적으로 갈등과 대립을 수반하는 시스템입니다. 자본은 자신의 이익을 극대화하기 위해 끊임없이 노동을 착취하고 지배하며 배제시켜 나갑니다. 노동자들은 정당한 자신의 이익을 위해 자본에 맞서 투쟁할 수밖에 없습니다. 갈등과 대립이 마침내 적대적인 투쟁으로 폭발하게 되는 것입니다. 사회가 거의 전쟁 분위기로 치달을 수도 있는 것이죠.

이런 점에서 노동 중심 경제 모델은 전혀 다른 사회적 관계를 만들어낼 것입니다. 노동의 주도성이 확고하게 서 있는 조건에서 자본을 배제하지 않고 포용합니다. 자본의 존재를 인정하고 일정한 이익을 보장함으로써 자본이 생산을 보조하는 순기능을 하도록 하겠다는 것입니다.

이런 생각은 과거의 고정관념과도 상당히 차이가 나는 것입니다. 과거에는 자본주의 극복은 자본의 존재를 부정하지 않으면 안 되는 것으로 생각한 적이 있었습니다. 그러나 다양한 경험이 쌓이면서 자본의 존재를 전면 부인하는 것이 바람직하지 않다는 결론에 도달하게 되었습니다. 많은 사회주의 나라들이 경제 활성화를 위해 자본의 존재를 일정한 범위에서 인정하고 시장 경제를 결합하는 실험을 해온 것이 이를 뒷받침합니다. 결국 우리가 이야기하는 대안 경제 모델은 이러한 역사적 경험을 충분히 살리는 방향에서 모색된 것입니다.

사회 결코 쉬운 길은 아니겠죠? 한국 현실은 노동운동의 조직력이나 정치적 의식에서 아직 자본과 그들이 주도하는 여론 지배 구조를 넘어서기 어려운 상태입니다. 유럽 사회민주주의와 같이 자본가들의 적절한 양보와 계급간 힘의 균형에 의해 이루어지는 타협조차 쉽지 않은 측면이 분명히 존재합니다.

박세길 사회적 타협은 결국 생산성을 선도할 수 있는 집단의 힘에 의해서 만들어집니다. 사회적 의제를 설정하고 이를 토대로 사회·정치·경제적 구조를 형성해 나가는 일은 우리 국민의 절대 다수를 차지하면서 실제 삶의 현장에서 지식과 창의성을 통해 생산 발전을 이끌어가는 일하는 사람들, 노동하는 사람들에 의해 주도될 수밖에 없습니다.

정희용 노동이 주도하는 공존이 이뤄지려면 자본에게도 출로를 열어주어야 합니다. 은행 이자가 제로에 가까운 저금리 조건에서 450조를 상회하는 국내 부동 자금이 갈 곳을 못 찾아 헤매고 있습니다. 그래서 부동산이나 증시 투기에 몰리게 되는데 버블이 꺼지면 자본도 엄청난 피해를 모면할 수 없습니다. 지난 2000년 IT 버블 붕괴로 주식시장 시가총액이 거의 절반 수준으로 폭락했던 사례가 있습니다. 지금 시가총액이 700조를 상회하니 유사 사례가 발생하면 그 후유증은 매우 심각할 겁니다.

김병권 국내 자본시장의 명줄을 외국자본이 쥐고 있기 때문에 나라 경제의 펀더멘탈*과 상관없이 외국계 자본의 이해가 일치되면 언제든 주식시장이 크게 요동칠 수 있는 상황입니다. 토종 자본은 국제적 투기 자본의 게임 상대가 되지 못합니다. 미국 제너럴일렉트릭GE 사 하나의 시가총액이 3700억 달러니까 국내 증시 전체 시가총액의 절반이 넘어요.

정희용　이렇게 볼 때 국내 토종 자본도 국제적 투기 게임에서 원천적으로 리스크에 노출되어 있는 겁니다. 규모나 기법 면에서 상대가 되지 않을 뿐더러, 월가 자본이 미국 정부와 긴밀한 복합체를 형성하여 국제 정치 경제의 흐름을 바꿀 때마다 제법 규모를 키웠다 싶은 중대형급 자본도 툭툭 나가 떨어지는 거죠.

97년 동남아시아 외환위기, 2000년 IT 버블 붕괴, 2001년 9·11테러, 2003년 미·영 연합군의 2차 이라크 침공 등등 최근 10년간의 국제 정치 경제 흐름을 보십시오. 전 세계적으로 영향을 줄 만한 상황은 모두 미국이 만들어 내고 그때마다 국제 자본시장은 요동을 치는데, 지나고 보면 결론은 월가에 천문학적 수익을 남기고 미 군산 복합체의 힘만 키웠단 말입니다.

그러므로 이제는 국내 산업을 경쟁력 있게 일구면서 국내자본, 시중

〈도표 2-9〉 자본과 노동 관계의 변화 전망

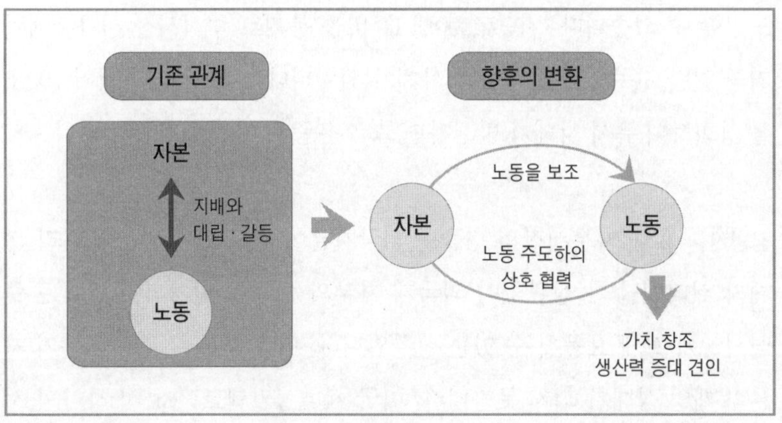

의 부동 자금을 건전한 생산 자본으로 인입시키는 산업 정책, 금융 정책을 펴야 합니다. 리스크 부담 없이 안정적인 자본소득을 얻고 정당하게 세금낼 기회를 마련해 준다면 자본 소유자로서도 거부할 이유가 없습니다. 국내 산업이 세계 시장에서 상당한 경쟁력을 지니고 지속적으로 성장 가능하게 될 때, 국내자본도 은행을 통한 산업 자본이나 증시의 장기 투자 자본으로 전환되어 경제 성장의 과실을 나눌 수 있는 겁니다.

그러자면 선결 요건은 역시 산업 경쟁력을 높이는 것이고 이건 자본 규모에 의해서가 아니라 노동 생산성 향상과 지식 기술 혁명의 연속 발전에 의해 만들어지는 것이지요.

06

절반의 **희망**, 뉴 패러다임 운동

사회　논의가 노동 창의성이라는 근원적 문제에서 출발해 노동과 자본 간 사회적 관계를 전망하는 수준까지 나갔으니 이번에는 구체적 영역으로 화두를 돌려볼까 합니다. 노동 창의성이 개별 기업이나 산업 차원에서는 구체적으로 어떻게 구현되어 성장 발전의 주도성을 쥐어야 하는지 살펴보기로 하지요. 이는 앞의 논의에서 건너뛴 부분이기도 합니다.

박세길　그렇군요. 경제의 총적인 발전 모델과 그 원동력을 검토했으니 이제 경제 기초 단위에서 그 가능성, 실천성을 검증해 볼 차례인데 사회자께서 적시에 화두를 제시해 준 것 같습니다.

사회　대안이라는 게 그렇습니다. 언제나 현실과 미래를 둘 다 놓치지 않고 검토해야 실천 가능한 대안이 나오거든요.

김병권　그런 면에서 진보는 90년대 이후 미래를 꿈꾸는 일에 많이 게

01 유한킴벌리의 사례는 안정적 고용과 노동자의 교육 훈련을 통한 노동 창의성의 확대가 가지는 위력을 현실에서 입증한 고무적인 경험이다.

02 지식과 노동 창의성은 일하는 국민들의 평생 학습을 보장하는 국가 시스템과 기업 간의 협력이 긴밀하게 이루어질 때 가능하다. 산업, 교육, 노동, 기업간 관계가 노동 창의성을 중심으로 재구성되어야 한다.

03 한국의 현실에서는 유한킴벌리, 도요타 등의 사례를 개별 기업이 일반화하기란 거의 불가능에 가깝다. 국가적 비전과 사회적 지원 아래 경제 시스템을 전환하는 과정이 필수적이다.

을렀습니다. 혁명이라는 용어는 원래 진보가 많이 쓰던 것인데 지금은 자본가와 기업가들이 더 즐겨 사용하면서 대중적으로 일반화시켰지요. IT 혁명, 지식 기술 혁명, 바이오 혁명 등등 자고 나면 새로운 '혁명' 개념이 쏟아져 나왔습니다.

미래학을 거의 독점하다시피 발전시킨 것도 보수 진영의 학자들입니다. 요즘 유행하는 디지털 유목민*(노마드) 개념의 원조라고 할 수 있는 엘빈 토플러부터 메가트렌드*를 설명하고 있는 존 나이스빗, 자본주의 이후의 사회를 지식노동자에게서 찾고 있는 피터 드러커, 세계화 이후부의 지배를 말하고 있는 레스터 서로우, 이런 사람들이 다 그쪽 인물들이죠.

보수는 이렇게 자신에 차서 미래를 예견하고 미래 사회로 나갈 아젠다를 쉴 새 없이 퍼뜨리는데 진보는 현실 비판하기에만 급급했어요. 더 심하게는 아직도 과거만 파고 앉아 있는 사람들도 적잖구요. 이러니 국민들 눈에 진보는 미래를 맡길 세력이 아닌 걸로 보이는 거죠. 뜻이 깨끗하고 원칙이 바르다고 해서 지도력이 생기는 건 아닙니다.

사회　김병권 님은 자본주의의 '경영학' 발전 성과를 진보가 소홀히 한 것을 무척 아쉬워하더니 이제 거기에 메뉴 하나 더 추가군요. '미래학' 말이죠. (일동 웃음)

20세기 후반부터 부적 목소리를 높이고 있는 많은 미래학자들이 또 경영학에 일가견을 가진 사람들이라는 건 우연은 아닌 듯해요. 자, 아쉬움을 조금 다독이고 원래 주제로 돌아갑시다. 우선 현실에서 노동 창의성을 시스템적으로 구현하여 성과를 내고 있는 사례를 검토해 보았으면 합니다. 노동 주도형 경제 모델이 정착되지 않은 이상 부분적 성과에 불과하겠지만 어쨌든 그 싹은 현실에서 구해야겠지요.

박세길　먼저 국내 기업 가운데 주목할 만한 곳이 유한킴벌리입니다. 유한킴벌리는 1970년 유한양행과 미국의 킴벌리클라크의 합작 투자로 창립한 회사인데 유한양행이 지분 40퍼센트를 가지고 있습니다. 킴벌리클라크는 화장지, 기저귀, 생리대 등 생활용품 제조사로 국제시장에서는 피앤지P&G와 경쟁 관계지요. 그런데 국제 시장에서는 대부분의 제품에서 피앤지가 점유율 1위를 달리고 킴벌리클라크는 힘겹게 뒤쫓아 가는 식입니다. 규모에서도 두 배 가까이 차이가 나는데 피앤지는 세계 70여 개 나라에 11만 명이 일하고 킴벌리클라크는 40여 개 나라에 6만 4000여 명을 고용중입니다. 그러나 한국에 들어오면 사정이 완전히 달라집니다.

정희용　유한킴벌리 자료를 보니 2004년 2월 기준으로 '기저귀 67퍼센트, 생리대 62퍼센트, 화장지 55퍼센트, 키친타올 55퍼센트, 물티슈 48퍼센트'로 회사 전제품이 압도적인 점유율로 시장 1위군요.

박세길　전 세계적으로 유독 한국 합작 법인에서 이런 성과가 나오는 건 유한킴벌리의 독특한 고용과 교육 정책에서 그 원인을 찾을 수 있습니다. 외환위기 이후 수많은 기업들이 구조조정만이 살길이라고 아우성칠 때, 유한킴벌리는 단 한 명의 직원도 감원하지 않을 뿐더러 오히려 일자리 나누기를 통해 인력을 더 늘리는 방식을 채택했습니다. 이른바 유한킴벌리의 '뉴 패러다임 운동'입니다. IMF 이후 새로운 인력 고용 패러다임을 적용하면서 유한킴벌리는 현장 인력을 33퍼센트 증원하고 반면 작업 일수는 연간 180일로 대폭 줄였습니다.

　종신 고용을 보장해 직원들의 해고 불안을 없애고 직원들이 회사에 더욱 헌신하도록 만들면서 줄어든 노동 시간을 직원 교육에 할애한 것이죠. 예비조, 평생 학습조, 4조 3교대, 4조 2교대 시스템 등을 통해 직원 교육을 제도화한 건데, 이러한 과정은 인건비 증가를 뛰어넘는 생산성 향상으로 이어지면서 오히려 이전보다 더 좋은 실적을 내고 다시 고용 창출 효과로 이어지고 있는 겁니다.

김병권　유한킴벌리의 생산성은 미국 본사를 훨씬 앞질러 세계 최고 수준에 이르렀고 이를 높이 산 킴벌리클라크 본사에서는 문국현 유한킴벌리 사장에게 아예 북아시아 경영협력체를 맡겨요. 중국, 홍콩, 대만, 일본, 몽골, 극동아시아 지역을 위임한 것이죠.

사회　40여 개 지사 가운데 하나였지만 이제는 본사가 노하우를 전수

받으려 하는 거군요.

김병권　그렇습니다. 경제 시스템에 대해 좀 안다고 하는 사람들일수록 이미 주어진 패러다임의 공고함이 거스를 수 없는 절대 진리인 것처럼 생각하는 경향이 있는데, 작지만 확실한 비교우위의 모델을 만들어 내면 그것이 전체로 퍼지는 건 삽시간입니다. 시장이 그걸 촉진시켜 버리거든요. 우리가 시장 만능주의를 강하게 비판하면서도 시장 기제 자체를 억압하거나 위축시키기보다는 시장의 긍정적인 면을 활용하고 부정적인 측면을 조절하려는 이유가 이런 것이죠.

박세길　유한킴벌리 고용 모델이 함축하고 있는 메시지를 바탕으로 문제 의식을 좀더 발전시켜 보죠.

첫째 고용 안정입니다. 고용 안정은 그 자체로서 국민의 기본권인 동시에 지속적인 노동생산성 향상의 필수적 조건입니다. 매우 단순한 문제이지만 지속적인 대량 감원은 심리적 불안을 확산시키면서 작업에 집중성을 떨어뜨리고 회사에 대한 헌신성, 자신의 노동에 대한 보람과 책임성을 약화시킵니다. 이러한 조건에서 노동생산성의 향상을 기대하기는 어렵습니다. 이점은 종신고용제를 채택한 일본 기업이 장기적으로 노동생산성을 상승시킨데 반해 대량 감원을 빈번하게 실시한 미국의 기업은 정반대의 결과를 낳고 있다는 사실을 통해서도 충분히 확인할 수 있습니다.

둘째 노동 시간 단축입니다. 노동 시간 단축은 일자리 나누기와 충분한 휴식을 통한 작업 효율성 보장, 교육 훈련 기회 확대를 위한 필수적 조건입니다. 이러한 노동 시간 단축은 노동 단체의 강력한 요구에도 불구하고 대량 감원만이 인건비를 절감시켜 이윤을 상승시킨다는 좀더 강력한 흐름에 의해 충분히 실현되지 못했습니다.

그럼에도 불구하고 노동 시간 단축이 기업 생산성을 높이는 데 인원 감축보다도 한결 효과가 있음을 입증하는 사례들이 곳곳에서 발견됩니다. 결코 적지 않은 기업들이 대량 감원 없이 노동 시간 단축을 통해서 승승장구해 왔습니다. 3M, 휴렛팩커드, 월마트, 디지털이퀴브먼트 등은 그 대표적인 예죠.

휴렛팩커드의 그레노빌 공장 같은 경우 주 4일 근무제를 채택하고 있습니다. 회사는 매일 24시간 주 7일 가동됩니다. 250명의 노동자들이 야간 근무조는 주 26시간 50분, 오후 근무조는 주 33시간 30분, 오전 근무조는 주 34시간 40분을 근무하는 방식인데요, 노동자들은 주당 평균 여섯 시간 정도 덜 일하지만 주 37.5시간 근무하던 이전과 동일한 임금을 받습니다. 그런데 그레노빌 공장의 생산성은 대략 3배가 증가했습니다. 이 같은 사례를 제레미 리프킨이 『노동의 종말』에서 자세히 분석하고 있구요.

사회　민주노총 추정에 따르면 법정 노동 시간을 기존의 주 44시간에서 4시간 줄이면 200만 명의 고용 증대 효과를 가져올 수 있다고 하지요.

박세길　네, 마지막으로 중요한 것은 교육 훈련의 필요성입니다. 고용 안정을 바탕으로 지속적인 생산성 향상을 가능하게 하는 비결이죠. 지식 정보 시대 노동생산성은 끊임없는 학습으로부터 나옵니다. 특히 기존 산업노동자들이 지식 정보 산업의 요구에 맞게 질적으로 발전하자면 지속적인 재교육과 훈련이 필요합니다. 부단한 교육 훈련을 통해서만 노동 과정을 장악할 수 있는 안목과 능력을 갖출 수가 있으며 단순 반복적인 노동에서 벗어나 지적이고 창조적인 노동을 수행할 능력을 획득하는 것이죠.

이는 오늘날 급격한 생산성 향상을 통해 경쟁력을 확보한 수많은 기업들이 공통적으로 보여 주는 바입니다. 기업 조직 자체가 학습 조직으로 성격을 변화시키게 되는 것도 그 일환이라고 할 수 있습니다.

사회　성장 발전의 원동력인 노동 창의성을 보장하려면 고용 구조의 변화와 함께 노동의 질을 변화시키는 작업이 동시에 진행되어야 한다는 것이 유한킴벌리 사례의 핵심이군요.

정희용　전반적으로 훌륭한 사례 분석입니다. 그런데 이렇게 성과가 두드러지는 유한킴벌리의 '뉴 패러다임 운동'을 과연 다른 기업들이 받아 안을 수 있느냐 하는 점을 살펴봅시다. 현실은 녹록하지 않습니다.

정부는 유한킴벌리 사례를 확산시키기 위해 한국노동연구원KLI 산하에 2004년 3월 뉴 패러다임 센터를 개설하고 20명 가까운 컨설턴트를 두어 혁신 모델 제시와 시범 사업장에 대한 컨설팅을 추진중입니다. 물론 기간이 짧기는 하지만 아직까지 성과는 미미합니다. 지금까지 60여 개 기업이나 공사 등이 시범 사업체로 선정되어 컨설팅을 비롯해 정부 지원을 받았다지만 일단 참여율 자체가 극히 적고 무엇보다 이를 통해 해당 기업이 조직 혁신이나 경영 혁신으로 발전하고 있다는 즉, 실제로 기업이 새로운 패러다임으로 접어들었다는 사례들은 나오지 않고 있습니다.

기업 혁신은 상당히 오랜 시간과 확고한 비전을 필요로 합니다. 유한킴벌리만 해도 사력이 30년 이상 되는 회사고 오늘에 이르기까지 1995년부터 꾸준히 혁신 활동을 해왔습니다. 문국현 사장의 리더십도 상당히 중요한 요소였고요. 기업 혁신은 단기간에 쉽게 이뤄지는 것이 아닙니다. 최근 가장 주목받고 있는 도요타 자동차 같은 경우 1953년부터 도요타 생산 시스템*TPS(Toyota Production System)이라는 자체의 방식을 추구하면서 절대적 고용 안정에 기초하여 노동자들의 창의성을 극대화시키는 작업을 쉬지 않고 추진했습니다.

사회　기업 혁신이 그만큼 어렵고 오랜 시간이 소요되며 기업 문화에 따라 큰 차이를 낳는다고 할 때 뉴 패러다임 운동 역시 오랜 인내심과 사회적 추진력 없이는 그 성과를 낙관하기 어려운 것이겠군요.

박세길　바로 그렇기 때문에 새로운 고용 구조나 노동 창의성을 원천으로 생산성을 도약시키는 일을 개별 기업의 과제로만 맡겨둘 수 없다는 것입니다. 손가락으로 꼽을 만한 몇 개 기업을 제외한다면 우리나라 대기업들도 당장 발등의 불을 끄기에 급급한 상황입니다. 중소기업으로 가면 더 말할 것도 없는 상황입니다.

김병권　경영기법적 차원에서 유한의 사례를 검토해서는 근본적 답이 나오지 않는다는 의견인데 맞다고 생각합니다. 기업 혁신에 대한 관심이 많기로는 미국 기업들도 어디 빠지지 않습니다. 그러나 자동차 산업을 보면 90년대 들어서부터 일본 도요타 자동차를 어느 업체도 쫓아가지 못합니다. 미국 자동차 회사들은 생산에 종사하는 노동자들을 '문제의 원천'으로 간주하고 공장 자동화를 통한 대체에 힘을 쏟았습니다. 반면 도요타는 생산 라인 노동자를 '문제 해결의 원천'으로 생각합니다. 여기서 결정적 차이가 나는 것이지요.

1963년 당시 도요타는 미국 최대 자동차 회사인 지엠GM 매출액의 60분의 1에 불과했습니다. 그러나 도요타는 이때부터 이미 지엠을 추월할 것을 목표로 삼았고 지금은 도요타가 지엠, 포드 등과 매출액이 거의 비슷한 수준입니다. 수익성에서는 단연 최고로 2004년 기준 1조 엔, 우리 돈으로 10조 원 이상의 순이익을 냈습니다. 이에 비해 지엠은 지난해 9조 원 가까운 손실을 보며 적자 경영에 허덕이는 상태입니다.

〈도표 2-10〉 도요타와 지엠의 경영 실적(2004년 기준)

	도요타(04. 4~05. 3)	제너럴모터스(04)
직원수	265,753명	327,000명
매출	1,745억 달러	1,935억 달러
순이익	110억 달러	28억 달러
순이익률	6.3%	1.4%

자료 : 각 기업 공식 홈페이지 참조

정희용 도요타가 진정으로 노동자를 존중하는 시스템인지에 대해서는 이견이 있을 수 있습니다. 노동 강도가 세기로 유명한 회사이고 어떤 측면에서는 지적 창의성을 정교하게 강제로 뽑아내는 시스템일 수도 있습니다.

그러나 성장 원천을 제대로 파악한 시스템이라는 것을 이러한 이유들 때문에 부정할 수는 없겠죠. 여기에는 또한 노동자 해고 문제를 쉽게 생각하지 않는 일본 특유의 기업관이 큰 작용을 했습니다.

사회 중간 정리를 하자면, 노동을 성장 원천으로 주목한 도요타 그리고 창의성을 발현할 기초 요건인 고용 안정, 노동 조건 개선에 더하여 학습 훈련을 정착시킨 유한킴벌리 사례는 노동 주도형 성장 모델을 주창한 우리의 발상과 맥을 같이하는 훌륭한 사례다. 그러나 이들 역시 노동자 자체의 자율성과 주도성이 전면에 나선 기업 사례가 아니기에 다소 한계가 있다는 것이죠.

그리고 이 수준의 경영 혁신조차도 개량의 토대가 매우 열악한 우리나라의 현실에서 다수 기업이 따르기는 어렵다는 것입니다. 결국 경제 운용의 기본 방향이 전환되어야 시스템적으로 사회적 확산이 가능하다는 것입니다.

〈도표 2-11〉 유한킴벌리 뉴 패러다임 운동의 교훈

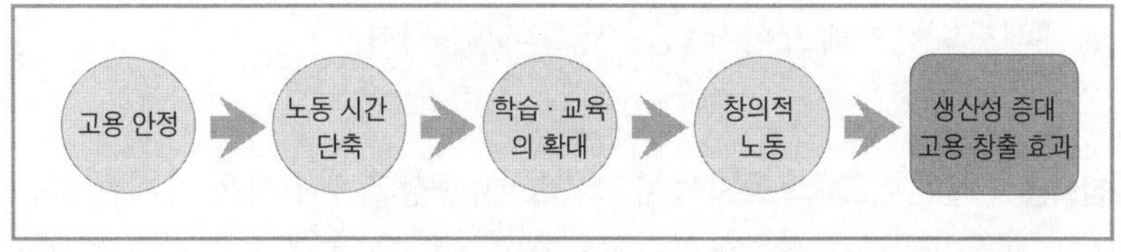

07

주주 중심 주식회사의
근본 **개편**이 필요하다

사회　우리는 유한킴벌리나 도요타보다 한 발 더 나아가고 국민경제 전반으로 확산하자는 것인데, 그렇다면 기업 소유 구조, 지배 구조의 문제에 대해서도 생각해 보아야 하는 것 아니겠습니까?

정희용　물론이죠. 노동자들이 스스로 자율성과 책임성을 가지지 않는 한 노동 창의성도 제한적일 수밖에 없습니다. 따지고 보면 20세기 후반부터는 자본주의의 모든 기업들이 노동자들에게 창의적 노동을 강요해 온 것입니다. 거기서 가치가 나오니까요. 그런데 강요된 창의성, 경영적으로 유도되는 창의성과 질적으로 차원이 다른 것은 자발적으로 나오는 창의성입니다.

이는 결국 노동자들이 기업에 종속된 존재가 아니고 기업을 운영해 가는 또 하나의 주체일 때 가능하다는 것입니다.

사회　노동자들의 경영 참여를 말하는군요.

01 종업원 지주제, 자사주 갖기 운동 등은 노동자들이 기업 경영에 영향력을 행사할 실질적 방도도 되지 못하며 자본적 방식으로 노동자의 지위를 높이려는 모순적 운동이다.

02 노동자의 자율적이고 창의적인 활동을 높이기 위해서는 노동자 이사를 경영에 실질적으로 참가시킬 필요가 있다. 이는 주주의 이익을 중심으로 움직이는 현행 영미식 주식회사 제도를 노사 공동 책임 경영과 사회적 역할에 근거한 기업으로 재편하는 과정이다.

03 재벌의 전근대적 지배 구조는 해소해야 한다. 그러나 잘라버리는 방식이 아니라 국민경제적 이익에 복무할 수 있도록 지배 구조를 바꾸는 길을 모색해야 한다.

김병권　저는 기존에 종종 제기된 '노동자 경영 참여'에 대해서는 약간 의견을 달리합니다. 이는 노동자의 해고나 인사 문제, 그리고 주요 경영 정책에서 노조의 의견을 수렴해야 한다는 정도의 좁은 의미를 담는 것인데, 이 역시 기존 경영권을 인정한 전제 아래 노동자의 '직접적' 이익이 걸린 문제에 대해 의견 수렴, 견제, 감시를 하겠다는 소극적 뜻을 담고 있을 뿐, 노동자도 함께 경영에 대해 책임을 진다는 의지가 없어 타당하다고 보지 않습니다.

또한 스톡옵션은 주식을 나눠주기는 하나 일종의 금전적 성과 보상 체계일 뿐입니다. 노동자들이 주식을 가지고 있는 것과 경영에 참여한다는 것은 별개의 문제입니다.

그런 점에서 일각에서 거론되는 종업원 지주제*의 확대라든가 노동자들의 자사주 갖기 운동 등에 대해 개인적으로는 반대합니다. 예를 들어 회사 매각, 인력 감축 같은 대주주의 이해에 따라 회사와 거기 몸담은 사람들의 운명을 결정해버릴 문제들에 대해 약간의 주식을 가지고 있다고 해서 그 결정을 좌우할 힘이 생기는 건 아니지 않습니까?

주식을 가지고 있되 주요 경영적 결정을 내리는 데에 참여할 수 없다는 건, 의도와 달리 결과적으로는 기업 이익을 좀더 나눠 갖자는, 주식 비율에 따라 성과 보상을 챙기자는 이야기나 똑같습니다. 그리고 노동자들이 주식을 가지고 있는 한, 주주자본주의 아래에서 배당수익과 시세 차익을 추구하는 주주들의 움직임과 하등 다를 바가 없게 됩니다. 기업 이기주의로 흐를 가능성이 높습니다. 예를 들면, 개별 기업의 이익과 국민경제의 이익 사이에 충돌이 생기거나 하청 기업에 부담을 떠넘겨 기업이 손쉽게 이윤을 창출하고자 할 때, 지분을 소유한 노동자들 역시 자사의 이익 쪽에 손을 들어주게 된다는 것입니다. 이것은 본말이 전도되는 것입니다.

박세길 주식을 통한 권리 증진은 아무리 잘해 봐야 기업 단위를 넘어설 수 없습니다. 이 경우 노동자들이 기업 단위로 잘게 쪼개지면서 파편화되는 심각한 문제가 발생합니다. 사회 전체적으로 주도력을 전혀 발휘할 수 없다는 것이지요.

노동자는 전혀 다른 원리에 입각해서 생산 활동의 주도성을 확보해야 합니다. 자본주의 사회의 전형적 기업 형태인 주식회사는 한마디로 사람이 아닌 돈의 지배를 제도화한 것입니다. 최고 의결기구인 주주총회의 의사결정은 1주당 1표 원칙으로 이루어지는 것 아닙니까? 노동자는 소유나 주식 수가 아닌 노동 그 자체로부터 권한을 가져야 합니다. 이런 취지에서 노동자들은 직원총회를 통해 1주 1표가 아닌 1인 1표 방식으로 자신의 대표를 선출해서 이사회에 파견할 수 있습니다. 일종의 노동이사라 할 수 있겠죠. 이런 식으로 선출된 노동자들의 대표가 이사회에서 어느 정도의 비율을 차지하느냐에 의해 노동자의 주도성이 결정될 것입니다. 명실상부하게 노동 주도성이 확립되자면 절반 정도의 비율을 차지해야 하겠죠.

사회　상당히 파격적인 방안인데 유사한 사례로는 독일의 노동이사를 떠올릴 수는 있지만 그나마 우리나라에는 없는 개념이죠. 우리 나라는 현재 사외이사 제도를 도입하고 있습니다. 현재 증권거래법을 통해 주권 상장 법인은 1인 이상 의무화, 대형 상장 법인은 총 이사 수의 2분의 1 이상, 최소 3인 이상을 임명하도록 되어 있습니다.

정희용　현행 제도에서 사외이사는 숫자로는 적지 않으나 독립성과 전문성이 떨어져 실질적 효과를 거두기 어렵습니다. 우리의 사외이사제도는 주주들의 권익을 지키기 위해 이사회, 특히 대표이사를 감시, 견제하는 목적에 치중한 영미식 제도입니다. 대주주의 경영 간섭 등으로 인한 주주 이익 침해 사례가 줄어들고 기업 경영의 투명성이 높아지는 효과는 있는 것으로 보이나 기업의 사회적 역할을 추구하고 노동자를 보호하는 역할과는 거리가 멉니다. 철저히 주주자본주의에 충실한 제도죠.

사회　노동을 대표하여 경영에 실질적으로 참여하는 이사라는 건 아예 개념이 없는 상태인데요?

박세길　우리는 거의 대부분의 제도를 영미식을 따르기 때문에 생소하기는 하지만 독일은 감독이사회*Aufsichtsrat라는 것을 둔 이중 이사회제도를 운영합니다. 이 감독이사회는 영·미의 이사회처럼 주주의 이해를 대변하여 경영진을 감시하는 역할만 하는 것이 아니라 다양한 이해관계자들의 이해를 조정하는 역할도 합니다. 이 감독이사회는 주로 해당 기업에 출자 또는 기업 금융을 제공하고 있는 은행 등에서 선임하여 파견하는 경우가 많은 것으로 압니다.

독일은 전후 감독이사회와 직장평의회*Betriebsrat의 공동 결정 제도를 통해 기업과 작업장 차원에서 노동자 참가를 제도화한 바 있습니다. 공동 결정 제도는 기업 경영자가 책임져야 할 대상이 주주만이 아니라는 것을 의미합니다. 물론 공동 결정 제도는 현실적으로 자본의 절대적 우위가 관철되는 조건에서 액면 그대로 실현되지 못한 것으로 알고 있습니다. 이런 점에서 독일의 이해당사자 자본주의 역시 앞에서 언급한 사회민주주의 일반의 한계를 넘어섰다고 볼 수는 없는데요, 그럼에도 불구하고 노동자가 자신의 대표를 선출하여 이사회에 파견한 제도적 실례는 노동자의 주도성을 기업 단위에서 적용하는 데 많은 시사점을 던져주고 있는 것은 분명합니다.

물론 이렇게 되면 1주 1표에 근거한 주식회사의 개념은 상당히 수정되어야 할 것입니다. 독일식 자본주의를 이해당사자 자본주의라고도 하는데 여기서 이해당사자는 주주만이 아니라 기업의 노동자 그리고 금융 등 기업과 이해를 같이할 수밖에 없는 존재들을 포괄하지요. 주주에게 모든 권한을 부여하는 주주자본주의의 폐해를 넘기 위해서도 이러한 개념을 사회적으로 만들어갈 필요가 있습니다.

김병권 독일과 우리는 사정이 많이 다릅니다. 독일의 경우 기업에 대한 자본 지배력의 주요한 부분을 은행이 가지고 있습니다. 감독이사회 또한 은행이 기업 경영을 통제하기 위해 마련된 것이죠. 우리의 경우 여하히 공공 자본이 이 역할을 할 수 있겠느냐는 고려를 해야 합니다.

또한 독일 모델은 사회적으로 형성된 노동－자본의 역학 관계에서 만들어졌는데, 이건 힘의 균형을 맞춘다는 측면이 강조되었기 때문에 이를 그대로 적용하긴 어렵습니다.

우리는 힘의 균형을 위해서가 아니라, 노동 창의성을 제대로 발휘시키기 위해 일하는 직원의 창의성을 경영 의사결정에 반영하고, 그럼으로써 경영의 노·사 공동 책임제를 실시하자는 것입니다. 따라서 형태는 유사하더라도 구체적인 경영 메커니즘은 다를 것입니다. 다만, 강조하고 싶은 것은 미국식 주식회사 개념을 신주단지 모시듯 하는 안이하고 관습적인 생각을 깨자는 것입니다. 구체적 사회관계나 국민경제의 필요에 따라 기업, 주식회사의 개념과 관련 법률은 얼마든지 바뀔 수 있는 것이니까요.

정희용　기업을 주주들만의 소유물로 보는 시각은 교정되어야 합니다. 외환위기 때 얼마나 많은 기업들이 부도위기에 몰렸다가 공적자금을 수혈받아 기사회생했습니까. 이 공적자금은 국민들의 세금입니다. 기업이 사회와 무관하게 홀로 선 존재라면 이런 일 자체가 성립하지 않을 것입니다. 기업 활동에서 자본의 기여도는 충분히 인정하되, 주주의 사적 이윤만을 위해 사회 공공의 이익을 위배하는 일이 발생하지 않도록 주식회사의 개념과 주주의 권한을 조정해야 합니다.

박세길　그 구체적 방법으로는 기업의 사회적 책임과 역할에 근거한 이를테면 '공공 주식회사' 개념 도입을 생각해 볼 수 있습니다. 공공 주식회사는 기업이 주주와 노동자 그리고 국민 일반에 대한 책임성에 근거해 경영되는 것을 골자로 합니다. 이럴 경우 주주의 권리는 기업의 자본 책임 부분으로 한정시키자는 겁니다. 예를 들어 M&A와 회사 폐업 등 사회적으로 큰 영향을 줄 수 있는 기업 존립의 주요한 문제들은 주주만이 아니라 노동자 대표, 사외이사 등이 함께 결정하도록 하는 것이죠.

사회　사외이사제를 시행해본 결과 경영의 탄력성이 떨어지고 의사 결정이 지체되는 문제점도 나타났습니다. 시시각각 변하는 경영 환경에서 단호한 경영상 결단을 내려야 할 때 이렇게 여러 부문의 대표성을 가지고 만들어진 이사회는 더 복잡한 문제를 낳을 수도 있을 텐데요.

김병권　그 문제는 여러 각도로 운영의 묘를 살려 해결할 수 있을 것으로 생각합니다. 경영이사회와 감독이사회의 권한을 적절히 안배하여 반드시 양자의 합의를 거쳐야 될 사안과 그렇지 않고 경영이사회가 독자적으로 결정을 내릴 사안을 준별해 규정을 두는 식으로 말이죠.

또한 권한이 높아지면 책임도 따라서 커진다는 것을 노동자들도 인식하고 기업 운영 결과에 따른 책임을 경영진과 나누는 것을 당연하게 받아들여야 합니다.

노사간 대립은 서로 신뢰하지 못하고 책임과 권한이 일방에게만 주어지기 때문에 그 해결점을 찾기가 어려운 것이지만 노동자들이 자신의 대표를 자체적으로 선출하여 이사진의 일부를 구성하는 조건에서는 책임과 권한을 나누게 되기 때문에 갈등 요소보다 이해와 협력 가능성이 높아집니다. 실제로 상호 불신이 정보의 비대칭성에서 나오는 경우도 적지 않거든요.

사회 그렇다 하더라도 이러한 기업 지배 구조의 변화를 대부분의 기업에 일괄 적용하기는 쉽지 않겠죠?

박세길 그렇습니다. 우선 기업 규모별로 차이가 날 것입니다. 실질적으로 작은 중소기업 규모에서 이같은 제도를 적용하는 것은 현실과 맞지 않는 측면이 있을 것입니다. 그러므로 기업 지배 구조 개혁은 단계를 나누어 충분한 시간을 두고 진행해야 할 것입니다.

김병권 지배 구조 논의는 대기업 일반을 적대시하거나 기업가의 의욕을 꺾고 제한시키기 위한 것이 아닙니다. 노동자들이 책임과 자율성에 기초해 스스로 노동 창의성을 발양시켜 기업의 경쟁력을 높이기 위해서는 회사의 중대한 진로를 결정하는 일에 노동자들의 의사가 반영될 수 있도록 하자는 것이 가장 중요한 취지입니다.

다음으로 사회적 합의를 통해 노동과 자본이 서로 협력할 수 있는 제도적 장치를 만들자는 것입니다. 현재의 기업 지배 구조에서는 근본적으로 상호 신뢰와 책임성이 만들어질 수 없습니다.

그리고 마지막으로 이는 외국 투기 자본으로부터 국내 기업을 지키기 위해서도 필요한 사항입니다. 이사회의 전횡을 막을 장치가 없고 일정한 보유 지분만 확보하면 경영권을 쉽게 탈취할 수 있는 것이 지금 우리의 주식회사 구조입니다. 이 때문에 소버린 사태*, 삼성물산을 둘러싼 헤르메스의 주가 조작*, 최근의 케이티앤지KT&G와 칼 아이칸의 경영권 분쟁* 등이 잇따라 발생하는 겁니다.

박세길 지난해 소버린 사태는 참 여러 가지 측면에서 착잡한 현실을 드러냈습니다. 국제 투기 자본인 소버린이 ㈜SK에 투자하여 8000억 원이 넘는 막대한 수익을 손쉽게 챙겨 떠났는데 이는 기본적으로 취약한 지분율을 가지고 재벌 경영을 해온 우리 기업 지배 구조의 허점 때문에 생겨난 일입니다.

또한 이 사태 뒤에는 소액주주운동*과 주주자본주의의 복잡한 이해 구조가 얽혀 있습니다. 소액주주운동은 참여연대가 중심이 되어 추진한 소액주주 권리 찾기 운동입니다. 이 운동의 목표는 재벌의 전근대적인 지배 구조를 극복하는 것이었습니다. 순환 출자 금지* 등 재벌 일가의 독단적인 지배 구조를 해소하고 기업 경영의 투명성을 확보하자는 좋은 취지에서 시작된 것이었는데 국제 투기 자본도 주주 가치 극대화를 위해 거의 똑같은 요구를 내걸게 되었단 말입니다. 의도했든 하지 않았든 소액주주운동과 국제 투기 자본의 목표가 일치하는 기묘한 현상이 벌어진 겁니다.

실제로 소버린의 행각에 대해 국민들의 비난 여론이 비등한 가운데 참여연대의 한 소액주주운동 담당자는 소버린의 ㈜SK 투자가 여로 모로 긍정적으로 기능했다고 평가를 내리기도 했습니다. 물론 이러한 평가는 매우 부적절한 것이죠. 일부 소액주주들이 이익을 얻었는지는 몰라도 막대한 국부 유출이 수반되었기 때문입니다.

정희용　그렇습니다. 당연히 재벌의 전근대적 지배 구조는 해소해야 하겠죠. 총수 일가의 작은 지분으로 전체 계열사를 장악하는 편법적이고 비민주적인 지배 구조는 반드시 해소되어야 합니다.

그런데 대기업 안에는 많은 수의 우리 노동자들이 근무하며 생활하고 있다는 점도 잊지 말아야 합니다. 국내 대기업이 외국자본의 수중에 넘어가면 그동안 경험했듯이 초강도 구조조정을 통해 고용 안정성이 파괴되고 국부 유출 등 심각한 결과를 빚게 됩니다. 그러다 보니 일각에서는 설령 재벌의 지배 구조에 문제점이 있더라도 외국자본에 넘어가는 것을 막기 위해서는 눈감아주어야 하지 않겠느냐는 주장도 대두되고 있습니다.

그러나 여기서 우리는 왜 재벌 기업들이 외국자본의 공격에 그토록 취약한지 살펴볼 필요가 있습니다. 얼마 안 되는 지분으로 수십 개 계열사를 쥐고 흔드는 소유 구조가 있기 때문에 외국자본의 공격 대상이 되는 것입니다. ㈜SK를 쥐고 흔들었던 소버린 사태가 이 점을 잘 보여주었습니다. 따라서 재벌의 현 구조를 눈감아주는 것은 결코 바람직한 해법이 아니라 문제의 불씨를 항상 안고 있는 것입니다. 따라서 재벌의 소유 구조를 민주적이고 외국자본에 맞설 수 있는 탄탄한 구조로 바꿔주어야 하는데, 이는 현재의 재벌 오너의 자본력으로도 이룰 수 없는 일입니다. 그래서 국민연금 등 공공 자본의 투입이 연구될 필요가 있습니다.

말하자면 재벌 자체로는 외국자본의 기업 사냥을 막아낼 길이 없으므로 국민들이 국가적 재부를 지키기 위해 구원투수로 등판하자는 것입니다. 이는 소액주주운동과는 근본적으로 차원을 달리하는 것입니다.

사회 공공 자본의 투입을 통해 재벌 소유 구조의 비민주성을 해결하면서 외국자본에 대한 대항력도 높이자는 취지군요. 그런데 합법적 운동은 반드시 법제화를 수반해야 합니다. 국민들이 제기하는 문제들이 여론을 타고 그러면서 입법되는 단계가 중요한 귀결점이거든요. 주식회사 구조의 변화도 결국 법제화를 통해 이루어져야 하겠죠?

정희용　네, 지금과 같은 주주 중심 주식회사 체제의 문제점은 자본주의 선발국인 미국과 일본에서도 꾸준히 제기되는 상황입니다. 오늘날 주식회사는 '법인격'을 부여받아 많은 부분 인간의 권리를 누리고 있습니다. 그러나 권리에 반해 책임은 거의 규정되어 있지 않습니다. 특히 주주로 표현되는 주식회사의 소유자들은 분산된 소유 구조와 주식회사의 원리인 '유한책임'에 의해 뒤로 숨고 기업 행위의 사회적 결과에 대한 책임은 거의 지지 않습니다.

"경영 실적이 좋지 않을 경우 투자한 자본에 손실을 입는 것 자체가 책임을 지는 것 아니냐"고 반문할지 모르겠으나 그것은 수익 추구 활동에 반드시 수반되는 위험 부담일 뿐, 사회적 책임을 지는 일이 아닙니다. 인격체라면 사회와 공공의 이익을 반드시 살펴서 할 행동도 법인격체에게는 고려 대상이 되지 않는 이유도 따지고 보면 주식회사의 유한책임, 기업을 주주들만의 소유물로 보는 인식에서 비롯된 것입니다. 그렇기 때문에 기업의 사회적 책임은 법률적으로 정해져야 합니다.

'기업 천국'이라는 미국에서도 지역 공동체를 중심으로 이와 같은 움직임이 발생하고 있습니다. 펜실베니아 주의 시민단체들은 기업 허가 기간을 30년으로 제한하는 법규 개정 운동을 하고 있습니다. 기업이 허가 연장을 받으려면 회사가 공중에 이바지한 바를 스스로 입증하도록 제도화한다는 것이죠. 캘리포니아 주의 아카타Arcata라는 도시에서는 시 안에서 활동하는 모든 기업들에 대해 시민들이 민주적 통제권을 갖도록 입법화하기도 했습니다.

사회　어느 사이 우리 사회에도 기업은 주주 이익 극대화를 최고의 가치로 삼아야 한다는 사고방식이 만연되어 있는데, 그것은 주주자본주의의 대표적 캐치플레이일 뿐이라는 지적이군요.

박세길　기존의 주주 중심의 주식회사 제도는 반드시 개편되어야 합니다. 문제점을 부분 보완하는데 불과한 사외이사제, 종업원 지주제, 또는 노동자의 이해관계가 걸린 일부 경영 사안에 대한 노동조합의 참여로 국한하는 '노동자 경영 참여' 등으로는 주주자본주의 폐해를 극복할 수 없다는 것입니다. 우리의 진정한 대안은, 주주 중심의 경영제도를 일부 보완하는 것도 아니고, 노동자들이 경영자 흉내를 내는 것도 아닙니다. 경영은 전문 경영인이 맡지만, 각 기업에서 일하는 직원들의 노동 창의성이 제대로 기업 경영에 반영될 수 있도록 노동자와 주주가 공동으로 경영 책임과 기업의 사회적 역할에 대한 책임을 져 나가는 구조가 향후 노동 주도형 국민경제의 기업 모델이 되어야 할 겁니다.

<도표 2-12> 주주 중심 주식회사의 지배 구조 개편

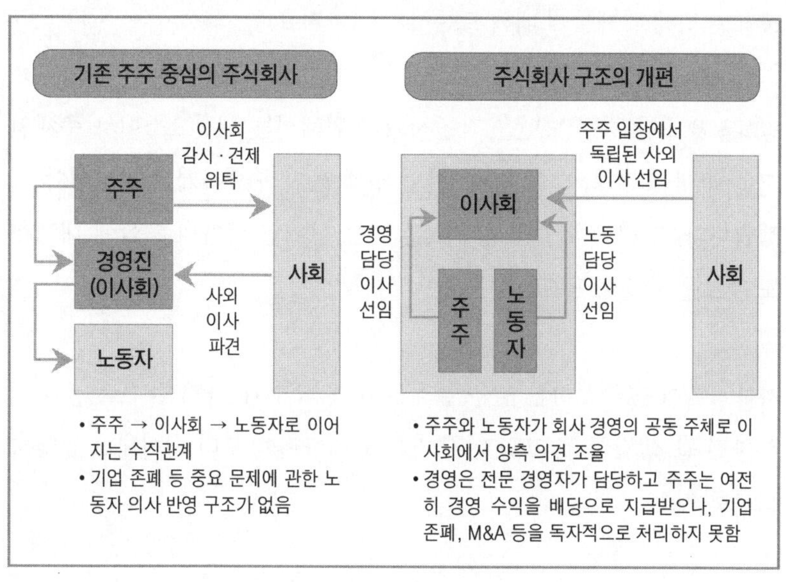

08

국민경제의 청정 동맥 – 은행 공공화

사회 노동 주도형 국민경제라는 개념을 이제 실제 작동하는 운용 형태로 좀더 이해하기 쉽게 구체화해야 할 것 같습니다. 눈에 그려지게 말이죠. 그러자면 이 대안 경제 시스템을 구현하기 위한 핵심 기제, 가장 중요한 정책 과제들에 대해 토론하기로 하지요.

정희용 대안 경제 모델을 작동시키기 위해서는 생산요소이자 주체인 자본에 대한 정책, 노동 정책, 산업 정책 등이 주요하게 정리되어야 하겠습니다. 그리고 국민경제의 기본 작동 단위인 국가의 역할에 대해서도 새로운 규정이 필요하겠구요.

사회 경제를 구성하는 필수 얼개들이죠. 크게 네 가지 범주로 나눠 토론하면 될 것 같군요. 그럼 먼저 자본에 대한 정책부터 순서대로 진행하도록 하지요.

01 국제 투기 자본의 활동에 대한 규제는 그다지 특별한 것이 아니다. 선진국들은 주요 산업과 국가적 안위, 공공적 질서의 필요성에 따른 다양한 외국자본 규제책을 실시하고 있다.

02 경제의 젖줄인 은행이 산업 자금 조달 역할에서 멀어지고 공공성을 상실한 상황을 방치해서는 안 된다. 외환위기 당시 국민의 공적자금으로 소생시킨 은행의 공공화를 시급히 검토해야 한다.

박세길　현시기 자본 정책에서 가장 시급한 것은 국제 투기 자본에 대한 대책입니다. 이미 논의했듯이 투기 자본을 더 이상 방치했다가는 한국 경제의 활력을 찾기 위한 어떤 노력도 무의미해지기 때문입니다. 그리고 다음으로 경제 발전을 위한 건전한 산업 자본을 어떻게 조성할 것인가 하는 문제이지요.

먼저 국제 투기 자본은 어떤 형태로든 규제책을 강화해서 함부로 국내에서 투기 활동을 벌이지 못하도록 사전 예방해야 합니다. 그리고 만일 사후에라도 그러한 일이 확인되면 강도 높은 세금 부과 등으로 국부 유출을 막아야 할 것입니다.

사회　일단 투기 자본과 비투기 자본을 구별하는 것이 매우 어렵지 않겠습니까. 또 투기 자본을 규제하기 시작하면 국내에 들어와 있는 외국 자본 전체의 동요로 이어지지 않을까요. 이것은 매우 중대한 사태를 야기할 수도 있습니다.

김병권　자본에 나는 투기 자본이요, 나는 건전 자본이요 하고 꼬리표라도 달린 것은 아니므로 그 구별은 어려울 것입니다. 그래서 예방 장치를 먼저 설치하자는 것입니다. 자본은 속성상 투기로 큰 수익을 낼 수 있는 허점이 보이면 언제든지 투기 자본으로 돌변합니다. 이 허점들을 막아야 합니다.

예를 들어 대부분의 나라가 산업 금융의 핵심인 은행에 대해서는 외국인 지분 보유를 제한하는 규정들을 두고 있는데 우리는 외환위기 때 외자 유치를 서두르느라 여기에 큰 구멍이 나버렸습니다. 미국의 은행법 72조를 한번 살펴보면, "모든 은행의 이사는 재직 중 미국 시민이어야 하고, 이사의 과반수는 은행이 소재한 주州, 혹은 본점으로부터 100마일 이내에 1년 전부터 거주해야 한다"고 돼 있습니다. 어떻습니까. 투기 자본이 이 규정을 뚫고 미국 은행의 경영권을 인수하는 게 가능하겠습니까? 신자유주의 종주국이라 해서 뭐든지 화끈하게 열어젖힐 것 같지만 정작 자신들의 핵심 중추는 이렇게 꽁꽁 싸서 지키고 있는 것입니다.

정희용　2005년에 특정 기업의 주식을 5퍼센트 이상 갖고 있는 대주주의 신고 의무를 강화한 대량 보유 주식 보고 제도*가 도입된다고 하자 외국인 투자가 크게 위축될 거라는 예상이 많았습니다. 그러나 뒤에 평가해보니, 예상을 뒤엎고 거꾸로 외국인 큰손들이 한국 증시 투자를 크게 늘린 것으로 나타났습니다.

외국자본이 떠나고 안 떠나고는 한국 시장에서 이익을 남길 수 있는가에 달린 문제입니다. 아무리 외국자본을 환영해 주더라도 그 나라에서 이익이 발생하지 않는다면 떠나는 것이고 규제가 다소 있더라도 충분히 이익을 보겠다는 타산이 서면 들어오는 것입니다.

요체는 우리 산업과 기업들이 국제적 경쟁력을 지니고 활발하게 발전하는 데 있는 것입니다. 이것이 보장되면 외국자본은 계속 남게 되고 그 자본을 어떻게 활용할 것인지 하는 주도권도 우리가 쥘 수 있습니다. 요즘 중남미에는 좌파 정권들이 맹위를 떨치고 있지만 일반적 생각과 달리 이들 국가에 대한 국제 자본의 투자가 오히려 증가 추세입니다.

박세길　국제 투기 자본에 의해 놀아나지 않으려면 자본 거래에 대한 엄격한 규정을 마련해야 합니다. 이와 관련하여 우리나라 다음으로 투기자본의 공격을 당했던 말레이시아의 사례를 되돌아볼 필요가 있습니다.

1998년 8월 헤지펀드 등 단기 투기 자본이 말레이시아의 링깃화를 공격하는 일이 벌어졌습니다. 그 결과 말레이시아 링깃화의 통화 가치는 물론 주가지수도 1200에서 260선으로 폭락했지요. 이러한 사태에 직면한 말레이시아 당국은 9월 1일 고정환율제 도입(달러당 3.8 링깃으로 고정)과 주식이나 국채 부동산을 1년 이내에 매각할 경우 해외 송금을 금지하는 등의 자본 통제 정책을 전격 발표합니다. 이 같은 자본 통제 정책은 투기적인 단기 자본의 이동을 억제하는 데 초점을 맞춘 것입니다.

말레이시아의 자본 통제 정책은 분명 세계 경제의 일반적 추세와는 정반대였고 그런 만큼 말레이시아 자본 통제 정책의 결과를 비관적으로 예상하는 것이 대체적인 시각이었습니다. 하지만 자본 통제가 시작된 지 1년의 시간이 지나자 말레이시아 경제는 1999년도 2분기 4.1퍼센트의 경제 성장률을 기록하며 마이너스 성장에 종지부를 찍었습니다. 치솟던 실업률과 물가상승률도 각각 3퍼센트선에 머물게 되었고 내수가 살아나면서 국내외 자본의 신규 투자도 증가세로 돌아섰습니다. 자본 통제가 시작되던 당시 262.70이었던 주가지수도 200퍼센트 가까이 올라 완연한 회복세를 보였습니다.

사회　많은 사람들이 투기 자본 규제의 필요성을 느끼면서도 그 결과에 대해 크게 두려워하는 이유는 뭘까요.

박세길　신자유주의 논리 대변에 충실한 언론의 호들갑도 그 이유이겠고요, 가령 규제 조치에 대한 반발로 외국자본의 일시적인 철수가 이루어질 경우를 떠올려 볼 수는 있는데 상식을 초월하는 무리한 조치가 아닌 이상 외국자본들이 꼭 일사불란하게 행동 통일을 이룰 거라는 생각도 다소 기우 아닌가 합니다. 1997년 실제로 외국자본이 썰물처럼 빠져나간 적이 있으나 그것은 규제 조치 때문이 아니라 한국 기업들의 부실 징후가 여기저기 나타났기 때문입니다. 또 현재 한국의 외환 보유고는 적정 수준을 초과할 만큼 안정되어 있다는 점이 1997년과 확연히 다릅니다.

　사실 국제 투기 자본의 활동에 대한 규제는 그다지 특별한 것이 아니라고 할 수 있습니다. 선진국들은 주요 산업에 대한 투자 사전 심의제*, 보유 주식에 대한 의결권 제한 등 다양한 방법을 시행하고 있지요. 미국은 엑손-폴로리어 규정에 의해 국가 안보에 중대한 영향을 미치는 분야에 대한 외국인 투자를 규제하고 있고 일본은 외국무역법에 의해 국가 안보, 공공질서, 공공 안전 보호, 국민경제의 원활한 운영에 현저한 악영향을 미친다고 판단되면 사전에 승인을 받도록 하고 있습니다. 프랑스는 외국인 투자법에 의해 공공질서, 안전, 보건 등에 영향을 미치는 외국인 투자에 대해 사전 승인 제도를 운영하고 있고 캐나다는 투자법에 의해 외국인이 대규모 기업을 인수하면 사전 심의를 거치도록 하고 있습니다.

이렇듯 국제 투기 자본에 대한 규제는 그 강도와 방식에서 차이는 있으나 결코 어려운 일은 아닙니다. 중요한 것은 여러 사례에서 확인되듯이 국가가 얼마나 강력한 의지를 갖는가 여부입니다. 국민경제에 대한 보호 의지가 가장 중요한 것인데, 우리나라의 경우 신자유주의 사조에 지레 투항한 흔적이 너무도 많이 발견됩니다.

김병권　다음으로 은행 문제입니다. 국내적으로는 이미 IMF 기간 동안 엄청난 공적자금이 투입된 은행을 공공화하여 장기적이고 건전한 산업 자본의 젖줄로 활용해야 합니다. 이를 통해 금융의 산업 지배가 아닌 산업 지원 구조를 형성하는 것이 시급합니다. 금융기관의 공공성이 상실됨으로써 빚어진 후과는 실로 심각하기 그지없습니다.

2003년 말 LG카드가 부도 사태를 맞이하자 정부는 국민은행이 금융 시스템 안정을 위해 나서 줄 것을 요청하였지만 당시 김정태 국민은행장은 "나는 주주 아닌 그 누구의 눈치도 보지 않는다"며 정부의 요청을 거부하였습니다. 또한 하이닉스가 자금난으로 유동성 위기에 내몰렸을 때 뉴브리지캐피탈에 의해 인수된 상태였던 제일은행은 정부의 금융 안정 요구에 반기를 들었지요. 이렇듯 국민은행과 외국계 자본이 대주주로 있는 은행들은 주주 가치를 내세우며 국가적 차원의 금융 안정 조치에 대한 동참을 거부했습니다.

박세길　주주 가치 극대화를 추구하는 은행들의 행보는 은행이 수행해 온 전통적인 자원 배분 기능을 극도로 왜곡시키고 있습니다. 은행들은 단기 실적에만 집착하는 주주를 상전처럼 떠받들면서 장기 투자로 간주되는 기업 대출을 기피하게 되었고, 경기가 좋을 때는 주택담보대출을 확대하고 경기가 나빠지면 중소기업 대출을 마구 거두어들이는 경기 순응적 자금 운영을 하고 있습니다. 제조업의 경우 중소기업이 차지하는 비중은 생산액(50.8%)과 부가가치(51.7%)에서 절반에 이르지만, 은행의 민간 기업 대출에서 중소기업에 빌려준 돈은 2.5퍼센트에 그치고 있습니다.

생산적인 기업 대출이 크게 축소되면서 생산 지원 기능이 현저히 약화되는 것입니다. 단적으로 외환위기 전에는 제조업 설비투자 재원의 33퍼센트 정도를 종금사와 은행에서 조달했는데 2004년에는 그 비중이 10~11퍼센트 정도로 대폭 줄었습니다.

정희용 공공성을 상실한 은행 영업 행위가 부동산 투기와 신용 대란을 부추기는 직간접적 원인이 되고 있다는 점도 간과할 수 없습니다. 은행이 기업 대출을 축소하는 대신 가계 대출을 크게 증대시켰는데 주택을 담보로 한 가계 대출이 가장 안전하면서도 수익률이 높기 때문입니다. 그 결과 가계 대출은 1999년 이후 해마다 40퍼센트 이상 증가율을 보이면서 1998년 57조 원이던 가계 대출이 2003년 말에는 255조 원으로 무려 네 배 이상 늘어났습니다.

주택을 담보로 한 가계 대출 중 가장 큰 비중을 차지하는 것은 주택구입용 대출입니다. 2002년 1/4분기의 경우 주택구입용 대출은 전체 가계 대출의 56퍼센트를 차지합니다. 주택을 담보로 대출받아 또 다른 주택을 구입함으로써 부동산 투기가 조장되고 있는 것이죠.

박세길 이런 상태를 그대로 방치하면 국민경제에 막대한 피해를 미칠

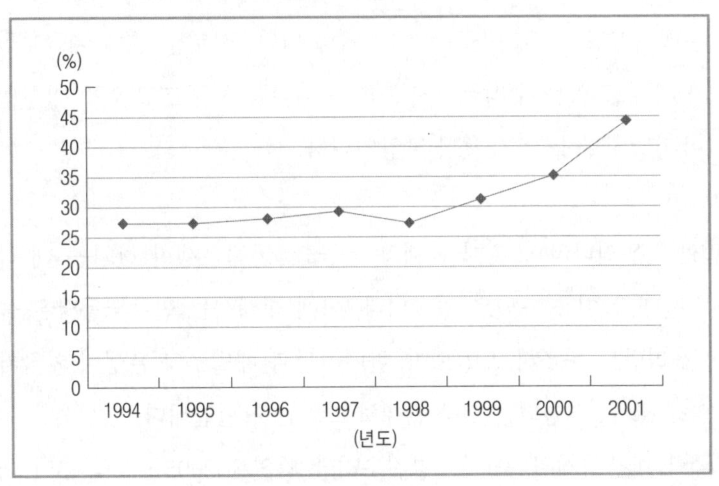

〈도표 2-13〉 은행의 가계 대출 비중 증가 추이

자료 : 한국은행

것이 매우 분명합니다. 따라서 은행을 중심으로 한 금융기관에 대한 공공 통제를 회복하는 것은 매우 절박한 과제라고 할 수 있습니다.

한국의 금융기관들이 공공성을 포기한 채 철저히 사적 이익 극대화에 골몰할 수 있었던 것은 외국자본에게 점령당한 것과 함께 최소한의 금융 감독 기능마저 사라진 탓입니다.

은행의 소유 구조를 공적인 방향으로 전환시키자면 은행 소유 지배 구조와 관련된 기준을 법률적으로 재정비해야 합니다. 최소한 외국인 지분은 전체의 49퍼센트를 넘지 못하도록 해야 하며 1인 대주주의 지분이 10퍼센트를 넘지 못하도록 해야 은행이 사적인 주주들의 돈 벌어 주는 창구 역할을 벗어날 수 있습니다. 이와 함께 국민연금 등 공적 기금을 투입함으로써 궁극적으로 은행에 대한 공적 소유를 실현해야 하겠죠.

사회 이미 외국인 소유로 넘어간 은행들도 문제지만 그나마 남아 있는 은행이라도 지키려는 노력이 아쉽습니다. 정부는 현재 예금보험공사*가 가지고 있는 우리금융지주 지분 매각을 서두르고 있는 상황입니다. 아직도 교훈을 얻지 못한 모양입니다.

김병권 우리나라의 은행을 재차 공공화, 국책은행화 하자는 데 국민들이 반대할 이유가 별로 없습니다. 이에 대해서는 민주노동당은 물론 열린우리당도 동조하고 있으며, 한나라당과 재벌조차 은행이 외국자본에 의해 소유, 경영되는 것을 반대하고 있는 형편입니다.

국회 재경경제위 송영길 열린우리당 의원은 2005년 9월 23일 예보 국정감사에서 "국내 은행의 외국인 소유 형태는 심각한 상황"이라며 "제2의 국책은행화 방안도 고민할 시점"이라고 밝혔습니다. 심상정 민주노동당 의원도 "금융 공공성 확보를 위해서라도 정부의 금융권 지분을 늘려 나갈 필요가 있다"며 "우리금융지주 지분의 지배적 수준을 정부가 보유하는 것도 한 방법"이라고 말했습니다. 황영기 우리금융 회장은 "국내 연기금과 기업들이 일정 지분씩 나눠 소유하는 형태로 민영화해 경쟁력 있는 토종 은행으로 육성하는 게 바람직하다"는 입장을 밝힌 바 있습니다. 정부의 의지 그리고 국민들과의 합의만 있다면 국민경제의 동맥인 은행을 외국인으로부터 찾거나 공공화하는 일이 어렵지 않다는 것입니다.

이미 우리는 외화위기 이후 100조 원 이상을 들여 국내 거의 대부분 주요 금융기관의 부실을 떠안은 경험을 가지고 있습니다. 이제는 부실처리를 위해 떠맡을 것이 아니라 국민경제 부흥의 핵심 명줄을 되찾기 위해 은행 공공화를 핵심 정책으로 실행해야 할 때입니다.

〈도표 2-14〉 외환위기 이후 은행에 대한 공적 자금 조성과 지원

구 분		예금보험공사 출자 지원 등					자산관리공사 부실 채권 매입	합 계
		출자	출연·예금 대지급	자산 매입	기타	소계	20.5	102.1
지원 실적		42.2	35.2	3.6	0.6	81.6		
은행	퇴출 은행(5개)	1.2	9.6	0.2	–	11.0	1.1	12.0
	제일·서울은행	9.6	0.4	3.4	–	13.5	4.2	17.7
	기타 은행	11.1	2.8	–	–	13.8	12.2	26.1
	소 계	21.9	12.9	3.6	–	38.3	17.5	55.8
제2 금융권	보험사	5.4	2.4	–	–	7.7	–	7.8
	보증보험	7.8	–	–	–	7.8	1.4	9.1
	종금사	2.3	12.1	–	–	14.4	1.5	15.9
	저축은행	–	6.5	–	0.6	7.1	0.1	7.2
	신 협	–	1.5	–	–	1.5	–	1.5
	증 권	4.8	–*	–	–	4.8	–	4.8
	소 계	20.3	22.4	–	0.6	43.3	3.0	46.3

* 증권사에 0.01조원 지원　　　　자료 : 재정경제부(1997년 11월~2001년 12월 말), 단위 : 조 원

사회　수고하셨습니다. 노동 주도형 국민경제를 꾸리기 위한 자본, 금융 정책 과제를 논의해 보았습니다. 산업의 동맥인 금융을 공공화하는 데 대해서는 의외로 폭넓은 공감대가 이미 형성되어 있다는 의견들이고 이를 실행으로 옮길 세부적 방침들이 문제일 뿐이군요.

09

2006년 **프랑스**와 **한국**의 차이는?

사회　노동 부문으로 주제를 옮겨 보겠습니다. 신자유주의의 상징처럼 되어버린 노동시장 유연화, 해법은 무엇인지 토론하면서 노동 정책의 주요 과제들을 살펴보기로 합시다.

김병권　저는 먼저 노동시장이나 고용 문제를 접근하는 각도에 대해 근본적으로 재검토할 것이 많다고 봅니다.

　기존에는 고용 문제에 대해 진보를 주장하는 분들도 대개가 "사회적 안전망" 또는 "고용 보장", 즉 복지 차원에서 접근하지 않았나 생각합니다. 이것이 나쁘다는 것은 아니지만, 여기에는 근본적인 결함이 있습니다. 즉, 국민의 노동을 피동적인 것으로 본다는 겁니다. 그리고 이들이 말하자면 팔 것이라곤 자기 노동력밖에 없는 사회적 약자로 고용 안정이 안 되면 당장 생존의 문제가 닥치니, 약자 보호, 또는 복지 차원에서 이들의 고용 안정화를 위한 사회적 '시혜책'을 만들어 보자는 겁니다.

　노동 문제의 중심이 이렇게 흘러가면, 사회적 약자를 보호한다는 차

01 '고용 보호'라는 수동적 관점에서 벗어나 국민경제 성장의 원천 동력을 제대로 관리·육성하고 발전시키는 적극적인 관점으로 노동 정책을 세워야 한다.

02 '최초고용계약법'을 파탄시킨 2006년의 프랑스 학생 시위는 21세기 들어서 국민적 저항으로 신자유주의 정책을 좌초시킨 최초의 사건이자 신자유주의 노동 정책의 가장 큰 피해자인 학생들과 노동자들의 연대를 확인해 준 의미 있는 사례라 할 수 있다.

03 국가적 차원에서 노동자의 산업간 이동을 원활히 하고 노동자의 고용과 교육을 국가가 책임 지원하는 '노동자 고용 국가 책임 정책'의 역동적 모델을 적극 검토해야 할 때다.

원에서는 진보적 정책일 수 있다고 보지만, 이는 노동자의 노동을 수동적 노동, 밥벌이를 위해 불가피하게 할 수 밖에 없는 노동으로 보고 있다는 측면에서 기업가가 바라보는 노동과 전혀 다를 바가 없는 것이죠.

그러나 노동 창의성을 중심으로 한 관점에서 보면, 국민의 노동 창의성을 높이지 않으면 국민경제의 성장은 없다는 것입니다. 일부 특별한 엘리트가 아닌 전체 국민 노동의 질적 수준을 높이고, 이를 국민경제가 요구하는 적재적소에 결합시키는 길이야 말로 가장 중요한 성장 동력이라는 말입니다.

이처럼 고용 문제를 복지의 문제로 볼 것이 아니라 성장 동력의 문제로 보아야 한다는 거죠. 이게 노동 주도 국민경제 모델을 주장하면서 우리가 고용 문제를 생각하는 기본 접근법입니다. 우리가 재차 고용 안정성을 얘기하는 것은 전국민적인 노동 창의성을 어떻게 발휘시킬 수 있을까에 대한 고민으로부터 나온 것이지 복지를 고민하면서 나온 게 아닙니다.

167

정희용　네, 기본 관점을 정확히 요약해 주셨습니다. 이러한 관점을 견지하고 구체적인 노동 정책으로 들어갈 때 가장 시급한 것은 역시 노동 시장을 안정화시키는 일입니다. 국민경제 전반에 안정적인 고용 모델이 마련되지 않으면 노동 창의성의 발현을 기대할 수 없기 때문입니다. 이런 점에서 최근 프랑스에서 학생과 노동자들을 중심으로 '최초고용계약법'CPE을 좌초시킨 투쟁은 대단히 주목되는 사건입니다.

김병권　프랑스의 드빌팽 총리가 실업 문제를 해소한다는 명분으로 26살 이하의 노동자를 2년 동안은 마음대로 해고할 권리를 부여하려던 것인데요, 21세기 들어서 국민적 저항으로 신자유주의 정책을 거부한 의미 있는 사건이며 현시기 노동 안정성이 사회나 국가 문제의 핵심을 차지한다는 점을 잘 보여준 투쟁이었습니다.

저 개인적으로는 프랑스의 학생 시위가 현시기 대학생들의 위상과 학생운동의 방향을 상징적으로 드러내 주었다는 점도 인상적이었습니다. 신자유주의 시대에 대학생은 예비노동자이면서 노동시장 유연화의 가장 큰 피해자들입니다. 실업률이 집중되고 정규직에 안착하기가 너무 어려운 조건이지요. 학생들의 시위에 노동자들이 연대를 한 이유도 이처럼 학생들이 직면한 조건이 곧 노동자 계급 전체의 이익과 연결되기 때문이고, 노동시장 정책에 대한 학생과 노동자의 이해관계가 이전 시기보다 훨씬 밀접해졌음을 뜻합니다.

박세길　뜻있는 분석입니다. 그러나 고용 안정이 필요하다고 해서 기업 차원의 종신 고용이 궁극적 해답이 될 수는 없습니다. 고용 문제를 성장 전략 차원에서 보든 고용 안정성 차원에서 보든, 외환위기 이전의 종신 고용, 평생 직장 개념으로 지금 다시 회귀할 수는 없습니다. 경제적 생산이 양적 생산에서 질적 생산의 시대로, 피동적 육체노동에서 창의적 정신 기술 노동 시대로 옮겨가고 있는 마당에, 노동 창의성 발휘를 특정 기업 구조 안에 영원히 종속시키는 것은 맞지 않습니다.

개별 기업을 떠나 산업적 차원으로 보면, 국민경제 발전을 위해서는 경쟁력 없는 산업을 축소하고 경쟁력 있는 산업, 부가가치가 높은 산업을 강화하는 산업 구조조정이 반드시 필요합니다. 이러자면 노동력의 재배치가 불가피합니다. 이 과정에서 개별 기업이나 특정 산업별로는 일시적인 해고가 발생할 가능성이 충분히 있습니다.

그렇다고 해서 개별 기업 단위에서 무작정 고용의 유연성을 인정해버리면 국민경제 단위에서 결국 노동자의 생존을 위협하는 사안이 되어버립니다. 이는 노동계에서도 받아들일 수 없는 문제고요. 따라서 기업 단위에서 고용의 유연성은 국민경제 단위에서 고용을 책임지는 정책과 쌍으로 물려서 정책으로 제시되어야 하는 거죠.

정희용　그래서 우리는 개별 기업 차원에서는 불가피한 경우에 한하여 유연한 인력 정책을 쓸 수 있지만 국가 전체적으로는 노동 안정을 기하고 노동의 질을 높이는 역동적 시스템을 위해 '노동자 고용 국가 책임제'를 대안으로 적극 검토하자는 것입니다.

고용 국가 책임제는 헌법에 명시된 국민 기본권, 즉 일할 수 있는 권리를 국가적 차원에서 실현하는 것이기도 한데요, 실업 발생의 근본 책임을 국가가 지겠다는 겁니다. 현재 실업자에게는 한시적인 실업 수당을 지급하고 취업 정보를 제공하는 정도입니다. 이는 근본적 대책이 아닌 미봉책일 뿐입니다. 고용을 국가가 책임진다는 것은 재취업 시까지 실제적으로 실직자의 생존 문제를 지원하며 취업 교육과 취업 알선까지 국가가 종합적이고 최종적인 책임을 맡자는 것입니다. 취업 교육 또한 직업 기능을 몇 가지 익히는 차원을 넘어서, 노동자의 산업간 이동이 가능한 수준까지 나아가야 합니다. 그럼으로써 일시적 해고를 수반하는 노동력 재배치가 국가적인 견지에서는 산업 전체의 생산성을 향상시키는 계기가 되도록 하자는 것입니다.

연속적인 지식 기술 혁명으로 산업 구조가 급변하고 이에 따라 노동력 수요도 항상 동태적으로 변하고 있습니다. 개별 기업과 산업별 노동 수요 변화를 국가적 완충을 통해 흡수하고 사회 전체로는 좀더 질 높은 노동력의 끊임없는 재생산이 가능한 역동적 고용 구조를 창출하자는 것이 그 취지입니다. 따라서 고용에 대한 국가 책임제는 단순한 실업자 대책을 넘어서는 것입니다.

박세길　역동적 고용 모델과 관련해서는 스웨덴이 참고가 될 것입니다. 일부에서는 스웨덴과 관련하여 분배 정책만을 시야에 넣고 있는데 이는 매우 잘못된 접근입니다. 스웨덴이야말로 철저한 성장 정책을 기초로 분배 정책을 실현하는 전형적인 경우라고 할 수 있습니다. 연대 임금 정책과 노동력 재배치의 결합이 그 단적인 예입니다.

연대 임금제란 동일 산업 노동자가 가능한 균등하게 임금을 지급받도록 하는 제도입니다. 이럴 경우 생산성이 낮은 기업은 상당한 경영 압박을 받을 수 있습니다. 그럴 때 국가는 해당 기업 노동자를 과감하게 IT 등 좀더 생산성이 높은 분야로 재배치해 줍니다. 기업의 부담을 덜어 주면서 국가적으로 보면 노동력 재배치로 지속적인 구조조정을 통해 세계 최고 수준의 생산성을 유지하는 것을 기본 목표로 삼고 있는 것입니다.

정희용　　우리가 말하는 노동 창의성을 기업들이 강조하는 직원들의 창의성 또는 비범한 엘리트의 창조적 생산성과 혼동해서는 안 됩니다. 이미 90년대 이후 기업들에서는 이른바 직원의 업무적 창의력, 크리에이티브Creative라는 것에 대해 많은 강조가 있었습니다. 그러나 기업들은 일부 엘리트의 노동 창의력에 기대고 있고, 노동 주도 국민경제 모델에서는 전체 국민의 노동 창의력에 주목하고 있는 점이 결정적으로 다르지요.

“엘리트 1명이 1만 명을 먹여 살릴 수 있다”고 공언하는 삼성의 이야기처럼, 주주자본주의 기업들은 철저히 극소수 엘리트의 창의성에 의존합니다. 나머지는 필요할 때 쓰고 버릴 수 있는 노동으로 보죠. 주주자본주의의 본성상 그럴 수밖에 없습니다. 왜냐하면 주주자본주의는 특정 나라 국민경제의 발전에 대해서는 관심이 없으니까요. 자기 기업의 수익을 위해 해당 나라 노동 필요분 가운데, 기업 수익성에 도움이 되는 것만 최대한 찾아 쓰면 되니까요. 극단적으로 자국에서 필요 노동력을 발견할 수 없으면 다른 나라로 자본을 이동하면 그뿐이지 구태여 그 나라의 노동 창의성을 높이기 위해 추가 투자를 할 이유가 없죠.

그런데 이러한 행동 패턴은 국민경제로 놓고 보면 이야기가 전혀 달라집니다. 다른 나라 국민의 노동을 사오는 데도 한계가 있고 현재의 다양한 국민의 요구를 실현할 질적 생산의 시대에 몇몇의 노동 창의성으로는 명백한 한계가 있습니다. 또한 특출하고 비범한 인재도 두터운 인력층에서 나오는 것이구요.

따라서 엘리트 중심의 노동 창의성이 해법이 아니라면 국민적 노동 창의성을 고려해야 하는데, 이것은 개별 기업 차원에서 전적으로 감당할 수 있는 일이 아닙니다. 고용 국가 책임제는 바로 국민 노동의 질적 제고를 수행할 단위를 국가로 보는 것이고, 국민경제를 성장시킬 국민 노동 창의성을 국가가 담보하겠다는 것입니다.

박세길　그렇게 볼 때 국가가 단지 실업자에게 몇 달간 실업 수당을 지급한다거나, 임시적인 공공 일자리를 만들어서 생계를 지원하려 한다거나, 저급한 취업 알선책으로 소임을 다했다고 생각하는 것이 얼마나 근시안적인지 판명됩니다.

　노동자 고용 국가 책임 정책은 바로 "국민 노동을 육성하여 국제적 경쟁력을 확보하는 정책", "국민경제의 성장 동력 관리 정책"이며, "풍요로운 국민생활 보장 정책"입니다. 국가는 무엇보다 노동자들이 새로 발전하는 경제 분야에 빠르게 적응, 기여할 수 있도록 강력한 산업 교육, 기술 교육에 대해 책임을 져야 하며, 개별 기업과 노동자를 국가적으로 매개하여 기업에게는 필요 노동력을, 노동자에게는 필요 노동 공간을 촘촘하게 매개하는 역할을 맡아야 합니다.

김병권　그러자면 이 제도는 이전과는 전혀 다른 아주 새로운 목적으로 포괄적인 정책적 기제들을 가지고 수행해야 합니다. 재원 면에서도 사회 공동 부담 방식을 마련해야 할 것입니다.

사회　이야기를 듣다 보니, 스웨덴은 '구조조정'이라는 말이 합리적으로 사용되는 것 같습니다. 생산성을 높이고 경쟁력을 유지하기 위해 산업 구조, 인력 구조, 조직 구조 등을 바꾸는 것이 구조조정인데 우리나라에서는 구조조정이 곧 감원을 의미하는 것으로 쓰이잖아요?

박세길　주주자본주의가 그런 결과를 빚었습니다. 단기적으로 비용을 줄이기 위해 해고와 명퇴를 남발하면서 그것을 '구조조정'이라는 이름으로 은폐하는 것이지요.

사회　부실 경영의 책임을 몽땅 노동자들에게 전가하는 것이 기존의 구조조정이었죠. 그런데 노동시장을 안정화하기 위한 과제로 또한 긴요한 것이 비정규직 문제의 해소 아니겠습니까.

정희용　노동자 고용 국가 책임제가 실천되어야 현재 우리 사회의 가장 중요한 이슈인 비정규직 문제도 근본적으로 풀 수 있지 않을까 생각합니다. 어찌 보면 우리 사회의 비정규직이 양산되고 구조화된 것은 기업 단위에서의 고용 유연성은 계속 확장되었는데, 국민적으로 이를 보완할 장치가 전무하면서 만들어진 뒤틀린 현상입니다.

박세길　비정규직 문제는 두 가지 방향에서 접근해야 할 것 같습니다. 우선 앞에서도 이야기한 고용 국가 책임제를 통해 실직자에 대한 취업 보장과 동일 산업 노동에 대한 동일 임금 가이드라인을 만들어가는 것입니다. 물론 임금 가이드라인은 기본급에 대해서겠죠. 노동 창의성을 발휘한 것에 대한 인센티브는 차이가 날 수밖에 없구요.

　기업이 인건비를 줄이기 위해 비정규직을 양산하고 실제 시간당 임금을 정규직의 50퍼센트 미만으로 유도하고 있는데, 고용 국가 책임제가 관철되면 노동자가 다른 수단이 없어서 저임금을 감수하고 비정규직 신분을 받아들이는 상황은 근본적으로 변화될 겁니다. 또 임금 가이드라인이 있는 한 비정규직이라고 해서 임금 수준을 함부로 할 수 없게 될 것이고요.

다음으로 이에 못지않게 중요한 것이 일자리 자체를 늘리는 것입니다. 그런데 실업자들과 비정규직을 대거 흡수하려면 대통령 신년 연설에서와 같이 서비스 업종 취업자를 늘리는 방식으로는 해결이 가능하지 않습니다. 차세대 성장 산업을 육성하면서 신규 고용을 창출해야 하는데 이게 시간이 상당히 걸린다고 보면, 우선적으로는 노동자들의 평생 학습 시스템을 기업마다 적용시키면서 노동 시간을 줄이고 기업의 신규 고용을 확대해야 할 것입니다. 바로 뉴 패러다임 운동의 기업 전체적 제도적 적용입니다.

이미 우리는 앞서 국내 기업들이 물적 토대가 빈약하기에 개별 기업 차원에서 이러한 새로운 패러다임의 확산이 어렵다는 점을 지적한 바 있습니다. 국민경제의 발전을 위해 노동자들의 평생 교육 체제는 반드시 갖춰져야 하고 이것이 실현되기 위해서는 노동자들의 평균 노동 시간을 줄이는 대신, 줄어든 노동 시간을 교육 훈련에 사용할 수 있도록 해야 합니다. 줄어든 노동 시간을 대체할 새로운 고용이 만들어질 것이구요. 국가는 이러한 변화를 기업이 능동적으로 추진하도록 세금과 각종 지원금 등에서 실질적인 혜택을 주어야 할 것입니다. 이런 일이야말로 개별 자본의 이익을 위해 무한 경쟁하는 자본 주도형 경제에서는 가능하지 않지만 노동 중심 국민경제 모델에서는 충분히 가능한 일입니다.

김병권　지금 전반적으로 국가나 기업이 감당해야 할 사항에 대해 논의를 했습니다. 그런데, 노동 쪽은 변화가 없을 것이냐 하면 그렇지 않습니다. 국가적 고용 안정과 노동 교육 훈련이 보장되는 조건이라면 노동자 또한 스스로의 생산성 발전에 대한 책임과 권리 모두를 감당할 자세가 필요합니다.

예를 들자면, 노동자의 임금 시스템에 대해서도 재고찰해 봐야 합니다. 고용 문제와 마찬가지로 임금 역시 일견 노동자의 생존 보장, 복지 문제이면서 동시에 노동 창의성을 제고하는 성장 동력의 문제이기도 합니다. 순전히 복지 문제로만 보면 평균주의적 임금 체계가 맞을지 모르겠습니다. 그러나 성장 동력의 문제로 보면 평균주의적 임금 체계는 심각한 문제를 안고 있습니다.

이런 관점에서 '동일 노동, 동일 임금' 제도를 면밀하게 살펴보아야 합니다. 지금도 여전히 동일 노동, 동일 임금은 정당합니다. 특히 비정규직 문제가 심각한 사회 문제인 조건에서는 더욱 중요하다 할 것입니다. 단지 비정규직이라는 이유 때문에 정규직과 동일 노동을 하면서도 거의 절반 수준의 임금을 받는 것을 절대 허용할 수 없기 때문입니다. 그러나 이 제도를 '동일 노동 시간, 동일 임금'이라는 양적인 차원으로 환산하는 시각은 경계해야 합니다. 임금 문제 대안의 핵심은 노동의 질적 차이, 이에 따른 성과의 질적 차이를 인정해야만 노동 창의성이 일터에서 제대로 발휘된다는 사실입니다. 이런 점에서 새 노동 정책에서는 노동의 질적 차이에 근거한 차등 임금제를 적절히 인정해 주어야 한다고 봅니다.

사회 좋습니다. 노동 정책과 관련해 노동자 고용 국가 책임제, 비정규직 해소, 노동자 평생 학습 체제와 연동된 역동적 고용 모델, 차등 임금제 등을 논의했습니다. 노동 정책이 제시되니 국민경제 대안이 좀더 가시적으로 눈에 들어오기 시작하는군요.

10

산업 정책과 신기술 혁명의 중요성

사회 이제 산업 정책적 과제를 살펴볼 단계인데요, 산업 정책은 국민 경제의 장기적인 성장 계획을 짜는 일과 연관성이 깊습니다. 80년대 초반까지의 국내 산업 발전에는 일관된 산업 정책의 영향이 컸으나 90년대에 들어와서는 아예 실종된 듯한 양상이었습니다. 그 배경부터 먼저 검토해 볼까요?

김병권 국가적 차원에서 정책 수단을 통해 산업에 대한 개입을 극대화하던 시절에 대한 반발이 80년대 초반부터 나타났습니다. 원래 국가 산업 정책의 수혜를 받아 성장하며 힘이 세진 대기업들이 산업 정책을 공격하기 시작한 거죠. 문어발식으로 사업을 확장하고 선단 경영을 하는 재벌에게 국가 산업 정책은 무척 거추장스러운 것이니까요.

밖으로는 80년대 말부터 미국의 통상 압력이 거세지면서 특정 산업 육성을 계획하고 보호하는 일이 어려워지기 시작하죠. 이러한 안팎의 도전에 직면하여 김대중 정부 시절에 통상과 교섭 관련 업무가 통상산

01 한국 경제가 산업 정책 없이 표류하기 시작한 것은 국내외적 신자유주의의 파랑 때문이며 이는 무분별한 중복 투자와 과당 경쟁을 낳아 외환위기를 부르는 데 크게 일조했다.

02 노동 주도형 경제 모델이 국제 무대에서 경쟁력을 확보하려면 무한한 성장 발전 가능성을 담보하고 있는 첨단 기술 산업에 대한 국가 차원의 장기 계획이 서야 한다.

03 새로운 산업 정책에서 생산 요소의 조달은 자율성과 창의성, 연대와 협력에 기초한 노동 주도적 방식을 마련해야 한다.

업부로부터 분리되기에 이릅니다. 결국 우리나라 산업 정책이 표류하게 된 것은 국내외적인 신자유주의의 거센 파랑 탓이라고 볼 수 있습니다.

정희용 김영삼 정부 시절 삼성의 자동차 산업 진출은 국내 산업 정책의 실종을 드러내는 상징적 사건이었습니다. 이미 현대, 대우, 기아, 쌍용 등이 자동차에 진출해 있는 상황에서 삼성마저 뛰어든 것은 정부가 산업에 대한 조정 기능을 상실했음을 여지없이 입증합니다.

외환위기 직전까지 이런 무분별한 중복 투자와 과잉 설비가 곳곳에서 이뤄졌습니다. 철강, 반도체, 전자 등등 돈이 된다 싶으면 기업들이 외자를 끌어들여 너도나도 뛰어들었습니다. 이렇게 보면, 외환 위기는 사실 국가적 차원의 산업 정책이 부재한 가운데 자유 방임적이고 자본 주도적인 경제를 만끽하다가 기업들이 스스로 안에서부터 자초한 측면도 큽니다.

사회 상당 기간 한국 경제는 산업 정책 없이 표류한 셈인데, 지금 다시 산업 정책을 강조하는 것이 복고적인 것은 아닌가 하는 의견이 나올 수도 있어요.

정희용 국가 주도형 경제로 회귀하는 것이 자본 주도형 경제 모델을 극복하는 대안이 될 수 없듯이 산업 정책 또한 그러합니다. 산업 정책은 절대 필요하지만 그것이 과거처럼 몇몇 경제 부처 관료들의 머릿속에서 설계되고 정부의 총애를 받는 소수 재벌들에게 특혜가 돌아가는 방식이어서는 절대 안 되겠죠. 경제와 정치의 민주화 정도에 걸맞게 산업 정책에 대해서도 국민적 동의 구조가 만들어지면서 이를 바탕으로 국가적인 힘을 집중하는 새로운 방식이 나와야 할 것입니다.

특히 앞으로의 산업 정책은 첨단 신기술 혁명 시대를 맞아 노동하는 국민들의 지혜와 창의성을 이러한 시대 조류에 부합하는 산업 발전으로 연계시키기 위해 많은 노력을 할애해야 합니다. 노동 주도형 경제 모델이 국제 무대에서 경쟁력을 확보하려면 무한한 성장 발전 가능성을 담보하고 있는 이들 첨단 기술 산업에 대한 국가 차원의 장기 계획이 서야 한다는 것입니다.

박세길 현재 지구상에서는 첨단 지식 기술 산업을 제대로 틀어쥔 경우와 그렇지 못한 경우에 따라 산업 역량·경제 역량의 역전 현상이 다각도로 목격되고 있습니다. 소니와 삼성의 역전은 하나의 재미난 사례입니다. 아날로그의 강자였던 소니가 그 경쟁력에 만족하고 있을 때 삼성은 과감하게 아날로그를 뒤로 하고 디지털로 나아갔던 것입니다. 그리고 10년이 지난 지금 서로의 지위는 역전되고 있습니다.

80년대 세계 경제의 맹주인 독일의 정체도 시사하는 바가 큽니다. 전통적인 제조업으로 재미를 본 독일은 세계 경제가 빠르게 정보통신 혁명으로 진행되는 것을 따라잡지 못하여 이 분야에서는 2류 국가로 전락하고 말았습니다. 이제 첨단 산업 분야를 어떻게 틀어쥐느냐가 한 나라의 경제 발전 속도를 근본적으로 결정하는 새로운 시대가 된 것입니다.

정희용　IT 혁명은 전초전에 불과합니다. 바이오 기술BT, 나노 기술NT, 환경 기술ET, 우주해양 기술ST 등을 통해 인류는 연속적인 기술 혁명 시대를 열어가고 있습니다. 특히 생명공학과 나노공학 분야는 모든 기술 변화의 새 장을 열어가며 첨단 산업 분야의 지형을 통째로 바꾸어 낼 파괴력을 지닌 신종 산업 분야입니다. 해양우주공학은 지구라는 초록별, 그 가운데서도 대륙에 한정되었던 산업 영역을 해양과 무한한 우주 공간으로 확장시킵니다. 그리고 환경 기술 분야는 생산력의 양적인 변화가 아니라 질적인 변화를 만들어 낼 것입니다.

이제 바야흐로 어느 나라가 이들 첨단 신기술 산업 분야에서 주도적인 위치를 차지하느냐에 따라 세계적 발전의 주도권이 결정될 것입니다. 인류는 새로운 기술 혁명 전쟁 상태에 들어간 것입니다. 산업혁명기 영국이 선두를 치고나간 뒤 200년 이상 전성기를 구가한 것을 상기한다면 지금 닥쳐오고 있는 변화의 물결이 얼마나 거대한 것인지 짐작할 수 있습니다. 이러한 시기의 한복판에 놓인 한국 경제가 소수 대자본만 믿고서 손을 놓고 있을 수는 없습니다. 실로 국민경제의 장기적 성장이 걸린 핵심 문제입니다.

사회　문제는 산업 정책을 펴나가는 데 필요한 요소들, 즉 기술력·자본·노동의 조달이 예전처럼 용이하지 않다는 것입니다. 군사정권이 산업 정책을 밀어붙일 때는 국가의 명령 하나로 모든 것이 동원 가능했지만 말이죠.

박세길　이 문제 역시도 노동 주도라는 관점에서 풀어야 한다고 봅니다. 산업 정책을 위에서 아래로 수직적으로 내려보내고 투입 요소를 국가가 동원하는 식으로 조달하는 것으로 파악해서는 문제가 풀리지 않습니다. 이런 과거형 산업 정책의 대체 모델로 부상하고 있는 것이 산업 클러스터입니다.

　산업 클러스터는 일정한 거점을 중심으로 특정 산업과 연관된 대학, 연구소, 기업, 정부기관이 모여서 정보, 기술, 인프라를 공유하고 상호 협력하는 시스템입니다. 이해관계를 같이하는 각 주체들이 자발성에 기초해 산업과 관련한 지식 정보를 긴밀히 교류함으로써 참여 주체들의 노동 창의성을 증대시키고 기술과 생산성을 발전시키는 효과로 이어지지요. 또 클러스터는 기업이라는 생산 단위, 대학과 연구소라는 교육과 R&D 단위 그리고 이를 지원하는 정부의 기능이 유기적으로 연결됨으로써 현장과 연결된 학습 교육 시스템을 통해 노동 창의성을 높이는 유력한 방도입니다. 클러스터를 활용한 국가 산업 정책으로 국가 경제의 구조조정을 훌륭히 수행한 나라가 핀란드입니다. 90년대 들어 핀란드는 러시아 시장 붕괴와 수출 감소, 은행 부실 등으로 경제위기를 맞았었죠. 이때 핀란드경제연구소ETLA는 세계 2위의 임업 국가인 핀란드의 산업 구조를 정보통신 등 첨단 산업 중심으로 개편해야 한다고 조언하며 인구 510만 명의 작은 나라가 살아가는 방법이라고 주장했습니다.

　핀란드 정부는 곧바로 기술개발센터TEKES를 만들어 민간과의 공동

연구를 관리·감독하기 시작합니다. 적극적인 클러스터 정책으로 핀란드의 국내총생산GDP 대비 연구개발 투자 비중이 세계 2위 수준인 3.1퍼센트대로 뛰어올랐고 대학교의 40퍼센트, 연구소의 25퍼센트가 산학협동 관계를 구축했지요. 그 결과 80년대까지만 해도 비중이 미미했던 휴대전화·교환기 등 정보 기술 제품의 수출 비중이 30퍼센트 대로 성장, 제지·펄프를 제치고 1위로 부상했습니다.

김병권　현재 세계 시장에서 경쟁력을 갖고 있는 많은 산업들이 누가 시키지 않아도 자체적으로 이러한 클러스터를 만들어 나가는 추세입니다. 익히 잘 알려진 실리콘 밸리가 그렇구요, 일본의 도요타 클러스터, 중국의 상디 클러스터, 미국의 할리우드 영화 클러스터, 샌디에고의 바이오 클러스터 등은 그 대표적인 예라고 할 수 있습니다.

사회　결국 요소를 동원, 투입하는 것이 아니라 합리적이고 자발적으로 진행되는 산업과 교육의 결합을 제대로 밑그림 그리고 지원하는 일이 중요한 거로군요.

} 국민경제의 미래

정희용　클러스터와는 다른 각도에서 국민의 정부 시절 진행된 벤처 산업 육성책 또한 많은 시사점을 남겼습니다.

사회　실패에서 교훈을 얻는다는 건가요?

정희용　실패라, 글쎄요. 김대중 정부의 벤처 정책에 대한 세간의 평가는 부정적인 것이 많은데 저는 좀 의견이 다릅니다. 절대 실패하지 않는 방법은 오직 한 가지입니다. 아무 일도 시도하지 않는 것이죠.

김병권　그건 그렇죠. 역대 정부의 산업 정책 가운데 가장 취약한 부분은 중소기업 정책이었습니다. 벤처 붐 이전까지 중소기업 정책은 대기업 중심의 산업 정책을 보완하기 위한 보조적, 시혜적 성격이 컸으며 이러한 미봉책으로 중소기업의 규모와 질은 지속 하락하여 해마다 대기업과의 생산성 격차가 벌어져 왔습니다. 중소기업 자금 지원이라고 매

01 지난 시기 벤처붐은 경제 분야에서의 국민적 아젠다 형성의 중요성을 입증해 주었다. 제대로 된 국가적 비전과 국민의 창의성을 결합하면 국민경제를 새롭게 재편하는 대대적 운동을 전개할 수 있다.

02 노동 창의성에 입각해 기업과 기업인에 대한 새로운 조명이 필요하다. 활발한 노동 창의성과 사회적 가치를 인정받은 일하는 사람이 곧 새로운 사회의 기업가의 조건이다. 사회와 국가는 아낌없는 지원 협력으로 기업을 성장시키고 기업은 사회적 역할을 적극적으로 수행하는 관계가 만들어질 것이다.

03 새로운 국민경제에서 국가의 상은 '지배하는 국가'가 아닌 '지능 국가'다. 사회 전체가 노동 창의성에서 다이나믹한 성장 발전의 에너지를 만들어갈 수 있도록 비전을 제시하고 조력하는 컨설턴트의 역할이다.

년 수조 원의 예산이 할당되지만 이를 통해 중소기업 기반이 강화되는 효과는 전혀 낳지 못하던 것이 김대중 정부 이전까지 중소기업 정책의 현주소였습니다.

정희용　그나마 국민의 정부 시절 벤처 정책은 한때 대기업의 대체 모델까지 바라보는 성급한 예측을 낳을 정도로 공세적으로 전개되었고 비록 투기 붐과 함께한 것이긴 했으나 국내 차원에서 자본의 대규모 조성 경험을 보여줬습니다. 중소기업 문제의 해결 방향, 이를 통한 재벌 대기업 중심의 한국 경제의 근본 개혁, 이 과정에 필요한 자본의 조달 등등이 실패한 이 실험을 통해 다양하게 검증되었습니다.

또한 97년 말부터 2000년 초반까지 일어난 벤처 붐은 다소 넓고 범박하게 해석하자면 '경제 산업 분야에서의 국민적 아젠다' 창출 가능성을 보여준 매우 특이한 경험이라는 점을 우리는 주목해야 합니다. 지난 60~70년대 경제개발계획과 새마을운동으로 대표되는 국가 주도의 산업화 전략이 추진되면서 "잘 살아보세"라는 슬로건이 범국민적 아젠다로 부상했던 경험 이후 처음이죠.

21세기로 넘어오는 시점은 "잘 살아보세"로 형성 고착된 한국 경제의 구조적 모순이 일거에 드러나고 재벌 대기업의 한계가 노정된 시점, 세계적으로는 IT를 위시한 지식 기반 경제로 급속하게 이행되어 가는 시점이었습니다. 국민들은 한국 경제의 새로운 방향성과 출구를 갈구했습니다. 당시 우리의 벤처 붐이 다른 나라에 비해 매우 파상적이었던 것은 그만큼 국민들이 경제 분야에서의 새로운 근본적 변화에 목말랐기 때문입니다.

김병권 네, 사실입니다. 당시 직장의 많은 동료나 후배들도 벤처 창업을 위해 퇴사했고 남은 사람들도 진지하게 고민을 했었죠. 모이기만 하면 새 비즈니스 모델, 자신이 가지고 있는 기술의 상품성 여부 등을 화제로 이야기꽃을 피웠구요.

정희용 IT 분야가 아닌 일반 대기업도 예외가 아니었어요. 난관과 어려움이 예상되더라도 창의성을 마음껏 발휘하며 자기 일, 자기 사업을 벌이고 싶은 도전 정신이 당시 젊은 직장인들의 가슴에 불을 당긴 것이었습니다. 그 정도가 얼마나 심했냐면, 대기업 고급 두뇌들의 숱한 이직을 걱정한 전경련 임원진들이 모여 "벤처 정책 때문에 대기업 못 해먹겠다"고 불만을 토로할 정도였습니다.

사회 그렇군요. 노동의 변화를 반영하고 시대사적 조류에 부합하는 정책 방향이 주어질 때 국민적 역동성이 파상적으로 일어날 것을 예감

케 하는 경험이었습니다. 중소기업 육성의 근본 대책도 국가가 적극적으로 신기술 산업 발전의 청사진을 제시하고 기존 기업들이 여기에 보조를 맞춰 변화하는 과정을 지원하는 가운데 모색될 것입니다.

정희용   네, 벤처붐은 그런 점에서 일하는 우리 국민들의 창의적 기업 활동을 국민경제 차원에서 어떻게 북돋을 것인지에 대한 시사점도 제공합니다. 지금까지 논의하면서 우리는 현대 사회 노동의 특성이 자율성과 창의성 그리고 연대와 협력이라는 점을 확인했고 또 자본과 노동의 관계가 변화하여 노동 창의성이 주도하고 자본이 보조하는 경제 발전의 길이 가능함을 토론했습니다. 연장선상에서 향후 기업인, 기업가

〈도표 2-16〉 노동 창의성에 입각한 새 유형의 기업과 기업가

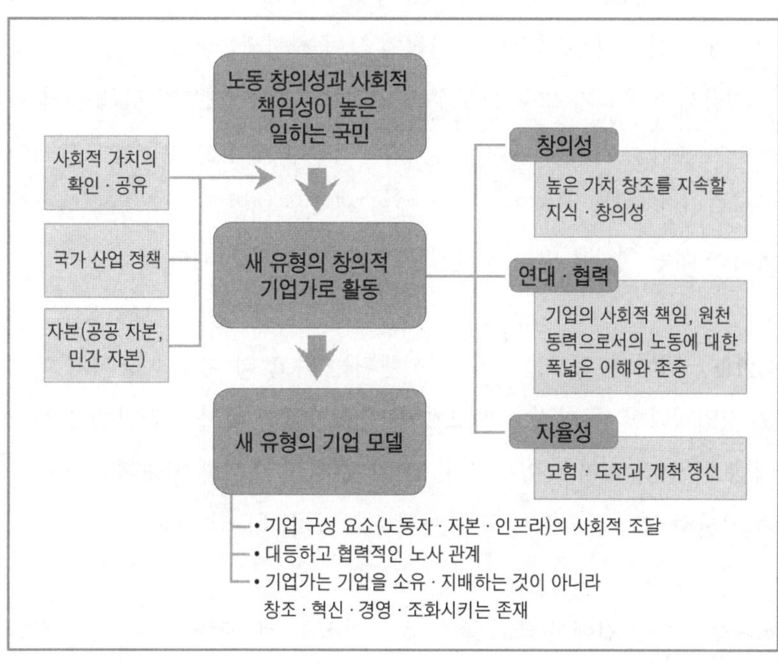

에 대한 관점도 좀더 적극적인 재해석이 필요하지 않을까 합니다. 지금 세기에는 기업인을 자본가로 단순 해석해서는 안 된다는 생각입니다. 노동 창의성이 활발하고 사회 각 부문과의 조화와 협력을 해나갈 수 있는 사람이 자본과 국가 산업 정책적 지원 등 사회적 지원을 획득하면서 국민경제에 이바지하고 자신의 창의성을 실현할 수단으로 창업을 한다고 보아야 합니다. 즉 일하는 사람의 창의성이 핵이고 사회적인 연대 협력 정신을 지녔을 때 사회와 국가는 이를 적극적으로 키워주며 이렇게 성장한 기업과 기업가는 사회적 역할을 본연의 임무로 적극 수행하는 관계를 형성해야 한다는 것이죠.

사회 새로운 대안 경제 시스템에서는 노동과 자본의 관계에서 패러다임 전환이 있을 뿐 아니라 일하는 국민과 기업가, 기업과 사회 간에도 지금과는 전혀 다른 차원의 발전적인 상이 제시되는군요.

지금까지 우리가 노동 주도형 국민경제 모델을 세우기 위한 정책 과제를 토론하는 가운데 여러 차례 국가, 정부가 해야 할 일들이 도출되어 나왔습니다. 이제 마지막으로 경제의 새로운 대안을 구축함에 있어서 국가는 어떤 역할을 맡을 것인지를 정리해보기로 합니다.

김병권 국가가 경제를 주도하는 행위는 낡고 더 이상 통용되기 어려운 것입니다만, 국민경제의 보호자, 육성자로서 국가의 역할은 현시대에 오히려 더 커지고 있습니다. WTO 질서의 세계화 시대에도 국민들은 여전히 국가 단위로 생활을 영위하고 있기 때문입니다.

박세길 그런 점에서 국가를 노동 창의성의 적극적인 후원자, 조직자로 역할 부여할 필요가 있습니다. 일반적으로 시민사회의 자율성 확대는 국가와 사회의 분리를 전제로 한 것입니다. 그러나 이러한 분리 현상은 본질적으로 국가와 사회구성원 다수의 이해관계가 일치하지 않음으로써 발생하는 것입니다. 즉 국가와 다수 사회구성원의 이해관계가 일치되어야 하는데 그 방법이 과거의 권위주의적 국가 그리고 국가사회주의에서의 국가는 사회를 국가 기구로 통합시키는 방법이었다면 노동주도의 경제를 만들어 나갈 이 시대에는 거꾸로 국가 기구를 사회로 통합시키는 역발상을 해야 합니다.

사회 권위주의 정권 시절과 같이 국가에 대해 피해의식을 느끼고 국민들이 국가와 거리를 두는 것이 오히려 이는 자본과 노동의 대립 관계에서 국가의 힘을 방치하고 약화시켜 결과적으로 자본에게 이득을 주는 일이라는 것이군요. 그러므로 우리는 역발상을 통해 국가를 국민, 노동의 지원자로 끌어들여 노동 주도의 국민경제 시스템을 꾸리는 데 적극 활용하자는 것이구요.

박세길 네 그렇습니다. 국민과 국민경제를 보호하고 육성, 지원하는 기구가 될 때 비로소 국가는 지배 기구라는 낡은 틀을 벗을 수 있습니다. 미래를 내다보고 산업 정책을 수립하는 일, 외국 투기 자본으로부터 국부를 보호하고 금융을 공공화하여 산업의 동맥으로 활용하는 일, 노동의 창의성을 최대한 발양시킬 수 있는 기업 구조를 유도하는 일 등등 노동 주도형 경제 시스템을 수립하는 데 국가의 역할은 실로 큽니다.

이러한 역할을 통해 향후 새로운 국민경제에서 국가는 '지배하는 국가'가가 아니라 '지능 국가'로 자리매김하게 될 것입니다. 사회 전체가 노동 창의성에서 다이나믹한 성장 발전의 에너지를 만들어갈 수 있도록 후원하고 조력하는 컨설턴트가 되는 것입니다. 또한 국민적으로 창출해낸 지식과 창의성을 집중하고 최대한 효율적으로 관리하여 좀더 높은 지식과 창의성의 융합과 재창조를 밑받침하는 기능을 국가가 담당한다는 뜻입니다.

사회　　많은 논의들을 했습니다. 이제 경제 대안 논의를 정리해야 할 시점인데, 누가 마지막으로 한마디 덧붙이고 싶은 말씀이 있으면 하시죠.

김병권　　예, 끝으로 강조하고 싶은 건 우리 사회의 경제 대안을 우리 자신에게서 찾고 모색하자는 것입니다. 대부분의 식자들은 다른 나라의 사례에 심하게 의존하지 않나 하는 우려도 듭니다.

외형적으로 경제 규모가 세계 11위이고 인구 4800만의 내수 시장도 결코 작지 않은 우리가 꼭 다른 나라 모델을 쫓아가야만 하는 이유는 없다는 것이고 어쩌면 이미 인구 규모가 적은 북유럽이나, 양상이 다른 남미의 모델을 차입하기에는 놓여 있는 현실이 다르다는 것입니다.

이제는 한국 경제가 비단 한국만이 아니라 세계 경제의 미래를 가늠할 새로운 실험을 할 수도 있는 상황입니다. 전쟁으로 폐허만 남은 상태에서 시작해 여기까지 달려온 것이 우리 국민입니다. 국민의 힘과 지혜, 창조성을 전적으로 신뢰하고 우리 국민들의 총체적인 살림살이인 국민경제의 발전을 진지하게 머리 맞대고 고민하자는 것입니다. 이것이 우리가 한국 경제의 미래 대안으로 노동 중심 국민경제론을 구상하며 정말로 제안하고 싶었던 얘기입니다.

사회　한국 경제의 미래를 찾기 위해 시작한 우리의 토론, 여전히 미진한 것이 많고 또 남겨둔 숙제가 산적해 있지만, 우리 경제가 지향해야 할 새로운 모델과 그 원천 성장 동력을 여러 각도에서 살펴보았다는 의의는 실로 큽니다.

이제 미진한 과제들은 국민들이 일터에서 경험하고 느낀 건전한 문제 의식과 학계의 전문 지식의 결합으로 풀어가야 할 것입니다. 이것이 바로 역사를 발전시키는 원동력, 노동과 지식이 융합되는 과정이고 우리가 거듭 강조한 노동 창의적인 문제 해결 방식이기도 하겠죠.

한국 경제의 대안을 위한 토론, 이것으로 매듭을 짓겠습니다. 모두들 수고하셨습니다.

Part 03

우리가 앞서 노동 중심 경제 모델을 논의해봤고 이는 필연적으로 기업의 지배 구조, 소유 구조의 변경까지 요구되는 사항임을 확인했습니다. 그런데 통일경제 중 남과 북의 협력으로 만들어지는 공동 영역은 기존에 오래도록 답습된 구조의 변경이나 다양한 이해관계자들의 집단 이기주의 등 장벽이 없이 노동 중심 경제 모델의 원형을 바로 적용해 나갈 수 있는 획기적인 영역, 공간입니다. 공동 경제 영역은 남과 북의 기존 경제 시스템에서 비교적 자유로운 공간이며 또 새로운 형태의 기업을 실험할 수 있는 최적의 조건입니다.

우리의 **블루오션**, **통일민족경제**

01

국민경제와 **통일경제**

사회   지난 논의를 통해 우리는 21세기 한국 경제가 이제까지와 차원을 달리하는 새로운 패러다임에 의해 짜여져야 활로를 찾을 수 있다는 점을 분명히 했습니다. 인간의 창의적 노동을 발현시킬 수 있는 경제 시스템으로 과거의 국가나 자본 주도형 성장 모델을 대체해야 한다는 것이었죠.

한편, 21세기는 또한 민족통일이 현실로 나타날 시대입니다. 그렇다면 우리는 경제의 새로운 패러다임을 시공간적으로 대폭 확장할 필요가 있습니다. 이제껏 남쪽 범위에 국한한 국민경제에 대해 논했지만, 머지않은 시기에 우리의 국민경제 논의는 온전히 한반도 전체로, 통일된 민족경제의 차원에 닿게 될 것입니다. 이런 포부를 안고 한반도를 아우르는 통일민족경제는 어떻게 형성될 수 있는지 그리고 이 과정에서 남쪽의 노동 주도형 국민경제 수립이 지니는 의의는 무엇인지 살펴보고자 합니다. 자 이제 경제 논의의 무대를 한반도, 더 나아가 동북아시아로 넓혀 볼까요. 어떻습니까, 조금 숨통이 트이는 것 같습니까?

01 우리 민족은 근대화 과정에서 자체적으로 한반도 경제권을 운영해 본 경험이 없다. 통일경제의 비전을 가지고 남북경제협력을 추진하면 남과 북의 각 단위 경제의 제한점을 돌파하는 도약의 기회가 될 수 있다.

02 통일경제는 국가 사이의 경제 블록이 아니라 하나의 단일한 경제공동체로 묶여진 코리아 경제공동체 = 경제 연방이다.

03 통일경제 구상에서는 단지 남북의 산업을 연계한다는 산업적 접근뿐 아니라 새 경제 모델을 창조한다는 경제 제도적 접근을 동시에 고려해야 한다.

김문주 : 말만 들어도 시원합니다.(웃음) 먼저 통일민족경제와 남북 각 지역의 국민경제의 관계를 명확히 이해하는 것으로부터 토론을 시작하고 싶군요. 분단 이후 남과 북은 각각 상이한 형태의 경제 체제를 발전시킬 수밖에 없었는데요, 각각의 국민경제는 서로 상관관계를 맺지 않았고 고립적으로 상호 독립적으로 발전한 것입니다. 출발부터 남북의 경제는 자체만으로는 최적화되거나 완결적일 수 없는 태생적 약점을 지닙니다.

따라서 남쪽 경제와 북쪽 경제는 한반도 차원에서 하나의 통일적 민족경제를 형성할 때만 완성태를 이룰 수 있다고 생각합니다. 이를 강조하기 위해 통일민족경제 실현 이전 단계의 남북 각각의 경제에 대해서는 의도적으로 '지역 경제'라는 용어를 사용하고자 합니다.

사회 남쪽만을 놓고 말할 때 우리가 국민경제라는 개념을 사용했지만 민족과 한반도 전체 차원에서 보면 이는 일종의 지역 경제라는 것이지요?

김문주　네 그렇게 보면 통일민족경제란 과연 무엇인가를 이해하는 데 약간의 힌트가 주어집니다. 현재의 남북 지역 경제를 합하기만 하면 통일민족경제가 되는가? 아니라는 거죠. 각각의 지역 경제가 상호 연관을 통해 경제적 효과를 높일 수 있도록 발전한 것이 아니기에 현상태의 지역 경제의 단순 합이 통일경제의 미래상일 수 없다는 것이죠.

　그러므로 민족의 미래상을 디자인할 때는 한반도 경제권에 대한 총체적인 구상이 근본적으로 새롭게 짜여져야 합니다. 이러한 그랜드 비전을 향하여 각각의 지역 경제는 다시금 재편되고 수렴되는 과정이 있어야 할 겁니다. 이것이 경제 분야에서 통일로 가는 주요한 과정이 될 거구요.

정명수　매우 중요한 지적입니다. 현재 남과 북이 지니고 있는 경제력을 합하는 것이 곧 경제 통일은 아니라는 이야기죠? 시너지 효과를 낼 수 있는 통일이어야 한다는….

김문주　아니, 그보다 한 단계 더 나아가야 합니다. 양 지역 경제의 단순합은 통일이라기보다는 통합에 가깝습니다. 물리적 합이지 화학적 결합도 아니구요. 물론 단순한 물리적, 양적 통합으로도 약간의 시너지 효과는 기대가 됩니다. 규모의 경제가 실현되니까요.

　하지만 통일민족경제는 그 이상의 차원입니다. 국민경제는 기본적으로 사람과 자본 그리고 국토와 그에 부존하는 자원을 토대로 계획되고 발전됩니다. 그런데 우리 민족 전체, 한반도라는 관점에서 볼 때 우리 민족의 산업화·근대화는 여지껏 한반도와 그 땅에 살고 있는 민족 전체의 이익과 효용을 놓고 구상되고 만들어지지 못했거든요.

박세길 그렇지요. 전근대적 틀을 깨고 산업화를 기해야 할 시점에 일본 제국주의에 강점당했죠. 일본 제국주의는 조선 전체를 조감하면서 산업 정책을 폈지만 그것은 어디까지나 한반도를 제국주의적 침략기지로 만들기 위한 목적이 일차적이었으므로 우리 민족의 지향과는 전혀 다른 것이었습니다. 해방 후에는 바로 분단 체제가 성립되었기 때문에 결과적으로 우리 민족은 근대화 과정에서 자체적으로 한반도 경제권을 포괄적으로 운용해 본 경험이 단 한번도 없는 겁니다.

사회 민족경제를 말하면 "글로벌 시대에 민족경제란 협소하고 국수주의적인 개념 아니냐"는 비판이 예상되는데요?

박세길 잘못된 생각입니다. 사실은 세계화가 진행될수록 국민경제, 민족경제의 규정성과 중요성은 더 높아가고 있습니다. 중국이 최근 놀라운 성장세를 보이고 있습니다만, 개혁개방 초기 중국 정부는 화교 자본을 유치하는 데 많은 공을 들였습니다. 중국에 대한 해외 자본의 투자는 1983년부터 본격화되었는데 2004년까지 홍콩, 대만, 싱가폴 등 화교 자본이 중심이 된 투자 규모가 3000억 달러를 상회합니다. 같은 기간에 화교 자본을 제외한 미국, 일본, 한국, 영국, 독일 등 대중국 투자 10위권 국가의 투자액을 다 합쳐도 1500억 달러 정도로 그 절반에 불과한 실정입니다. 중국이 세계의 공장으로 발돋움할 수 있었던 주요한 배경이지요. 이들 자본은 또한 단기 투기에 능한 핫머니*와 달리 매우 장기적인 성격을 지녔다고 합니다. 같은 역사와 언어, 혈연과 지연에 바탕을 둔 이러한 민족적 자본은 외환위기 이후 우리나라에 들어온 투기성 외국 자본의 움직임과 두드러지게 비교됩니다.

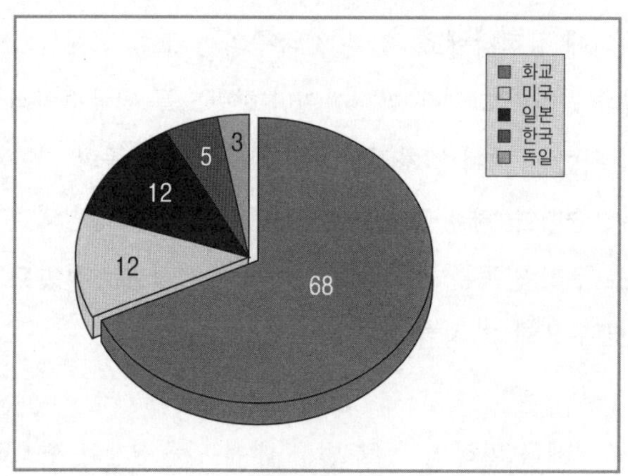

<도표 3-1> 화교 자본 투자 규모(2001년)

자료 : 무역연구소(2001년), 단위 : %

김문주　조금 전 이야기를 계속 이어가보면, 조선말 개항 이후 우리는 한반도 차원의 국민경제를 실현할 기회를 상실했고 연이어 분단으로 남북의 지역경제가 국민경제를 표방한 채 각각 독립적으로 발전해온 것입니다. 그러나 이 발전이란 엄밀한 의미에서 제한되고 기형적인 발전에 불과합니다. 민족의 통일이 이루어질 금세기에는 이제 비로소 우리 민족 전체의 백년대계를 새로이 짜는 차원에서 통일적인 민족경제를 처음으로, 진지하게 모색해야 할 때입니다.

사회　한반도는 본디 하나라거나 같은 민족이므로 하나의 경제권을 이루어야 한다는 정서와 당위만으로 통일적인 민족경제의 필연성을 찾을 수는 없지 않겠습니까. 통일민족경제의 시대적, 세계사적 필연성에 대해 검토해볼까요?

박세길　이른바 글로벌 시대입니다만, 전 세계적으로 경제 블록화 현상은 점점 강도를 높여가는 추세입니다. 세계 최대 경제 블록에 기초해 정치적 통합으로까지 나가고 있는 EU가 그렇고 NAFTA*, ASEAN* 등 국가간 경제 블록이 심화되고 있습니다. 블록 경제는 역내 시장을 단일화하고 교역을 증대하며 내부 경제의 활성화를 통해 역외 지역에 대한 경쟁력을 높이는 목적으로 추진되고 있습니다. 유럽과 남미 등은 대륙 전체를 묶는 블록 경제를 만들고 있는 상황인데 남북은 아직 한반도 내에서의 교류조차 자유롭지 못합니다. 남북이 국제 경쟁 체제에서 경쟁력을 높이기 위해서도 긴밀한 협력이 필수적입니다.

김문주　지리적으로 보나 경제 관계로 보나 한반도와 중국, 일본이 참여하는 동북아 경제 블록이 매우 긴요하고 그 영향력이 대단할 것으로 예상되지만 남북 사이의 경제 교류조차 자유롭지 못한 상황에서는 이러한 지역 경제 블록의 진전이 어렵지요.

정명수 : 남북과 한반도 좌우의 중국과 일본만 묶더라도 세계 최대 인구를 지닌 블록이 됩니다. 잠재 성장성에서도 최고 수준이구요. 좀더 나아가 아세안 국가까지 하나의 블록으로 결성된다면 더 말할 것도 없지요. 여기에서 가장 큰 난관은 한반도입니다.

　남북이 각각 상이한 경제 체제를 세우고 지내온 것은 우리 민족 자체의 요구가 아니라 자본주의와 사회주의 진영의 냉전 대결 때문인데, 이제 그 진영간 대결 체제는 와해되었습니다. 그렇다면 남북은 구체제적인 지역 경제를 끝까지 고수하며 이 살벌한 국제 경쟁의 링에 오를 것인가 아니면 통합된 하나의 주체를 형성해 몸집을 키우고 체질을 개선하여 경쟁 무대에 동참할 것인가를 선택해야 할 시점에 온거죠. 답이 자명하다면, 통일민족경제 실현을 위한 노력은 빠르면 빠를수록 좋을 것입니다.

김문주　게다가 현재 남북 양 지역 경제는 각각 일정한 정체와 위기를 겪고 있습니다. 남쪽 경제는 외환위기 이후 경제 주권을 상당 부분 상실했고 저성장과 극단적 양극화, 국민경제, 그러니까 여기서는 지역 경제의 내적 순환 구조가 파괴된 위기 상황입니다. 약간의 대증요법이나 부분적 보완으로 남쪽 경제의 위기 국면을 근본적으로 돌파하기 어려운 실정입니다.

우리가 앞서 한국 경제의 새 패러다임을 의논했듯이 상당히 근본적이고 구조적인 변화가 요청됩니다. 남쪽이 대안적 국민경제 체제를 꾸리려면 외국 투기 자본의 전횡을 적절히 규제하면서도 새로운 성장 동력을 창출하고 중소기업과 내수 기반을 강화하는 것이 필수적입니다. 그런데 이게 현재 남쪽 단독의 경제 규모나 투자 매력만 가지고는 빠른 속도로 새로운 성장 국면을 열어나가기 상당히 어렵습니다. 예를 들어 자본 문제를 보죠. 상당히 강도 높은 투기 자본 규제책이 실시될 경우 핫머니들은 일단 몸을 움츠릴 거란 말이죠. 그럼 장기적이고 안정적인 투자 자본 유치가 절실한데 현 상태의 남쪽에 그러한 장기 자본이 들어올 특별한 투자 유인 요건이 만들어지는 데는 상당한 시일이 소요될 수 있습니다.

그러나 코리아 경제권에 대한 전망이 세워지는 조건에서는 한반도 자체의 투자 매력이 비약적으로 높아지지요. 잠재적 성장 가능성과 영향력이 크기 때문에 국내외 자본의 관심이 증대될 것이고 우리는 외국

자본에 대한 주도성을 유지하면서도 장단기 경제 성장을 추진할 수 있는 호기를 맞이하게 됩니다. 노동 주도형 국민경제 시스템을 꾸리는 일에 가속도를 붙일 수 있다는 것이죠.

박세길 마찬가지로 북쪽 경제도 근본적 변화가 필요합니다. 내적인 원인도 무시할 수 없습니다만, 주요하게는 사회주의 진영 붕괴와 미국의 끈질긴 봉쇄 정책으로 1980년대 말 이후 오랜 경제 침체를 겪어 왔고 금세기부터 조금씩 회복세를 보이고 있는 중입니다. 북쪽은 이러한 경제적 어려움을 신속히 타개하기 위해 외부 경제권과의 협력과 경제 개발을 위한 적극적인 기초 자본의 유치가 절실합니다. 이 역시 북쪽의 지역 경제 단독으로 풀기에는 난관이 많습니다.

즉, 대서방 관계 개선이 필요하고 한반도에서의 평화 분위기 정착이 요구되는데 이는 남쪽과의 협력을 통해서 풀어나가는 것이 가장 빠르고 효율적이라고 할 수 있습니다. 이런 경제 외적인 문제들을 차치하더라도 북은 글로벌 시장에 참여한 경험이 없기 때문에 예컨대 자본주의 시장 경제와의 교역, 국제 무역 시스템 경험 등은 북이 향후 직면하게 될 과제들입니다.

사회 남북의 지역 경제가 당면하고 있는 난관을 각자 단독으로 타개하자면 많은 어려움을 겪을 것이나 통일경제의 비전을 가지고 한반도 경제권을 창출하는 방향으로 남북이 협력하면 대내외적으로 훨씬 공세적으로 문제를 해결할 수 있다는 주장인데요. 그런데 어떻습니까. 한반도를 통합하는 경제권 건설을 말하면서도 그 구체적 실체를 따지고 들어가면 그것이 유럽 경제공동체와 같은 국가간 경제협력 구조와 어떻게 다른지가 상당히 애매한 듯합니다. 이 점을 좀더 파고들어가 보죠.

김문주 당연히 우리가 한반도에서 고려해야 하는 통일경제는 국가간 경제협력 구조일 수 없습니다. 통일경제는 대내외적으로 완전히 하나의 단일한 경제공동체로 묶여진 코리아 경제공동체를 지칭해야 합니다. 비록 그 내부 구조에서 체제적인 차이점으로부터 발생하는 상이한 경제 체제를 용인하고 있다 하더라도, 적어도 대외적으로는, 그리고 대내적 유기적 연관 구조로 보아도 단일한 경제공동체로 보아야 한다는 거죠. 이를 굳이 표현한다면 통일경제=코리아 경제권=경제 연방이 아닐까 싶습니다.

그런데 대부분의 경우 '남북경제협력'을 구상할 때 국가간 무역 또는 시장 협력 구조를 전제하는 것이 사실입니다. 이러다 보니 남쪽 기업이 북에 진출하는 경우에 대해서도 심한 경우, 북이 동남아나 중국 시장보다 단지 공장 부지가 저렴하고, 노동력이 싸며, 물류 비용이 적게 들기 때문에 북에 진출한다는 발상을 하게 되는 거죠. 이런 발상은 일반적인 자본의 시장 확대 논리와 전혀 구분이 안 됩니다. 자본이 저비용의 시장을 찾아 동남아뿐 아니라 전 세계로 진출하는 동인과, 통일경제를 지향하며 남북경협을 하는 동인간에 차이점이 사라집니다. 극단적으로는 "통일경제 건설이 남쪽 자본을 북쪽으로 확대한다는 것이냐"라고 반문해도 논리적으로 설명할 길이 없게 되는 겁니다. 이 논리는 남북이 서로의 차이를 인정한 조건에서 하나의 경제권을 형성하고 강국으로 거듭나야 한다는 통일경제의 지향과 근본적으로 다릅니다. 더욱이 이러한 발상은 향후 북쪽에서 노동력 비용이 상승하거나 북에 입주한 남측 기업의 자본주의식 경영 방식에 일정한 제한이 가해지면 당연히 다시 이윤을 찾아 북이 아니라 다른 나라로 자본과 기업이 빠져 나갈 수 있다는 것을 전제로 하고 있습니다. 이렇게 해서야 어떻게 통일경제를 만들 수 있겠습니까.

박세길 결국 남북경제협력을 말하면서도 실제로는 국가 사이의 경제 무역 협력 구조를 상정하거나, 남측 기업이 시장 확대 논리로 북에 진출하는 구조를 고려하는 한에 있어서는, 그것이 비록 일시적으로 남북경제협력 발전에 도움이 될 수 있다손 치더라도 근본적으로는 통일경제를 추구해 나가는 방향과 충돌을 빚을 가능성이 높다 할 것입니다.

정명수 통일경제를 국가 사이의 경제 블록으로 보는 것도 문제지만, 남북경제협력을 지나치게 산업적 각도로만 접근해서도 제대로 협력 수준을 높여 통일경제로 발전해 갈 수 없다는 것을 강조하고 싶습니다. 물론 아직까지는 남과 북 전체를 하나의 경제 단위로 보고, 통합된 구조의 산업 정책을 취하는 정책 구상도 매우 초보적인 단계에 불과한 형편입니다. 남과 북 전체의 자원 구조를 파악하여 통일 경제 시스템에서 이를 전국적으로 활용하는 방안이라든지, 남과 북의 잠재적 가능성을 고려했을 때 코리아 경제가 집중해야 할 산업 분야는 어디에 있는지, 나아가 남과 북 전체의 지정학을 놓고, 물류나 관광 정책을 어떻게 구상해야 하는지도 아직 제대로 된 안이 없는 것이 사실입니다.

그러나 이러한 산업적 접근법과 동시에 반드시 병행해서 고려되어야 하는 사안이 경제 제도적 접근법입니다. 남과 북이 통일경제의 한 부분으로 첨단 산업을 공동으로 육성한다고 한다면, 그 기업은 어떤 경영 구조와 노동 구조를 가져야 할 것인지, 남과 북의 농업이 통일농업으로 가자면 그 역시 어떤 경작 구조와 협업 구조를 고려해야 하는지가 검토되어야죠. 그렇지 않다면 남과 북 사이에 엄존하는 이질적 시스템을 외면하고 단지 산업적으로 연계하려는 시도로 비추어지고, 이 경우 산업적으로도 서로 통합되지 못하거나 서로의 경제 시스템을 강요할 개연성이 아주 높습니다.

사회　결국 통일경제를 추구하는 남북간의 경제협력은 진정 '민족 내부의 특수 관계'라는 말에 걸맞게 단지 무관세 교역에 그치지 말고, 대외적으로는 하나의 경제 시스템으로 역할을 할 수 있고, 대내적으로도 그간 서로 철저히 단절되어 왔던 남측 경제 부분과 북측 경제 부분의 유기적 연관도를 높여야 한다는 거군요. 그럴 때에만 국가간 무역이 아닌 한반도에 살고 있는 우리 민족의 공동의 생활 기반으로 통일경제가 현실화 될 것이고요.

　한편으로 이는 전 세계적으로 유례가 없는 새로운 유형의 경제 연방의 실험이 될 것 같습니다. 지금이야말로 문자 그대로의 '통일경제학'이 필요하다 하겠습니다.

02

통일경제 구상은
먼 훗날의 **대안**인가

사회　통일경제 = 코리아 경제권 구상은 남과 북의 현저한 경제력 차이 때문이든, 아니면 한반도에 엄존하는 정치, 군사적 긴장 국면 때문이든, 또는 남과 북의 현재의 정치 시스템으로 인한 이유든 당장은 현실화되기 어려운 먼 미래의 일로 여겨질 수도 있다고 봅니다. 이에 대해서는 어떻게 생각하시는지요.

김문주　직관적으로 보면 그럴 수도 있습니다. 그러나 적어도 한반도를 둘러싼 경제적 지형은 이런 직관이나 상식적 판단을 다시 한 번 곱씹어 볼 요소를 안고 있습니다. 특히 현재의 북의 경제 침체, 또는 남북 사이의 현저한 경제력 격차 문제에 한정하여 지적한다면 이 원인이 어디에 있으며 이를 빠른 속도로 개선시킬 가능성은 있는지 타산해 보아야 할 것입니다. 물론 초기 국면에서는 북 경제의 부흥을 남이 지원하는 측면이 클 수도 있다고 인정합니다. 그러나 이런 측면이 한정 없이 계속되리라고 예상하는 것이 타당할까요?

01 현대적인 속도 감각으로 코리아 경제 구상을 추진한다면 장래의 희망이 아닌 지금 당장의 현실적이고 강력한 대안 전략이 될 수 있다.

우선 북은 고도로 통합된 공업 국가임을 상기할 필요가 있습니다. 90년대 초 사회주의권이 붕괴하기 직전 상태를 놓고 본다면 북은 사회주의 나라들 가운데에서도 비교적 공업화 정도와 산업간 유기적 집중도가 높았다는 면에서 기본적으로 농촌이 위주였던 중국이나 베트남과도 구분됩니다. 다시 말해서 향후 경제 발전을 위해 북한 주민의 대량 이농이나 인구 변동, 그에 따른 산업 구조의 변동이나 인구 재편과 같은 비교적 시일이 걸리는 경제 재편 과정을 겪지 않아도 된다는 겁니다.

정명수 북이 경제 침체를 겪은 주요 요인들 가운데 에너지와 식량 공급의 절대 부족이 핵심 사유였다는 것도 지적해 두고 싶습니다. 식량은 국민 생활 자체를 지탱시켜주는 요인으로서, 그리고 에너지는 공업을 움직이는 식량과 같다는 점에서 가장 원초적인 사안이면서도 중대한 문제입니다. 그런데 이는 식량 공급과 에너지 공급이 정상화되면 매우 빠른 속도로 산업 복구가 가능하다는 걸 암시합니다. 물론 이외에도 도로, 항만, 통신 등 사회 간접자본과 공업 시설의 노후화 개선 과제도 무시할 수는 없겠지만요.

또한 현재 북의 경제에서 대외 교역이 차지하는 비중이 지극히 낮은 것도 고려되어야 합니다. 북은 미국의 경제 봉쇄 때문이든, 아니면 그 이외의 요인에 의해서든, 무역 규모가 가장 크다고 하는 중국과도 20억 달러가 채 되지 않고, 한국과는 10억 달러, 그리고 러시아나 일본과는 2억 달러 내외입니다. 그마저도 2000년 이후 북이 파상적인 외교 공세를 편 결과입니다. 물론 북의 내적인 경제 부흥도 밑받침되어야 하겠지만, 상당 부분 정치, 외교적인 환경이 개선되어 대외 무역이 정상적 수준으로 팽창하면 급속한 성장을 이룰 수 있습니다.

박세길 만약 통일경제 건설이라는 전략적 목표 아래 남과 북이 빠른 속도로 경제협력을 발전시키고 이를 발판으로 대외 경제 환경에 공동 대처해 나간다면 북의 경제 부흥은 물론 남과 북이 상호 시너지를 일으켜 가속도를 불러일으키리라는 전망이 결코 과장되지 않다고 봅니다.

바로 이러한 이유 때문에 지난해 처음으로 북의 경제 성장 예측 시나리오를 분석한 유엔 전문가위원회는, 만일 6자회담이 성공하여 한, 미, 일 3국이 에너지를 지원하는 등 대북 경제 지원에 나서면 북쪽의 국내 총생산 성장률이 2003년의 3배 이상인 7퍼센트 대가 가능할 것으로 내다본 것이 아닌가 생각됩니다.

정명수 북 역시 대외적 환경 변수를 고려하지 않고 자체의 힘 만으로도 '단번 도약' 하기 위해 정보기술 등 첨단 과학기술을 경제에 적용하려는 다양한 시도를 보이고 있는 것으로 알려져 있고, 이 역시 결과를 두고 봐야겠지만 긍정적으로 볼 수 있는 지점입니다.

김문주　그렇습니다. 현대는 속도의 시대입니다. 현실의 속도가 생각의 속도를 추월하고 있다고 하는 정보기술 분야뿐 아니라 사회 변화도 마찬가지입니다. 신자유주의가 전 세계를 제패하는 데에는 불과 십수 년 밖에 걸리지 않았습니다. 19세기 말에 제국주의가 그랬던 것처럼 이제는 탱크를 앞세워 식민지를 점령할 필요가 없습니다. 전산망을 통해 수십조의 자본이 국경을 넘는 데에는 단 몇 초도 걸리지 않습니다. 하루에 수백조 원의 자본이 전 세계를 누비고 있습니다. 인구 13억의 거대한 중국이 낙후한 후진국에서 단 20여 년 만에 세계의 자원과 자본을 빨아들이는 세계의 공장으로 변했습니다. 1860년대 아편전쟁을 필두로 제국주의가 중국을 점령해 들어가던 때와 비교하여 그 속도가 비교가 되지 않습니다. 미국이 세계의 강대국으로 자리잡기까지 1차대전과 2차대전 전후의 50여 년의 시간이 필요했던 데 비해서도 놀라운 속도라 할 수 있습니다.

사회　코리아 경제권 건설 역시 마찬가지이겠군요. 현대의 속도 감각을 가지고 공격적으로 코리아 경제권을 구상하고 실행 계획을 세운다면, 북의 경제뿐 아니라 코리아 경제 자체가 5년 안에, 또는 10년 안에 성과를 낼 매우 현실적인 대안이 될 수 있다고 판단하는 것이 오히려 상식적임을 확인할 수 있군요.

참여정부의
남북경제협력 정책과 동북아 정책

사회　통일경제는 먼 미래의 희망이 아니라 지금 당장 추진해야 할 전략 대안이라고 정리되었는데, 통일경제 대안과 참여정부의 정책 사이에 어떤 간극이 있다고 보십니까?

김문주　6·15 남북정상회담 이후 남북의 교류는 일단 돌이킬 수 없는 추세가 되었습니다. 그런데 특히 노무현 정부에 들어서는 남북 교류에서 민간 부문은 점점 활성화되고 있지만 큰 고리들을 풀어야 할 정부 차원의 노력은 답보 상태입니다.

　이와 관련해서 노무현 정부가 의욕적으로 제시했던 허브론을 살펴보죠. 노무현 정부는 2004년 물류 허브론을, 지난해에는 금융 허브론을 각각 제시하며 한국 경제의 활로를 동북아 지역 허브 역할에서 찾자는 구상을 밝혔습니다. 그러나 이의 비현실성을 지적하는 의견이 대두되고 실제 추진력도 발휘되지 못하면서 수면 아래로 논의가 잠복하다가 최근 한미 FTA 추진을 계기로 다시 부상하는 느낌입니다.

삼성경제연구소는 물류 허브론에 대해 대륙으로 이어지는 육로가 취약하고 상하이, 홍콩, 오사카 등과 경쟁하고 있는 조건에서 일본과 중국에 비해 물동량이 적다는 점에서, 또한 금융 허브론과 관련해서 글로벌 금융 인력 부족, 금융 산업 규제 존속과 규모의 취약함 등의 이유로 가능성이 적다고 비판하고 있습니다.

그러나 노무현 정부의 허브론이 탄력을 받지 못하는 근본적 이유는 다른 데 있습니다. 그것은 한마디로 반쪽짜리 구상이기 때문입니다.

정명수　허브론은 일차적으로 한반도의 지리적 특성에 기인한 것이며 세계 각국이 역내 경제 블록을 통해 경쟁력을 강화하고 있는 조건에서 동아시아 국가들 역시 비슷한 과정을 거칠 수밖에 없다는 인식이 바탕에 깔린 의미 있는 구상임에 분명합니다.

그러나 노무현 정부는 그 출발을 남북 분단 상황을 전제하고 있기 때문에 어떤 돌파력도 만들지 못하고 있습니다. 현재 상태의 남쪽은 지역적으로 대륙의 관문이 아니라 고립된 섬에 불과하며 남쪽 지역 경제가 늘 안고 있는 컨트리 리스크*, 제한된 경제 규모 그리고 차세대 성장 잠재력의 빈약함으로 인해 물류든 금융이든 전혀 매력적인 중심지, 허브가 될 수 없는 것입니다.

김문주　허브론을 현실화시키자면 노무현 정부는 최소한 두 가지 점에서 주도력을 발휘했어야 합니다. 첫째로, 주변 관계에 좌우되지 않고 적어도 경제적인 면에서는 한반도가 당당한 주역, 중심지로 작동함을 보여주었어야 합니다. 허브는 물이 높은 곳에서 낮은 곳으로 흐르듯 자연스럽게 모든 것이 모여 집중이 되고 또 다시 흘려 보내는 곳입니다. 그런데 핵 문제로, 인권 문제로 그때마다 사정이 달라지고 외부 입김에 따라 물꼬가 열렸다 닫혔다 하는 이런 비주체적인 상황에서 허브가 만들어질 수 있겠습니까.

　둘째로, 허브는 한반도 전체의 지정학적 강점을 반영한 것이라 할 때 북쪽 역시 허브의 일 당사자로 북쪽의 적극적인 참여를 통해 남북이 함께 조성할 작업이라는 점이 분명해야 했습니다. 남쪽이 혼자서 계획을 세우고 북에게는 철길이나 좀 터주고 통행세나 받으라는 식이어서는 한반도 허브가 제대로 형성될 수 없으며 북이 협조할 리도 만무합니다. 이런 두 가지에 대한 복안이 없이 남쪽 단독의 허브론을 추진하다 보니 전혀 진전이 없는 것입니다.

박세길　금융 허브론은 남북 관계와 별도로 또 다른 문제점도 지니고 있습니다. 상당히 신자유주의적인 구상이라고 할 수 있는데요, 한국 경제 자체로 제조업, 차세대 산업을 발전시킬 계획이 빈약한 가운데 금융

거래를 중개하고 그 수수료 수익을 챙기는 방식으로 나가는 건 상당한 문제입니다. 금융 산업의 위력이 갈수록 세지고 있으나 자립적 경제를 위해서는 당연히 제조업을 위시한 국내 다양한 산업의 발전을 먼저 모색해야 하지 않겠습니까.

정명수　그렇죠. 세계 금융의 중심축이 런던에서 월스트리트로 옮겨간 것은 이들 지역이 당대 산업의 중심이라는 점과 관련됩니다. 산업혁명을 주도한 영국이기에 런던이 금융 거래의 중추로 가능했던 것이고 2차 대전을 거치고 나서 미국의 생산력과 산업적 발전이 컸기 때문에 전후 자연스럽게 뉴욕, 월스트리트가 금융 중심지로 성장한 것입니다. 한반도에서 민족경제의 산업적 융성이 뒷받침하지 못하는 금융 허브론은 다소 생뚱맞습니다.

사회　남북 관계를 대담하게 진전시킬 방도도 없고 그렇다고 북쪽을 동반적인 주체로 대우하면서 한반도 허브를 함께 계획하지도 못하는 가운데 나오는 허브론은 '대답 없는 메아리'가 될 우려가 큽니다. 그런데 왜 이렇게 답답한 정체 상태만 계속되는 것일까요.

박세길　물론 미국의 패권주의가 갈수록 높아지고 부시 정부의 강경한 노선이 우리를 옥죄고 있는 상황입니다. 그렇다고 해서 다음 미국 대선만 바라보고 있어야 하는 건 아닐 겁니다. 미국의 민주당이나 공화당이나 대한반도 노선에서 결정적 차이는 없다고 봐야 합니다. 실제로 클린턴 정부 때도 북핵을 둘러싼 위기는 목에까지 차올랐고 북에 대한 공습 계획, 한반도 전쟁을 상정한 시뮬레이션 테스트까지 진행 한 바 있습니다. 시뮬레이션 결과 전쟁을 일으킬 경우 미국 측도 막대한 피해를 입게 된다는 미 국무부 보고 때문에 군사 공격을 포기했고 1998년 8월 북한이 장거리 미사일 발사 능력을 입증함으로써 클린턴 정부는 대북 정책을 협상을 통한 해결 쪽으로 변화시킬 수밖에 없었던 거죠.

김문주　현 정부가 보이는 모습을 두 가지로 해석할 수 있습니다. 하나는 기본적으로는 현 정부가 신자유주의적인 사고방식, 전략에 철저히 입각해 있다는 점입니다. 미국 주도의 WTO 체제에 편승해야만 대한민국이 살아갈 수 있다는 사고방식인데요, 이게 소극적으로는 미국의 압력을 수용하는 형태로 나타나지만, 적극적으로는 정부가 앞장서서 미국 주도의 통상 질서를 수용하겠다는 식으로 나가는 겁니다. 이 같은 사고방식에서는 현재 국제 통상 체제에 편입되지 못한 북과의 교류는 그닥 중요하지 않습니다. 무디스가 놀랄 정도로 한미 FTA를 노무현 정부가 서둘러 극성을 보이고 세계 각국과의 FTA를 우리가 주도해 빠르게 타결시키겠다는 정부 계획들이 이를 반증합니다.

　또 이런 전략 관점에서는 북은 기회 요소가 아니라 리스크 요소일 뿐입니다. 삼성경제연구소의 사고방식 그대로입니다. 삼성경제연구소는 지난 2005년 6월에 발표한 G10 Y10* 보고서를 통해 통일 후 10년간 북쪽 주민 기초 생활 보장을 위한 447조 원, 산업화 지원금 99조 원 포함 모두 546조 원이 필요할 것으로 전망하면서 이것이 향후 한국이 도약하는 데 심각한 부담이 될 거라고 판단을 합니다. 따라서 적당히 거리를 두고 관리를 해나갈 대상일 뿐입니다. 이것은 결국 통일을 위협 요소로 간주하고 현 상태를 그대로 유지하는 편이 훨씬 낫다는 안일한 현상유지론에 다름없는 것이죠.

사회   삼성경제연구소는 그러한 통일 비용을 과거 동서독 통일 사례에 기초해 추산한 모양인데요, 이것이 상당히 일면적 분석이라는 지적이죠?

박세길   그렇습니다. 비용을 거론할 때는 항시 그 결과로 나올 수익에 대해서도 함께 이야기해야 합니다. 즉 투입 비용 대비 그 이상의 효과가 발생한다면, 아무리 비용이 들어도 투자를 해야 하는 것입니다. 그런데 삼성경제연구소의 보고서에는 통일 비용 이야기만 있을 뿐, 통일 효과는 경제적 추산을 하고 있지 않습니다. 또 그 비용조차도 고급 인력과 과학기술력, 간고한 자립 경제 노선에 기초한 북쪽 경제의 자생력을 전혀 도외시한 단편적 추산입니다.

정명수   한 가지 짚고 싶은 것은, 현재 독일의 경제 침체를 통일의 후유증으로 해석하는 학자들이 많은데 이것은 20세기 말의 정보통신 혁명의 파장에 의한 세계적 차원에서의 경제 환경의 변화를 고려하지 않은 일면적 견해일 뿐입니다. 오히려 1989년 1990년경, 통일 직전의 독일 경제는 매우 어려운 상황이었습니다. 그러다 동독을 흡수하며 유휴 자본의 투자처를 찾아낸 독일 경제는 통일 특수라 할 만한 호황을 90년대 중반까지 누리게 됩니다. 오히려 독일은 내수 경기의 호황에 빠져 국제 경제가 세계화의 급물살을 타는 시기에 첨단 산업 진출을 늦춤으로써 2000년대에 들어 침체를 겪고 있는 상황입니다. 이러한 독일의 경험은 근본적이고 장기적인 발전 전략을 갖지 못한 경제 통합은 그 효과가 단기적, 일시적임을 일깨워주는 반면교사라 하겠습니다.

김문주   외적 환경, 미국의 압력이 거세다는 핑계로 남북 관계가 진전이 더디지만 사실 그 배경에는 정부의 신자유주의적 관점과 노선이 중요한 걸림돌이라는 점을 이야기하고 있었는데요, 다른 측면에서 이는 노무현 정부 그리고 통일 비용을 이야기하는 많은 식자층들이 통일민족경제의 강력한 효과를 제대로 보지 못하기 때문이기도 합니다. 믿을 구석이 없다고 생각하니 과감하고 새롭게 시도할 의욕이 없는 거고 짜여진 판에서나 열심히 해보자는 비굴한 생각으로 자꾸 빠지는 겁니다.

사회　통일경제의 강력한 효과, 여기에 대해서 많은 연구를 한 것으로 알고 있습니다. 잠깐 쉬어가는 이야기로, 직업이 한의사인데 통일에 대한 관심이 왜 그렇게 컸습니까?

김문주　사람 몸도 혈행이 중요하죠. 막힌 곳이 있으면 건강은 근본적으로 챙길 수 없게 됩니다. 민족 차원에서도 마찬가지인데요, 그래서 처음에는 분단 현실, 이 막힌 걸 어떻게 풀어야 하나 이런 생각으로 관심을 기울였죠. 그런데 공부를 할수록 여기에서 새로운 기회가 보이는 겁니다. 막혔으니 뚫어야 한다는 정도가 아니라 통일적 민족경제를 수립하는 과정에서 한반도가 세계사적으로 도약할 가능성이 새록새록 발견되는 거죠. 한마디로 통일민족경제는 한반도의 블루오션*이라는 겁니다.

04

민족경제 통합의 강력한 기대 효과

사회 블루오션이라 했는데요, 한반도는 동해, 서해, 남해 이렇게 세 바다로 둘러싸인 줄만 알았더니 블루오션이라는 또 하나의 해양을 가지고 있었나 보군요. (웃음) 블루오션은 이미 누구에게나 알려진 경쟁 시장이 아니고 독자적인 가치를 창조해낼 수 있는 새로운 시장, 새로운 기회를 의미하지요. 과연 통일민족경제는 남북 각 지역 경제의 단순합 이상의 위력을 지니는가, 그러므로 우리 민족의 경제적 대안, 블루오션의 가치와 효과를 지니는지 그 세부 내용을 개론적으로라도 살펴보기로 하지요.

김문주 다들 아시는 내용이지만 정리하자는 차원에서 간단하게 기대 효과를 짚어보겠습니다.

경제 규모와 시장의 확대

첫째로 통일경제는 경제 규모를 한 단계 업그레이드시킵니다. 남은

4800만 정도의 인구에 불과하지만 세계 경제 규모 11위라는 기적적인 발전을 이뤄냈습니다. 단일한 민족경제 형성 시 남북의 인구는 7000만 이상으로 세계 17위 규모입니다. 이는 강대국이라 하는 영국과 프랑스가 각 6000만 인구이니 이보다는 훨씬 많고 8200만의 통일 독일보다는 조금 작은 규모가 됩니다.

인구와 경제 규모가 경제 발전에 결정적인 요소는 아니나 다른 조건이 동일하다면 규모가 큰 편이 경제 발전에 한결 유리한 요소가 됩니다. 특히 경제 발전의 기본 구도를 수출 중심에서 내수 중심으로 전환하고자 할 때 내수 시장 규모는 결정적인 요인으로 작용하죠. 경제의 자립성을 높이고 수출과 대기업 의존도가 강한 남쪽 경제의 구조적 재편을 위해서도 이는 매우 중요한 문제라 하지 않을 수 없습니다.

현재 북의 경제적 어려움으로 즉각적인 내수 시장의 팽창 효과를 기대하기는 어려운 것이 사실이나 북이 극심한 경제 봉쇄 상태에서 벗어나 경제가 제자리를 찾게 된다면 민족경제는 1.5배로 팽창된 인구와 그에 기초한 내수 시장의 확대로 수출과 내수 산업의 균형을 갖춘 경제 체제를 도모할 수 있습니다.

자립적 경제를 위한 자원·에너지의 확보

다음으로 원료 자원 면에서도 비약적인 변화가 발생합니다. 한반도 전체를 놓고 보면 대부분의 원료 자원은 북에 매장되어 있으며 그 양은 민족경제 발전에 필요한 원자재 대부분을 자체로 조달하기에 부족하지 않습니다. 한 나라의 경제가 자체의 원료에 기초하여 공업을 일으키고 운영하는 문제는 경제의 자주적 발전을 보장하는 기초 아닙니까.

먼저 광물 자원인데요, 북은 광물 자원의 보고라 할 수 있습니다. 주요 금속인 철의 경우 남쪽에 매장된 양이 2000만 톤에 불과하나 북의 매장량은 약 20~40억 톤으로 추정됩니다. 주요 광물인 금, 구리, 아연, 유연탄, 석회석, 마그네사이트 등의 매장량도 상당한 규모로 알려져 있습니다.

북의 광물 자원은 경제적 가치도 매우 높아 다수 외국 기업들이 계약을 맺고 현지에서 광물 채취에 나서고 있습니다. 예컨대, 중국 기업은 함경북도 무산과 양강에서 철과 아연을, 미국 기업이 함북 단천에서 마그네사이트를, 프랑스 업체는 강원도 김화에서 중정석을, 영국 기업은 함남 허천에서 금과 구리를, 스웨덴 업체는 강원도 법동에서 텅스텐을 그리고 일본 회사는 석재를 캐가고 있습니다. 이들 회사들은 북쪽과 50년에서 100년에 이르는 장기 계약을 맺어 광물을 가져갑니다.

사회　다 소중한 민족적 자산인데 채굴권을 외국 기업들이 확보해 들어가는 건 참으로 안타까운 일입니다.

김문주　북이 단독으로 자원 개발을 진행할 자본과 기술이 부족하기 때문입니다. 그래서 남과 북의 협력이 긴요한 것이죠. 현재 남쪽의 광업은 석회석 광산과 고령토, 규석, 납 등을 생산하는 광산을 제외하고는 거의 전멸 상태로 경제활동에 필요한 광물의 87퍼센트를 수입하는 처지입니다.

2002년 산자부는 광업진흥공사에 산업 발전에 필수적인 6대 광물에 대해 2010년까지 확보할 물량을 정해 준 바 있습니다. 6대 광물은 유연탄, 구리, 아연, 철, 우라늄과 희토류로 광업진흥공사는 이를 위하여 해외 광산 개발에 열을 올려 아연의 경우는 호주 광산 채굴권을 확보하고 희토류는 중국과 개발 계약을 맺은 바 있습니다. 그런데 산자부가 지정한 6대 중요 광물 중 우라늄과 희토류를 제외하고는 북측에 엄청난 양이 매장되어 있어요. 지척에 이를 두고 해외의 광산을 개발하기 위하여 대규모의 돈을 투자하고 다니는 웃지 못할 상황이 연출되고 있는 것이며 이는 민족경제 차원에서 보면 큰 낭비입니다.

농업이 식량 주권을 확보하여 국민의 생존을 보장하는 문제라면 원료 채취업은 공업의 생존권을 보장하는 문제입니다. 북의 자원 개발은 당장의 경제적인 수지 타산상의 문제로 대할 사안이 아니며 민족 공동 자산의 개발과 자립적 공업 발전을 위해 필수적인 문제입니다.

박세길　아직 좀 이르기는 하나 북쪽의 원유 자원 개발 가능성도 대단히 높지요. 북 채취공업성 자료에 의하면 북 서한만 일대에 430억 배럴 규모의 원유가 매장되어 있다고 합니다. 이 내용이 맞다면 북은 아시아 최대의 산유국인 인도네시아나 세계 8위 산유국으로 400억 배럴이 매장된 멕시코와 맞먹는 산유국으로 급부상하는 건데요. 북은 원유 채굴 시 작

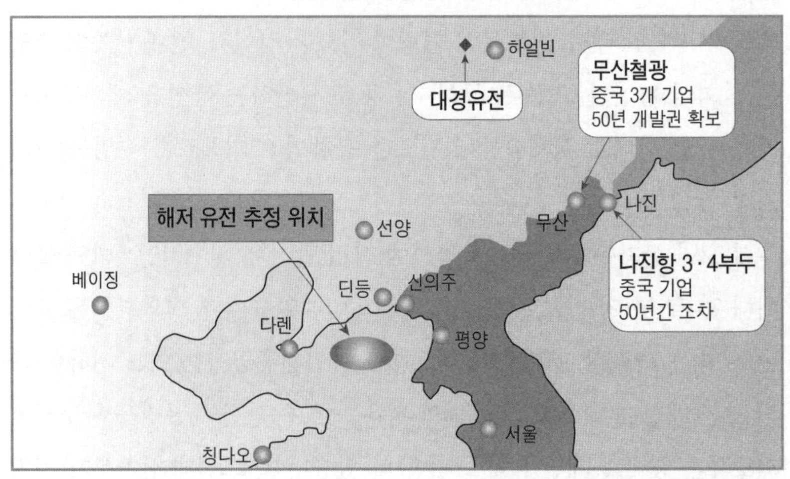

금의 경제위기를 초래 했던 가장 중요한 원인 가운데 하나인 원유 부족을 일시에 해결 가능하며 나아가 일정량을 수출하여 경제 회생을 촉진할 수 있게 됩니다. 따라서 북의 입장에서 원유 채굴은 시급한 상황이죠.

정명수　그래서 북은 이미 국제적 석유개발 회사인 아미넥스(본사 런던 소재) 사와 지난 2004년 육해상 석유 탐사 독점 계약을 맺었습니다. 2004년 10월 14일자 『오마이뉴스』의 기사에 의하면 아미넥스는 북 국영 천연자원 개발 회사인 코브릴의 10퍼센트 지분을 공유하는 조건으로 향후 2년 반 동안 1000만 달러를 투자하기로 했다는 겁니다.

김문주　한국 경제는 규모에 비하여 에너지 과소비형 경제로 원유의 100퍼센트를 수입에 의존중입니다. 특히 원유 수입선의 80퍼센트가 중동 지역에 편중되어 중동 정세의 주도권을 쥔 미국에 우리 경제의 명줄이 매달려 있는 형편이죠. 또한 한국은 1980년 2차 오일쇼크로 인해 마이너스 5.7퍼센트의 경제 성장률을 경험하는 등 유가 변동이라는 외부 변수에 따라 경제 도약 기회가 번번이 좌절된 쓰라린 경험을 가지고 있습니다.

현재 북에 매장된 원유량은 남북이 자체로 사용하기에 크게 부족함이 없는 것으로 추정됩니다. 남북 경제가 원유를 자체로 조달할 능력을 지니게 된다면 남북의 민족경제는 자립적인 토대가 든든해지며 경제 발전의 구도도 원유가의 변동이라는 외부 변수로부터 자유롭게 되는데요, 민족의 주요한 자원이 외국 자본에 의하여 채굴되기 이전에 민족 공동체의 구성원인 남의 적극적인 협력이 필요합니다.

사회　남쪽은 자원 확보를 다원화하고 북쪽은 남쪽과의 협력에 의해 자원을 개발해 경제 부흥에 이용할 수 있다는 면에서 상호 이익을 거두게 될 것 같습니다. 물론 통일경제가 완전히 형성될 경우에는 민족 전체의 자원으로 그 활용도는 대단히 높을 것입니다.

한반도의 지정학적 우월성 복원

김문주　앞서 노무현 허브론을 언급한 바 있습니다만 통일민족경제는 한반도가 갖고 있는 지정학적 우월성을 복원하는 최상의 길입니다. 이를 나누어 보면 먼저 북방 육상 교역의 복구와 북방 시장 개척이 가능해지는 측면이 있습니다.

현재 신의주는 러시아와 중국으로 이어지는 대륙 철도망과 연결됩니다. 경의선이 이어지면 중국, 러시아와의 육상 교역이 가능해지고 이 경우 중국, 러시아와의 교역량은 급격히 증가하게 될 것입니다. 특히 러시아를 거쳐 유럽으로 연결되는 대륙횡단 철도가 북을 거쳐 남측까지 이어지면 말 그대로 '철의 실크로드'를 완성하게 되는 거죠. 철의 실크로드가 만들어지면 남쪽은 해양 운송을 통한 미일 의존적 경제 구조에서 아시아와 유럽 시장을 중심으로 시장을 다변화할 수 있는 절호의 기회를 맞이하게 됩니다. 나아가 철로가 직접 닿는 중국, 몽골, 러시아와 중앙아시아와의 직교역이 활성화되어 잠재력이 풍부한 북방 시장을 적극 개척할 수 있는 길이 열리구요.

또한 한반도는 러시아와 자원 협력을 비상하게 높일 수 있습니다. 러시아는 미국의 패권이 관철되는 OPEC*에 가입되어 있지 않은 나라이며 세계 2위 산유국입니다. 미국 입김에서 벗어나 원유 보급선이 다변화될 수 있죠. 러시아는 또한 친환경 연료로 중요성이 높아지고 있는 천연가스의 세계 최대 생산국이죠. 현재 논의중인 시베리아와 한반도를 잇는 천연가스 수송관이 건설된다면 해상을 통한 가스 수입보다도 더욱 안정적이며 저가로 천연가스를 공급받을 수 있습니다.

북방 육상로의 가치는 단순한 경제적 효용성 증대 차원을 넘어선다는 점을 주목해야 합니다. 고립된 섬나라와 다름없는 처지로, 미국이 장악하고 있는 해상을 통한 무역과 미국 입김에 좌우되는 원유 도입에 강하게 밀착되어 있던 남쪽 경제의 지정학적 의존성을 뛰어넘는 문제죠.

다음으로, 해양과 대륙의 연결 기능을 한반도가 하게 된다는 점입니다. 지난 역사 속에서 한반도는 대륙과 해양을 연결하는 지정학적 중요성으로 인해 일본, 미국 등 전통적인 해양 세력과 중국, 러시아 등 대륙 세력 모두로부터 외침을 겪었습니다. 그러나 남북이 통일민족경제를 형성하면 한반도는 대륙과 해양을 잇는 연결 기능의 강점을 최대한 살려 커다란 경제적 이익과 지정학적 영향력을 추구할 수 있습니다.

철의 실크로드가 다시 바다를 건너 일본과 이어지는 동선은 EU와 일본을 최단으로 연결하는 노선이 됩니다. EU는 그 자체로 세계 최대 교역량을 지닌 경제권이며 일본과 EU 간의 교역량은 각국이 미국을 상대로 한 교역량을 점차 넘어서는 추세입니다. 한반도를 통한 일본과 EU 간의 교역이 가능해진다면 이는 세계 경제의 중심축이 미국에서 동아시아와 유럽 중심으로 이동하는 중대한 사변이 될 것입니다.

군사비와 무력의 생산적 재배치

정명수　통일경제의 효과로 군사비 절감과 생산적 재배치 효과를 빼놓을 수 없는데, 숨 좀 돌리시라고(웃음) 군사비 문제는 제가 설명하겠습니다. 군사 대치 상황으로 인해 남북은 세계에서 가장 높은 군사비 수준을 유지하고 있습니다. GNP 대비 군사비 비율 면에서 남은 4~6퍼센트, 북이 20~25퍼센트 선을 유지하고 있으며, 정규군 병력은 남이 68만 명, 북은 100만 명 수준입니다. 통일 기운이 진전되면 남북 모두 상당한 정도의 군사비를 경제 건설을 위한 투자자금으로, 군 병력은 생산 인력으로 전환할 수 있습니다. 50년이 넘도록 휴전 체제를 유지해온 남과 북의 군사비 절감 효과는 독일 통일 사례와 비교가 되지 않을 것입니다.

박세길　통일 이전인 1989년 기준으로 서독은 GNP의 2.5퍼센트 동독은 10.8퍼센트를 군사비로 각각 부담했으나 통일 후인 1996년 국민총생산에 대한 군사비 비중은 1.67퍼센트로 줄어들었습니다. 또한 1989년부터 1997년까지 통일 독일의 절약된 국방 예산은 1085억 6000만 마르크(97년 기준 59조 7000억 원)에 이릅니다. 남북은 군사비 비중이 동서독의 경우보다 훨씬 높기 때문에 그 절감 효과가 두 배 이상 클 것으로 추산됩니다.

정명수　현재 남쪽의 국가 예산 중 방위비는 15조 가량을 차지하며 미군에 대한 지원비는 연간 4조 규모로 도합 19조, GNP의 5퍼센트에 달하는 금액입니다. LG경제연구소의 보고에 의하면 현재의 안보 위험도를 상위의 위험도로 보고 중위 정도의 안보 상태만 되어도 대략 25퍼센트 정도의 국방비 예산 절감 효과가 있다고 합니다. 한반도에 완전한 평화 정착이 이루어지면 적어도 50퍼센트를 상회하는 국방비를 절감하여 민족경제 재건에 돌릴 수 있는 것이죠. 경제의 재원을 밖에서만 구할 게 아니라 내부에서 찾아야 합니다.

또 병력 면에서도 현재 남쪽의 70만 정규군 병력은 남북 관계의 진전 없이 현대식 군 전력 개편만 추진해도 절반 이하 수준으로 감축이 가능하다고 한나라당 송영선 의원도 주장하고 있습니다. 평화 체제가 정착되면 남북을 합한 170만 명의 정규군은 일본 자위대 병력 24만이나 22만 명 수준인 영국 정도로 줄이고 나머지 150만 명 가까운 인력 대부분을 경제활동에 투입할 수 있다는 결론이죠.

남북 기술 협력에 의한 경제의 도약

김문주　덕분에 한숨 돌렸으니 제가 마무리를 할까 합니다. 지금까지 이야기된 것들보다 더 중요한 사항이 남아 있습니다.

사회　기대가 되는군요.

김문주　남북 경제는 분단과 체제의 상이성으로 인해 서로 다른 특성을 가지고 발전해왔습니다. 남북 경제의 철저한 상이성은 융합만 제대로 된다면 강력한 시너지 효과를 낼 수 있을 정도로 상호 보완적입니다.

먼저 북은 사회주의권 일반의 강점 가운데 하나인 우수한 기초 과학 연구 능력을 보유하고 있습니다. 반면 남쪽은 최근 이공계 기피 현상에서 반증되듯이 소비재 산업 위주의 투자와 생산에 집중하여 기초 과학 기술 능력이 낮은 상태죠. 북의 기초 과학기술과 남의 생산 응용 기술이 결합되면 21세기 산업 발전의 핵심인 균형적인 산업 기술 발전을 도모할 수 있다는 것입니다.

또한 북은 군사 경제의 발달로 인해 대륙간 탄도미사일 기술, 인공위성 궤도 발사 기술, 독립적인 인공위성 제작 기술과 잠수함 항공기 제작 기술력을 보유하고 있으며 장거리 미사일 발사를 위한 군사용 컴퓨터 기술과 군사용 부품 생산을 위한 비철특수금속 가공이 상당 수준으로 발달되었는데요, 이렇게 발달한 군사 경제의 높은 기술력이 민수 경제의 기술력으로 전환된다면 첨단 산업 진출이 용이할 것입니다.

박세길　군사 기술의 성과를 민수 경제로 연결시켜 하이테크 분야에서 세계적 경쟁력을 형성한 이스라엘의 경험이 좋은 사례죠. 이스라엘은 농업 국가에서 몇 차례의 중동전을 거치며 발전된 군수 산업 기술을 민간 산업으로 이전시켜 하이테크 분야에 진출하여 세계 레이어7L7 시장의 80퍼센트 이상을 장악하는 보안 전문 업체인 라드웨어와 가상사설 망VPN 시장의 60퍼센트를 차지하는 체크 포인트 등의 사업체를 육성시키고 있습니다.

김문주　반면 남쪽은 세계 시장에서 수출 경쟁을 하며 쌓아온 생산 응용력과 디자인, 마케팅 능력을 토대로 낙후된 북의 소비재 생산 부문을 급속히 발전시킬 수 있을 것입니다.

이처럼 남과 북이 분단 체제 하에서 서로 상이하게 발전시켜온 경제적 특성, 각자의 강점들은 우연이라고 치기에는 놀라울 정도로 상호 보완성을 지니고 있습니다. 남과 북이 통일경제 조성을 위해 긴밀하게 협력해 나간다면 한반도 전역에서 공히 내수 소비재 산업과 중화학공업의 균형적, 자립적 발전 가능성이 증대되고 첨단산업에서 강한 성장 엔진을 구비하게 됩니다. 통일적 민족경제는 글로벌 시장에서 강한 경쟁력을 지니기 위해서도 필수적 요구 사항으로 나서고 있습니다.

사회　네, 수고하셨습니다. 남북경제협력의 효과를 통일경제 관점에서 일관되게 정리하고 보니 새삼 그 힘이 느껴집니다. 특히 남과 북 사이에 서로 경제 기술 협력을 통해 차세대 첨단 산업을 발전시킬 구상은 가슴이 벅찬 것이기도 합니다.

그러나 차분하게 다음 논의로 나가기로 합시다. 이런 많은 기회를 제공하고 있는 통일민족경제를 실현시키기 위해 긴급하게 해결해야 할 과제들은 무엇인지 말이지요.

05

정치 · 군사적 화해 협력과 통일경제의 추진

사회　구체적인 통일경제 실현 전략 논의에 들어가기 전에 남과 북 사이의 정치, 군사적 관계 개선과 경제협력의 상관관계를 지금과는 다른 방식으로 이해하는 '발상의 전환'이 필요하다고 보는데 어떻습니까?

정명수　동감입니다. 6·15공동선언 이전까지 남북 사이의 경제협력 과제는, 때로는 북의 논리에 의해, 때로는 남의 논리에 의해 정치·군사적 협력의 하위 과제로 두어졌습니다. 80년대에는 주로 북측이 "정치· 군사적 문제가 해결되어야 경제협력을 추진할 수 있다"는 입장을 취했던 반면, 90년대 이후에는 김영삼 정부가 "핵을 가진 자와 대화할 수 없다"는 표현으로 압축되듯이, 남측이 정치·군사적 과제를 내세워 경제협력을 지체시켜왔습니다. 물론 지금도 정치·군사적 협력이 제대로 되어야 경제협력도 완성될 수 있다는 관점이 순전히 원칙적인 견지에서 보면 여전히 틀린 말은 아니라고 할 것입니다.

01 남북경제협력이 선행적으로 반 발쯤 앞서가는 것이 정치·군사적 협력 환경을 조성시키는 데 중대한 기여를 하고 있다.

박세길　그러나 남북간에 협력이 진행되는 현실 과정을 놓고 보면 반드시 그렇지만도 않습니다. 오히려 남북간에 진행되고 있는 경제협력이 기반이 되어 남북 관계 전반을 과거로 후퇴할 수 없는 불가역적 구조로 정착시켜 나가고 있으며, 정치·군사적 긴장 관계를 해소하는 환경 조성자의 역할을 하고 있는 것을 볼 수 있습니다. 6·15공동선언 이후 서해상에서의 무력 충돌이 있었음에도 불구하고 금강산 관광을 계속한 점이나, 북 핵 위기와 남쪽의 한미 군사 훈련으로 정치, 군사적 관계의 일시적 냉각이 왔을 때에도 개성공단 사업 추진을 계속했던 점이 역으로 정치·군사적 긴장을 완화시키는 데 큰 역할을 했습니다.

그렇게 볼 때 남북의 화해와 협력, 나아가 통일이 진행되는 과정에서는, 경제협력이 선행적으로 반 발쯤 앞서가는 것이 정치, 군사적 협력 환경을 조성시키는 데 중대한 기여를 하는 것 아닌가 생각됩니다.

정명수　다른 각도에서 살펴볼 것이 있는데, 남북의 전반적 화해 협력 구도에서 경제협력이 수행하는 역할 문제입니다. 경제협력이 남북 통일의 물질적, 현실적 필요성과 요구성을 국민에게 높이는 중대한 기능을 현재 담당하고 있다는 겁니다. 6·25 전후 2세대, 3세대에 접어든 남쪽(또는 북쪽) 국민들에게 민족적 동질성 회복, 단일 민족의 유구한 역사성 등 당위성만으로는 통일의 절박함이 쉽게 공감되지 않을 수도 있습니다. 분단 구조에서 태어나고, 자라고, 생활해온 세대가 다수를 차지하고 있습니다. 이들에게는 역사적 당위성에 대한 재확인도 여전히 의미가 있겠지만, 통일된 나라에서 부강하게 번영할 수 있는 길이 통일경제에 있다고 하는 사실을 현재 진행형으로 보여주는 것보다 생동한 통일교육이 있을 수 없다고 봅니다. 즉, 미국, 일본이나 중국에 의지하여 중개자(허브)로 우리가 살아가는 길 말고도, 남과 북이 하나의 통일경제를 이루어 그 자체로서 강국이 될 수 있다는 현실적 비전을 제시해줄 필요가 있다는 것입니다. 이에 대한 욕구를 강하게 느끼도록 해주는 것만큼 강력하게 우리 민족이 하나로 단결할 수 있는 동인을 심어줄 방안이 더 있을까 하는 생각입니다.

2005년 9월 4차 6자회담이 성공적으로 매듭지어진 직후 실시한 여론조사에서 20대와 30, 40대 상당수가 경제협력이 남북 관계 발전의 최우선 분야라고 답했던 것이 이를 입증합니다.

박세길　저도 하나 덧붙여두고 싶은 것은, 아무리 남과 북이 정치, 군사, 외교적으로 연합(연방)을 구성할 완전한 청사진을 가지고 있고, 그 목표에로 접근하고 있다손 치더라도 정치·군사·외교적 통합이 곧바로 경제 연합(연방)을 가능하게 해 줄거냐 하는 것입니다. 그렇지 않습니다. 경제 연방으로서의 통일경제, 또는 코리아 경제권 건설은 그 자체의 대안과 구상이 별도로 있어야 하고, 남북의 국민이 함께 먹고 사는 문제에 대한 거시적 해법이 없이는 남과 북의 국민을 통일에로 단합시키는 것 자체가 불가능하다고 봅니다.

김문주　과거 자본주의 나라들이 사회주의 나라들에 대해 경제적 잠식과 문화적 침투를 매개로 사회주의를 붕괴시켜왔다는 역사적 사실 때문에 진보 인사들 사이에서는 남북경제협력을 달갑지 않게 생각하는 경향도 일부 있는 것 같습니다. 남북경제협력이 남쪽의 주주자본주의를 북쪽에 이식시키는 결과로 되는 거 아닌가 하는 우려가 그것일 겁니다.

　이 우려는 충분히 근거가 있습니다. 그러나 경계를 한다고 하여 자본주의가 제 속성을 버리지 않습니다. 신자유주의식 북 경제 잠식에 공세적으로 대처하려면 신자유주의 방식이 아닌 코리아 경제의 부흥과 번영, 그를 통한 남북 국민의 번영이라는 새로운 협력 방식을 공격적으로, 선제적으로 찾아나가는 것이 맞다고 봅니다.

제3의 **통일경제 모델** 창출 비전

사회 통일경제 추진이 정치, 군사적 환경을 이유로 후순위로 밀려서는 안 된다, 오히려 한 발 선행하는 것이 좋다는 의견들인데요, 그럼 그걸 전제하고 본격적으로 통일경제 추진 방식에 관한 논의로 들어가 보죠. 앞서 통일경제가 남북간의 국가간 교역 구조가 아니고 하나의 독자적인 경제 시스템이라고 했는데 그렇다면 당연히 그에 상응하는 통일경제 모델, 통일자본 운용 모델, 통일기업 모델, 통일경영 모델, 통일고용 모델이 제시되어야 할텐데요.

정명수 그렇습니다. 그런데 남쪽의 다수의 식자들은 대체로 현재의 개성공단을 통일경제 모델의 원형으로 간주하는 경향이 있는 것 같아 여기에서부터 문제를 풀어가 보겠습니다. 개성공단 모델은 자세히 뜯어볼 필요가 있습니다. 적어도 시범단지 1만 5000평에 입주한 신원, 로만손, 삼덕통상 등 15개 기업을 보면 대부분 남쪽에서 임금 경쟁력이 없는 기업들이 공장을 뜯어 개성으로 옮기는 방식을 취하고 있습니다. 새

01 현재의 개성공단은 남쪽 기업 모델을 북쪽 지역과 북 근로자에게 이식한 성격이 강하므로 경영과 고용 등에서 부작용을 초래할 개연성이 있다.

02 통일경제 영역은 기존의 남과 북 경제 영역의 유기적 연관도를 매개해주는 한편 새로운 기업 모델, 경영 모델, 고용 모델, 산업 모델을 창조할 영역이다.

03 남쪽의 주주자본주의 기업 모델도 아니고 북쪽의 국영기업 모델도 아닌 '통일민족기업'과 같은 새로운 유형의 통일경제 모델을 창출해야 한다.

로 입주를 원하는 150여 개의 섬유 업체들도 비슷한 사정입니다. 그러다 보니 개성에 입주한 기업의 경영 방식 역시 대체로 남측에서 운용되던 경영 방식과 다르지 않습니다. 북측도 그간 연달아 발표한 각종 '개성공업지구법'과 '규정'을 통해서 드러났지만 가급적이면 남측의 자유로운 기업 활동을 보장해 주려 하고 있습니다. 일반 외국인 투자의 경우와는 달리 예외적으로 노동자의 채용과 해고에 대해 상당한 자율권을 보장한다든지 하는 것이 그 사례입니다.

물론 이러한 방식이 단기적으로는 남과 북 양측에 일정한 이익을 가져다 줄 수는 있습니다. 남측의 기업은 남쪽에서 경쟁력이 적거나 없는 기업들을 개성공단에 입주시켜 낮은 부지 비용과 임금, 물류 비용을 이용하여 이익을 낼 수 있을 것이고 실제 내고 있기도 합니다. 초기 개성에 진출한 의류 업체 신원은 한때 워크아웃 대상이었는데 개성에 진출한 후 이익률이 계속 높은 신장세를 보이고 있으며 지난 한 해 동안 주가도 9배 가깝게 올랐던 것이 그 사례입니다.

북측도 마찬가지입니다. 개성공단 입주 후 지난 1년 동안 개성에 근무하는 북쪽 노동자는 월 평균 22퍼센트씩 증가하고 있으며 2006년 4월 현재 건설 노동자 1047명과 입주 기업 노동자 4918명 등 모두 6859명이 개성에서 일하고 있다고 합니다. 고용 창출 효과와 외화 수입 효과를 보고 있는 것이죠.

사회　어쨌든 현재 단계만 보면 개성공단의 효과는 나쁘지 않군요. 그런데 지금은 아직 입주 기업 수도 많지 않고 입주 기간도 짧아서 그 발전 방향을 예단하기는 어려운데요. 본 단지 입주가 본격화 되고, 개성공단이 원래 계획된 규모로 현실화 될 때에는 어떻겠습니까? 개성공단이 배후지 포함 2000만 평이 예정대로 2012년 완공되면 그 규모가 남쪽의 창원공단에 준할 거라고 합니다. 줄잡아 수천 개의 기업이 입주할 수 있는 규모입니다.

김문주　우선 개성에 입주하는 기업의 지배 구조/경영 방식을 지금처럼 남쪽 시스템으로 그대로 이식하는 모델을 계속할 것인가 하는 문제가 있습니다. 극단적인 예로, 개성에 입주한 기업이 남쪽 본사의 실정에 따라 개성공단의 기업을 구조조정해야 한다든지, 더 나아가 본사의 부도나 업종 전환 등의 이유로 기업 폐쇄를 하게 되면 개성의 공장 운영은 어떻게 할 것이며 해당 기업의 북쪽 근로자들은 어떻게 해야 하겠습니까? 이런 상황은 주주자본주의가 보편화된 남쪽 기업 문화에서는 일상적으로 벌어지는 일들인데, 개성공단에도 그대로 적용하기가 쉽겠습니까? 북쪽의 근로자가 새 일자리를 찾아 남쪽으로 올 수 있는 것도 아니고 말이죠.

박세길 개성공단 입주 기업의 고용 모델과 고용 구조 역시 입주 기업 수가 늘어감에 따라 예기치 않은 상황을 발생시킬 수 있다는 점도 지적하고 싶습니다. 다소 황당한 경우라 치더라도 최근 미국 제이 레프코위츠 대북인권특사는 네오콘 본산 연구소인 미국기업연구소에서 한 발언을 통해, 개성공단 노동자의 인권이 지켜지지 않고 있다며 문제를 제기하고 나서 논란이 된 적이 있습니다. 도대체 개성공단에 근무하는 북측 노동자의 노동권이나 인권 책임을 남측 기업주가 아닌 북측 당국이 왜 져야 하는지도 황당하지만, 체제가 다른 조건에서 아주 세밀한 고용 문제가 어떻게 왜곡되어 확산되고 이용되는지를 입증하는 실례라 할 수 있습니다.

또한 최근 개성공단 노동자 측이 4퍼센트 임금 인상을 요구했다고 일부 언론에서 임금 비용이 올라 개성공단의 매력이 떨어졌느니 하면서 우려를 표시하고 통일부에서 이를 해명하는 보도자료까지 내보낸 바도 있습니다. 이 역시 통상적으로는 일어날 수 없는 해프닝입니다. 왜냐하면 북은 '개성공업지구노동규정'에서 매년 임금 인상률을 5퍼센트 이상 못하게 해 놓았고 이에 준하여 2004년 이후 2년 만에 4퍼센트 임금 인상을 요구했던 것인데 이를 가지고 우려를 한다는 것은 남쪽은 물론 자본주의 나라 일반에서도 있을 수 없는 일이기 때문입니다.

김문주 좋은 지적이신데, 이외에도 이들 기업의 발전과 혁신을 온전히 해당 입주 기업의 기업주 자유 의지로 돌려버릴 것인가 하는 점도 함께 검토되어야 할 것입니다. 물론 개성공단 입주 희망 기업들에 대해 통일부가 나름대로 엄밀하게 심사하여 재무 건전성이나 안정성, 개성공단에의 적합성 등을 따진 후 입주를 허용하는 것으로 알고 있습니다. 그러나 이것만으로는 매우 소극적인 조치라고 봅니다. 현재 개성공단에 진출하는 기업들은 대부분 저임금, 저비용을 찾아 동남아를 물색하던 기업군들입니다. 그러다 보니 개성공단 등에 남쪽의 기업이 진출하는 것에 대해 유관한 기업주들만 지대한 관심을 가지고 있을 뿐 국민의 대부분을 구성하는 노동자들이나 기타 층이 구체적 이해관계 아래 욕구를 가지지 못하고 있는 것도 사실입니다. 남쪽 기업을 뜯어 개성에 이주시키는 유형으로 개성공단 사업이 지속될 경우 심하면 남쪽 노동자들이 일자리를 잃는다고 개성공단 사업을 반대해 나서지 않으리라는 보장이 있겠습니까? 그러나 코리아 경제권이 형성되어 나가는 방향을 가지고 개성공단에 기업이 세워지고 신산업이 형성된다면 그것이 어디 유관 기업주만의 관심 사항이겠습니까?

사회   현재까지 추진된 개성공단의 문제 가능성은 충분히 지적되었다고 보고, 그렇다면 이런 문제점을 제대로 해결하는 길이 어디에 있을까요?

김문주   현재처럼 북의 저임금 노동력을 이용한 임가공 생산 방식*에서 벗어나 질적 전환을 모색할 구상을 반드시 해야 합니다. 그러자면 코리아 경제권이 추구해야 할 통일경제 모델은 어떤 상을 가져야 하는지가 우선적으로 검토되어야겠죠.

통일경제를 남측 경제 모델로의 경제적 흡수를 전제하지 않고 경제연합(연방)식의 모델로 간주한다면 통일경제는 크게 남 경제 영역, 북 경제 영역, 그리고 통일경제 영역으로 이루어지게 될 것입니다. 세 가지 통일경제의 구성 영역은 하나의 민족경제 단위에서 각각 자기 역할을 하면서도 통합된 단일체를 이루게 될 것을 생각해 볼 수 있습니다.

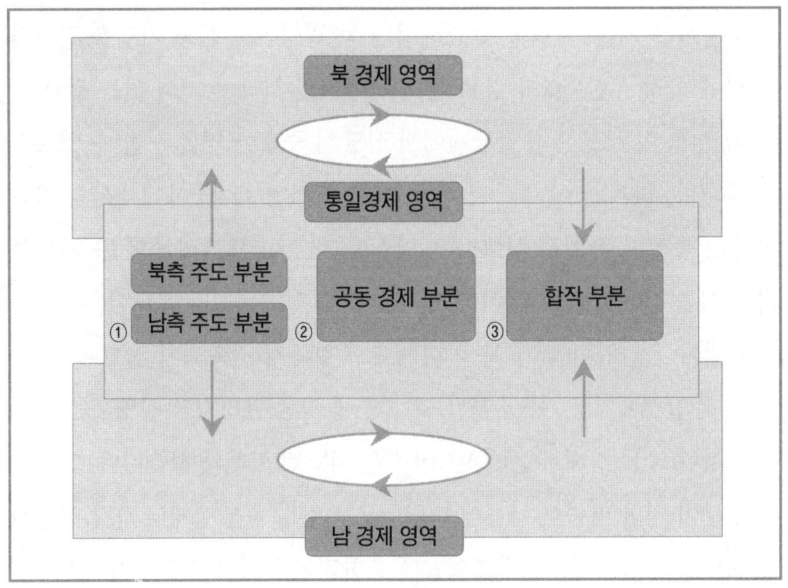

여기서 남 경제나 북 경제 부분은 각각 자기 시스템의 논리로 운영되고, 상당 비중은 자체의 투자-생산-유통-수익 실현의 시스템을 한동안 갖는 걸로 가정하는 것이 합리적일 겁니다. 그러할 때, 통일경제 추진의 요점은 여하히 새롭게 통일경제 영역을 만들어 내고 이 부분이 점하는 비중과 기능을 확대시켜 나갈 것인가 하는 점입니다. 통일경제 부분도 좀더 세분화시키면 남 주도/북 주도 민간 부분과 공공 부분, 남북 합작 부분, 공동 경제 부분으로 분류되리라 봅니다.

남 주도/북 주도 민간 부분(①)의 경우 대체로 남측 기업이 자본과 경영권을 갖고 북에 진출하거나 남측 기업이 북측 상품을 수입하는 교역 형태를 가질 것이며 현재 수준의 개성공단도 여기에 해당합니다. 이 방식은 통일경제 영역에서 주된 영역이라기 보다는 향후 보조적인 영역으로 되는 게 맞다고 봅니다.

자본이나 기술, 자원을 합작하여 공동 경영권을 갖고 기업을 경영하는 남북 합작 부분(③)의 경우 현재 전형적인 사례는 거의 없는 걸로 알고 있는데, 이 부분은 통일경제에서 상당히 중요한 역할을 할 수 있으리라 봅니다. 하지만 이 조차도 서로 다른 시스템(체제) 아래에서의 합작이라는 특성이 확실히 살아나는 방식을 새로이 모색해야지 순 자본주의 방식을 적용하는 것은 여러 가지 문제를 일으키리라 봅니다.

기업이나 산업이 남과 북 어디에도 특정하게 귀속되지 않고 장차 구성될 '통일경제기구'나 '통일펀드(기금)'에 의해 관리되고 경영되는 경우를 예상한 공동 경제 부분(②)은 아직은 시도된 사례가 없습니다. 그러나 이 부분이 비록 비중이 처음에 작더라도 사실상 통일경제의 가장 선도적인 전형이 된다고 볼 때 이 모델을 창출하려는 구상에 착수해야 합니다.

박세길　공동 경제 부분에서 새로이 설립되고 운영되는 기업 모델을 좁은 의미의 "통일민족기업"이라고 부를 수 있다면, 이는 현재의 남쪽 주주자본주의 기업 모델도 아니고, 북쪽의 국영기업과도 일정한 차이가 있을 겁니다. 통일민족기업이 지향해야 할 모델은 원칙에서 보면, 사적 자본의 진출을 보장하기는 하되 가급적 공적 자본의 비중이 일정수준을 차지하도록 하고, 통일경제 관리기구의 관리를 받도록 하는 것이 필요하다고 봅니다.

사회　공동 경제 부분에 속할 수 있는 신기업군을 새로 육성하여 통일경제의 활력소가 되게 하자는 취지인 듯한데요.

박세길   그렇습니다. 우리가 앞서 노동 중심 경제 모델을 논의해봤고 이는 필연적으로 기업의 지배 구조, 소유 구조의 변경까지 요구되는 사항임을 확인했습니다. 그런데 통일경제 중 남과 북의 협력으로 만들어지는 공동 영역은 기존에 오래도록 답습된 구조의 변경이나 다양한 이해관계자들의 집단 이기주의 등 장벽이 없이 노동 중심 경제 모델의 원형을 바로 적용해 나갈 수 있는 획기적인 영역, 공간입니다. 공동 경제 영역은 남과 북의 기존 경제 시스템에서 비교적 자유로운 공간이며 또 새로운 형태의 기업을 실험할 수 있는 최적의 조건입니다.

남북경협이 질적 전환을 이루어 통일경제를 지향하게 되면 그 도상에서 남북 공동 영역에 속하는 새로운 신기업군이 실험되고 가장 선진적인 기업 사례를 만들어낼 수 있을 것입니다. 이때 신기업군에 속한 기업들, 즉 통일민족기업은 노동의 창의성을 생산성과 경영 방향의 원천 동력으로 삼는 시스템을 구축함으로써 통일경제 안에서 가장 일하기 좋은 기업이면서도 대외적으로도 높은 생산성과 경쟁력을 가지게 될 것으로 전망할 수 있습니다. 여기에 공공 부분을 담당하는 공공 기업군, 그리고 남북 공동의 R&D 기지들이 다양한 층위에서 서로 네트워크를 형성할 뿐 아니라 이것이 매개로 되어 기존의 남 경제 영역과 북 경제 영역의 산업들을 엮어주게 될 것입니다.

이런 식으로 남북 공동 경제 영역에서 뿌리 내린 선진적 사례들이 남과 북 통일경제 전체로 확산될 것입니다. 질이 높은 부분이 낮은 부분을 변화시키는 것은 사물의 일반 법칙 아닙니까.

사회   통일경제 영역에 속하는 기업군들은 어떤 산업에 진출해야 할까요.

정명수　통일민족기업이 진출할 산업 분야는 남과 북을 통틀어 양쪽의 장점을 살리고 빈 구석을 채우는 방향에서 첨단, 지식 기술 산업에 신규 진출하는 방식을 지향해야 합니다. 그럴때 기존의 남 경제 부분과 북 경제 부분을 적극적으로 매개하고 연결하면서 통일경제 내부의 연관성과 통합성을 높이면서도 경쟁력과 신규 일자리 창출에 기여하는 방향으로 나갈 것입니다.

당장은 현재의 저임금에 기초한 남쪽 기업 이식의 단계를 벗어나야 합니다. 아주 초보적이지만 이미 개성에 진출한 기업에서 싹을 보이고 있습니다. 개성에 진출한 SJ테크라는 회사는 개성공장을 단지 저임금에 기초한 임가공이 아니라 연구개발과 생산 현장을 결합한 형태로 육성하기로 하고 북측 김일성종합대학과 김책공업종합대학 출신의 고급 인력을 채용했습니다. 이 회사 유창근 사장은 고분자 소재 개발과 정보 기술쪽의 소프트웨어, 기계공학의 자동화 등 크게 3개 분야의 연구개발을 이를 통해 추진하겠다는 겁니다.

박세길　물론 자연발생적인 싹이 만들어질 수 있겠지만 이것이 계획적이고 규모 있게 되자면 남과 북 정부가 나서야 합니다. 차세대 중점 육성 분야를 남과 북이 공동으로 선정하고, 공동 연구와 생산 기지를 목적 의식적으로 배치하여 자원을 투입해야 합니다. 이는 당연히 개성공단에 국한할 필요가 전혀 없으며 공단, 특구, 기업, 건설 사업, 자원 개발, 관광 산업 개발 등 다양한 단위와 사업별로 대폭 확대시켜 추진해가야 합니다.

김문주　통일경제 영역에 대한 사적 자본의 진출에 대해 첨언해 보겠습니다. 남이든, 해외든 사적 자본들의 진출을 적극 장려하되, 단지 저비용을 찾아서 또는 단기 이익을 찾아서 투자하려는 자본이 아니라 통일경제 발전과 자본 이익 실현을 함께 도모하려는 자본이라면 적극 유치하는 데 인색할 이유가 절대 없습니다. 오히려 필요하다면 일정한 특혜를 부여하는 유인 정책도 사용할 수 있다고 봅니다. 그리고 이들 자본에 대해서 수익 실현의 결과를 다시 통일경제 영역에 재투자할 수 있도록 유도해야 할 것입니다.

이는 결코 허황된 구상이 아닙니다. 지난 2000년 남쪽에서 벤처 붐이 조성되었을 때 130조 가량의 자본이 동원된 사례를 볼 때, 남과 북의 양쪽 정부가 책임을 지고 공동 관리, 공동 보증하고, 공적 기금 형성으로 이를 지원한다면 충분히 자본과 기술과 인적 창의력을 동원할 수 있다고 봅니다.

사회　결국 우리 민족이 지향하는 통일경제 모델은 자본주의 성격을 지닌 남쪽 경제 영역과 사회주의 특색이 존재하는 북쪽 경제 영역을 어떻게 하나의 통합된 유기적 연결 구조로 건설할 것인가의 문제이면서, 동시에 제3의 유형의 통일경제 영역을 남북 공동으로 신규 창출하는 문제이겠군요. 이제까지 지구상에 실험된 바가 없는 어렵고 복잡한 과제입니다. 바로 그렇기에 우리가 도전하지 않으면 안 될 중대한 과제이기도 합니다.

07

통일경제 추진 기구 구상

사회　통일경제 모델을 제대로 추진하자면 무엇보다 남과 북의 당국자들이 이를 시행하기 위한 공적인 기구를 구성하는 것이 전제되어야 하지 않을까요.

정명수　당연히 그렇습니다. 그러자면 먼저 정부가 남북 경협 사업에 참여한 지난 과정을 확인할 필요가 있습니다. 지금까지 일반적으로 얘기되는 남북 교역의 접근 단계로서 중국을 경유한 간접무역 방식 단계 → 임가공 방식 단계 → 남북간 직교역 단계를 설정하기도 합니다. 그러나 이것이 적어도 규모 면에서 중심적 흐름이었는가 하는 데에는 이견이 있을 수 있습니다. 오히려 중심적 모델은 정주영 현대 명예회장으로 상징되는 현대아산 주도의 금강산과 개성공단 추진 방식 → 6·15 선언 이후의 경의선, 동해 철도도로 연결, 개성공단 사업, 금강산관광 사업으로 표현되는 3대 경협 사업에 정부가 뛰어들기 시작한 사업 방식 → 그리고 10차 경추위 이래 구상되기 시작한 '유무상통 방식'의 협력 사업

01 공식적으로 통일경제를 추진할 남북경제협력관리기구를 의사결정 수준급, 실무급에서 모두 준비하고, 상설화하여 통일경제의 발전 전략을 추진해야 한다.

02 남북경협을 규모 있게 전격적으로 추진하기 위해서는 남쪽의 공공 기업이 먼저 선 투자/선 진출을 공격적으로 해야 한다.

아래 공공 기업이 더욱 깊이 참여하는 방식으로 전진했습니다.

이 과정은 곧 지속적으로 남북 당국자 사이의 경제협력 기구와 구조를 확대시켜 온 과정이었습니다. 현재 그 주요한 역할을 하고 있는 공적 기구들을 살펴보면, 먼저 의사결정 기구로서 작년 10월 11차까지 열린 남북경제협력추진위(경추위) 틀이고, 다른 하나는 실무 추진 기구로서 2005년 10월 28일 개성에 문을 연 상설화된 '남북경제협력협의사무소' 입니다. 정부 당국자들은 경협협의사무소가 개소된 뒤 5개월 만인 지난 3월 24일 이곳을 통해 이루어진 사업 협의가 100건을 넘어섰다고 자랑하고 있습니다. 사업 협의 건수 가운데 농림수산물이 32퍼센트, 전기전자 제품이 20퍼센트, 섬유가 15퍼센트, 광산물이 10퍼센트라고 합니다.

박세길 참고로 정치·군사적 테이블의 경우 남북 정치 협상 테이블이자 포괄적인 의사결정 테이블로서 지난 4월까지 18차례에 걸쳐서 진행된 남북장관급회담이 있고, 다른 하나는 군사적 차원의 회담으로서 지금까지 단 두 차례밖에 열리지 못할 정도로 지극히 단절적으로 명맥을 이어온 남북장성급 회담 테이블입니다.

이렇게 본다면 가장 지속적이고 분화가 잘된 테이블이 경제협력 구조입니다. 물론 이와는 독립되어 이미 상설기구화된 민간 교류 차원의 테이블이 있습니다. 민간 교류는 이미 '6·15공동선언 실천 민족공동위원회'라는 이름으로 상설적 민간 교류 기구로 정착하고 있습니다.

김문주 경제협력 구조가 그나마 나은 편일 수는 있으나 여전히 매우 초보적인 수준이라 더욱 공격적인 비약을 이루어야 할 시점에 이르렀습니다. 아직도 남북경제협력은 민간 기업의 협력에 대해 통일부 수준에서의 실무적 지원 체계 이상 마땅히 갖추어진 것이 없습니다. 통일부 외에 정부 부처의 경우 산업자원부가 조금 관여하고 있고 금융 차원의 수출입은행, 기업은행 등이 극히 초보적으로 관여되는 범위를 넘지 않고 있습니다.

그러나 이 정도로는 경제협력에서 도약을 이루기 어렵습니다. 정부가 한미 FTA를 추진하는 방식과 비교해 봅시다. 어쨌든 순식간에 각 소관 분야별로 17개의 전문 분야 팀을 구성해 협상안을 만든다고 하지 않습니까? 범정부적 통일경제 발전 구상을 하자면 기초 수준을 뛰어넘는 범정부적 경제협력 동원 구조를 형성해야 합니다. 다시 말하자면 이제는 정부가 단지 개별 민간 기업들의 대북 진출을 외곽에서 지원하거나 투자 환경을 만들기 위해 북과 협상하는 수준을 넘어서 공식적으로 통일경제를 추진할 남북경제협력관리기구를 의사결정 수준급, 실무급에서 모두 준비하고, 상설화를 추진하여 통일경제의 경제 모델, 통일경제의 산업 정책·기술 정책, 통일경제의 기금 구성을 구체적으로 추진해야 할 시점이라고 봅니다.

가령 민족경제 전반의 전략을 수립하고 그 진전을 수시로 평가하며 한반도 경제공동체 추진 실무를 담당할 좀더 차원 높은 상설 기구에 남과 북의 경제, 자원, 통상, 과학기술, 교육, 통일 분야 부처의 차관급 이상 고위 공직자와 전문가들이 상근하면서 통일민족경제 완성 시까지 남과 북의 상설적 협력을 관리하는 상태가 된다면, 이는 실질적으로 경제 연방 기구의 역할을 담당하게 되는 것입니다.

사회　그렇다면 통일경제 추진 기구 구성과 함께 공공 기업의 참여를 함께 짚어 보았으면 합니다.

정명수　지금까지는 한국관광공사나 토지공사가 지원해 왔던 3대 경협 사업을 제외하고는 공공적 자본을 동원하여 제대로 추진한 경협 사업은 거의 없다고 해도 과언이 아닙니다. 현대 아산을 포함 개별 민간 자본이 나름대로 엄청난 리스크를 안고 투자한 거지요. 물론 최근 해마다 지원해 오고 있는 비료와 식량 지원을 제외하고는요.

그나마 작년 7월 10차 경제협력추진위원회에서 '유무상통의 원칙'에 따라 남북경제협력을 추진하자고 합의한 후 남쪽의 대한광업진흥공사가 예전에 비해 좀더 적극적으로 움직이고 있는 것이 눈에 띄고, 그 이후 200만 킬로와트 전력 공급을 제안하면서 한전이 움직이고 있는 것이 고작이 아닐까 싶습니다. 참고로 지금까지 대한광업진흥공사가 한 것이라고는 지난 4월 말부터 고작 3년에 걸쳐 14만 4000톤의 철광을 생산하기 시작한 덕현광산 투자와 동일한 지역의 흑연광산 개발 정도라고 할 수 있습니다.

박세길　이미 민영화된 포스코가 북의 철광석 자원에 대해 구체적 관심을 기울이고 있는 사례도 발견되기는 합니다. 언론 보도에 따르면 지난 2005년 10월 포스코 이구택 회장이 광업진흥공사 박양수 사장을 만나 북의 철광석 실태 조사를 요청했다고 합니다. 포스코가 해외에서 수입하는 철광석은 연간 4000만 톤을 넘어서고 있고 해외 수입 단가는 톤당 78달러인데 비해 북쪽산은 40달러 수준인 걸로 알려져 있습니다.

김문주　이미 2005년 12월 북·중 사이에 서해안 유전개발에 대한 협정이 체결되기 한참 전에 현대를 통해 석유개발이 타진되기는 했지만 남쪽의 어떤 공기업이나 사기업도 그걸 진지하게 검토하지 않았습니다. 아시는 것처럼 북의 로두철 내각 부총리는 2005년 12월 24일 중국을 방문하고 쩡페이옌曾培炎 중국국무원 경제 및 에너지 분야 담당 부총리와 '해상에서의 원유공동개발에관한협정'에 서명했습니다. 이로써 지난 90년대 말 고 정주영 현대 명예회장이 방북 후 북에 석유가 있다는 발언을 듣고도 흘려버렸고 최근까지 영국계 아미넥스가 그 개발을 계속하고 있는 줄 알면서도 외면했던 남쪽 언론들은 이제야 북쪽 서해안 석유자원 부존 가능성에 무게를 두고 있는 거지요. 그래놓고 이제 와서 석유자원을 포함한 북의 자원이 중국에 잠식당한다고 우려하는 목소리를 내는 것 자체가 상당한 넌센스라고 봅니다.

사회　이런 조건에서 2005년 10월 정부와 국회에서 추진되었던 남북협력공사 구성안은 비록 잠깐 수면위로 올랐다가 불발로 끝났지만 상당히 공세적인 구상이라고 그나마 평가할 수 있을 것 같습니다.

정명수 그렇습니다. 당시 정부가 내놓은 당초의 남북협력공사 구상은 2005년 정기국회를 통과시키고 2006년 공사 설립을 한다는 계획이었습니다. 정부가 납입 자본금의 50퍼센트 이상을 출자하는 '공사형 공기업'으로 운영되는 남북협력공사는 공적 협력 사업 성격의 개성공단 지원을 비롯하여 북에 대한 사회 간접자본 투자, 지하자원 개발, 농수산 협력 등을 책임진다는 구상이었습니다. 또한 남북경협 관련 재원 조달과 운용도 맡아서 할 기획이었습니다. 말하자면 제2의 통일부 구실을 할 수도 있었던 통일부 나름대로는 큰 구상이었던 겁니다.

박세길 남북경협이 일정한 규모를 가지고 전격적으로 추진되기 위해서는 남쪽의 공공 기업이 먼저 선 투자·선 진출을 공격적으로 해야 활로를 열 수 있습니다. 이 과정에서 필요하다면 남북협력공사 같은 공공 기업도 적극적으로 만들어야 하고요. 금융에서는 국책은행이 자본 동원이든 기업 신용 지원이든 앞장서서 규모 있는 금융 지원에 나서야 하고 토지공사, 광업진흥공사, 철도공사, 한전을 비롯 이미 민영화된 KT나 포스코까지도 적극적으로 나서야 합니다.

왜냐하면 본격적인 경제협력 시 우선적으로 대규모 자본과 기반 시설 투자가 필요한데 이를 민간 기업이 안고 가는 데는 한계가 있기 때문입니다. 더욱이 민족경제의 터전을 새로이 닦는 초창기부터 의식적으로 공공 부문의 비중을 늘림으로써 차후 통일경제의 주도성을 공공 부문이 담당할 수 있도록 하자는 겁니다.

08

통일경제 추진을 위한 **재원** 마련

사회　그렇다면 한 단계 더 나아가서 통일경제 추진을 위해서 필수적인 기금(자본) 조성을 구체적으로 어떻게 할 수 있을지 논의해 봤으면 합니다.

박세길　그간 일부 수구세력으로부터의 퍼주기 공세를 피하기 어려웠든, 아니면 미국이 경고와 압력 때문이든, 제대로 통일경제를 위한 기금 구성 시도를 못해 본 것이 사실입니다.

그러나 이 역시 발상을 전환하면 다양한 가능성을 볼 수 있을 뿐 아니라 충분히 거대 기금을 만들 수 있습니다. 통일경제 추진에는 실제로 대규모 재원이 소요됩니다. 산업은행은 향후 10년간 북쪽의 SOC와 자원 개발에 152억 달러(16조 원)의 개발 자금이 필요하다고 추산한 바 있습니다. 그런데 경제협력을 포함한 남북협력의 포괄적 기금으로 정부가 공식적으로 쓸 수 있는 자금은 남북협력 기금(2006년 예산 6500억 원) 정도입니다.

01 통일경제 추진의 기금 구성을 위해서는 현재 5000억 수준의 남북협력기금을 훨씬 상회하는 정부 기금을 동원하는 것이 앞서야 한다.

02 통일경제의 비전과 신뢰도만 보여준다면 정부 기금을 기초로 다양한 방법의 국내 자본을 동원할 수 있으며 해외 자본 투자를 유도해내는 것도 얼마든지 가능하다.

정명수 이 금액은 정부 관계자의 말을 빌어도 터무니 없이 적은 액수임을 알 수 있습니다. 정동영 전 통일부 장관은 재임 시절 남북경제협력 비용은 최소 연 2~5조 규모는 되어야 적정하다고 주장한 바 있습니다. 이 금액은 OECD 개발원조위원회 22개 회원국의 국민총소득 대비 평균 정부 개발 원조 비율인 0.25퍼센트를 기준으로 산정한 연간 2조 원 수준, 그리고 UN의 권고 수준인 0.7퍼센트를 적용한 연간 5조 원을 기준으로 한 주장입니다.

한마디로 우리는 그간에 타국의 평균 원조 금액에도 미치지 못하는 정부 예산을 가지고 남북경제협력을 추진해 온 겁니다. 그 조차도 '퍼주기'라며 발목 잡는 세력이 즐비했던 것이고요.

김문주 우선은 정부가 예산의 1퍼센트 이상을 공식적인 통일경제 건설 예산으로 할당함으로써 통일경제를 이루려는 정부의 확고한 의지를 보이는 것이 무엇보다 긴요하다고 생각합니다. 나머지 자금은 다양한 방법으로 동원하는 것이 가능할 것입니다. 예로 지난해에 정부와 여당에서 기금 동원 방안으로 제시되었던 프로젝트 파이낸싱, 대북 투자 펀드 설립, 남북이 함께 발행하는 장기 통일 채권 등인데 이처럼 방법은 다양하게 구사될 수 있습니다.

하다못해 해외 자본이 아닌 막대한 국내 유동 자금 동원도 불가능하지 않습니다. 한화갑 민주당 대표는 지난해 국회대표연설에서 남북경제협력기금을 제안하며 "국내 유동 자금 450조 가운데 약 100조 정도가 장기 투자가 가능하다"고 주장한 바 있습니다. 이 막대한 부동 자금을 정부 차원에서 적극 견인하여 장기적인 민족경제 투자 재원으로 활용하는 방안이 바람직하겠죠. 앞서 말씀드린 남북협력공사 같은 공공 기업을 설립해 국민주 공모를 하여 자본을 조성하는 방식도 가능할 것입니다.

또한 국내 자본 조성이 어느 정도 활기를 띠게 되면 주변국을 포함한 해외 자본 동원 역시 가능합니다. 미국의 손아귀에 있는 IMF나 IBRD는 제쳐 두고서라도 말이죠. 지난해 블래들리 뱁슨 전 세계은행 부총재이자 북 담당 자문역은 "북의 경제 개발을 지원하기 위해서는 주변국들이 북의 지원을 전담하는 트러스트 펀드를 만들" 수 있다고 제안한 바도 있습니다.

박세길　남과 북이 적극적으로 돌파구를 찾고 한반도 평화 기운이 조성되는 조건에서는 북측도 재원 마련 방도가 없지는 않습니다. 먼저 북은 일본과 수교 시 약 100억 달러 규모의 배상금을 받을 수 있습니다. 북측 지역 경제 개발과 한반도 경제권의 장기적 투자 적합성을 보고 들어오는 외국 자본도 적지 않을 것으로 판단되나 민족경제의 주도권을 쥐기 위해서는 가급적 건전한 자본이라 하더라도 외국 자본의 비중을 낮추고 민족 자체의 자본을 활용하는 방도를 마련하는 것이 좋겠습니다.

정명수　저는 남과 북이 통일경제 건설을 위해 각기 재원을 동원하는 데 그쳐서는 안 된다는 점을 지적하고 싶습니다. 통일경제관리기구가 남북 공동 참여로 구성되면 남북 각각이 마련한 재원 중 상당 부분을 관리기구에 복속시킴으로써 실질적으로 통일 재정으로 관리되어야 합니다. 그래야 향후 남북 어디에도 귀속되지 않는 공공 부분을 창출하는 것이 가능하고, 이후 연합(연방) 정부가 준비되는 과정에서 초기적인 연합(연방) 재정의 역할을 맡을 수 있기 때문입니다.

사회　한마디로 통일경제를 위한 재원이 없는 것이 아니라 통일경제에 대한 분명한 청사진과 확고한 실현 의지가 뒷받침되지 못하는 것이 문제라고 봐야겠군요.

09

한반도 **통일 강국 시대**의 개막

사회　지금까지 통일민족경제로 가는 길을 모색해봤습니다. 이제 통일 민족경제를 밑절미 삼아 대외적인 협력 관계로 논의를 확장시켜 보도록 하죠.

박세길　통일경제가 단지 남북의 현재적·잠재적 경제 능력을 하나로 통합하여 좀더 큰 규모에서 자급자족적 경제를 이루기 위함인가 하면 절대 그렇지는 않습니다. 우리가 통일경제 대안을 강조하는 중대한 이유는 따로 있습니다. 남쪽이든 북쪽이든 반쪽의 지역 경제만을 가정하면 각기 대외적인 경제협력 체계를 구상하는 데 절대적인 한계가 있지만, 남북을 하나의 단일한 코리아 경제권으로 구상하는 순간, 대외적 경제협력을 구상할 수 있는 폭과 여지는 근본적으로 달라집니다.

　우선 남쪽 경제 단위를 봅시다. 남쪽 경제가 대외적으로 확장되는 모델은 참여정부만 해도 여러 차례 다양한 구상들이 있었습니다. 동북아 물류 허브니, 동북아 금융 허브니, 동북아 지식 허브니, 아세안+3에의

01 통일경제=코리아 경제권의 특색과 장점을 가장 잘 살릴 수 있는 대외 경제 정책은 북방대륙 경제협력 구상이다.

02 코리아 경제권 자체가 남과 북 지역 경제의 입장에서 블루오션이 될 뿐 아니라 코리아 경제권은 다시 대외 경제협력 정책에서 북방대륙 경제협력 구상이라는 블루오션을 쥐게 된다.

03 남쪽의 노동 중심 국민경제는 통일경제를 도약대로 하여 북방대륙 경제협력 구상의 새로운 발전 틀로 대안 방향을 잡아야 한다.

참여니 여러 방안들이 제기되더니 결국 한미 FTA를 통한 미국 경제권에의 완전한 통합의 길로 가고 있습니다. 내적 기반이 부족한 조건에서 결국 소극적 의미에서 중개자 역할을 자임하겠다는 거고, 그것조차도 주변 경제 대국이 수용하지 않을 때에는 무의미해집니다. 그래서 "밤새 궁리해 내놓은 게 죽을 수"라는 옛말처럼, 정부가 들고 나온 게 고작해야 한미 FTA입니다. 하나같이 공세적인 대안이 되지 못하고 강대국에 편입되거나 하위 구조로 위치 지어지는 대외 정책입니다.

정명수 북쪽 경제 단위 역시 그것만 놓고 보면 여러 제한점을 안게 되죠. 남과 북이 단일 경제로 묶이지 않고 분할된 조건에서는 미국이든, 일본이든 북의 경제적 잠재 가치에 대해 급하게 생각하질 않죠. 중국의 경우에는 얼마 전부터 동북 3성을 공업지대화시키려는 동북진흥프로젝트와 연관지어, 그리고 세계적으로 에너지와 자원을 확보하려는 전략의 일환으로 북과의 경제협력을 중앙 정부 수준에서 급격히 확대해 나가려는 의지를 보이고는 있습니다. 아직은 성급한 예단이기는 합니다만, 이 역시 북 경제의 중국 경제로의 편입 가능성을 놓고 남쪽에서 우려의 목소리가 나오고 있습니다. 실제 편입이 되든 되지 않든 북이 자체로만 대외 확장을 시도할 경우 여러 가지 제한과 난맥에 부딪힐 수 있음을 시사합니다.

김문주　그러나 남과 북을 통합한 코리아 경제권을 단위로 놓고 대외 경제협력 전략을 구사할 경우 사정은 완전히 달라집니다. 코리아 경제권을 단위로 우리는 적어도 세 개 지점에서 대외적인 확장을 시도할 경로를 갖게 됩니다.

첫째는 과거부터 남쪽이 추구해 왔던 것인데, 동으로 일본·미국 등 태평양 건너 전통적인 경제 강국들과 협력 관계를 유지하는 겁니다. 이 경제권은 지금까지 북쪽 경제와는 완전한 적대 관계로 단절되어 왔던 반면에 남쪽 경제는 해방 이후 지속적으로 동쪽의 태평양 경제권에 의지하여 경제 성장을 해 왔고, 급기야 IMF를 거쳐 이제는 한미 FTA라고 하는 최후의 경제 통합을 당국자들이 기어이 완결지으려 하고 있습니다.

둘째는 남·서쪽으로 동남아 경제권과의 협력을 위한 확장 구상입니다. 국가적 차원에서는 아세안이나 APEC* 등을 통해 협력 구조를 지향해 오고 있지만, 실제적인 성과는 개별 기업들의 진출에 의해 차별적으로 나타나고 있다고 보아야 할 것입니다. 이 지대는 실상 남과 북의 경제가 각각 자기 조건에서 진출을 시도하여 왔지만, 일본이나 중국에 비해 우월한 성과를 보였다고 판단하기는 이를 것입니다.

셋째는 중국 동북 지대, 러시아 극동, 몽골을 포함한 중앙아시아로 대외 경제협력의 외연을 확장시키는 겁니다. 이 지대는 사회주의 경제 블록이 해체된 이후 북이든, 남이든 제대로 대외 경제협력의 유력 지대로 전략적 접근이 현실화되지 못한 지역입니다. 남측은 90년대 초 노태우 정부 시절 잠깐 '북방 정책'이라는 이름 아래 시도된 적이 있었고, 북측 역시 91년 나선지구를 '경제자유무역지대'로 선포하면서 시도했지만 현재까지도 활발하지는 않구요.

사회   세 경로 가운데 하나를 배타적으로 취사 선택할 수는 없다고 봅니다. 그러나 잠재적 가능성 면이나, 통일경제의 특색과 장점을 가장 잘 살릴 수 있는 길로 보나 북방대륙 경제협력 구상에 눈길이 가는데요.

박세길   그렇습니다. 첫째와 둘째 협력 경로는 이미 기존에 충분히 있어왔던 것이고 새로운 가능성은 세 번째 경로에 풍부히 존재합니다. 우선 이 지대와 관련하여 오래 전부터 검토된 것은 유라시아를 잇는 대륙횡단 철도 구상 정도였습니다. 그러나 그것만 있는 것이 아닙니다. 몇 가지 특색을 들어보겠습니다.

이 지역은 일단 아직은 잠재성이 많은 미개척 분야이며 통일경제가 주도력을 발휘하기 좋은 여건을 가지고 있습니다. 아세안만 하더라도 이미 일본, 중국, 미국, 호주를 포함하여 경제 강국들의 경쟁이 치열한 지역입니다. 남이든 북이든 이 지역 경제를 선점하지 못한 조건에서 쉽게 이 지역 경제권과 협력하여 번영을 도모하기가 쉽지 않습니다. 그러나 북방대륙 지대는 통일경제가 전제되지 않으면 거의 아무것도 역할을 하기 어렵지만, 통일경제가 전제가 된다면 그 지경학적 요인이나 코리아 경제권의 경제력에 비추어볼 때 주도력 행사 가능성이 가장 큰 지대로 될 것입니다.

코리아 경제권이 중국의 동북 3성(헤이룽장성—인구 3800만, 지린성—인구 2700만, 랴오닝성—인구 4200여만 명)과 협력하고, 연해주라 불리우는 러시아의 극동 지대, 그리고 몽골을 우선적으로 이은 다음, 남으로는 일본 경제권과 동남아 경제권, 그리고 북으로는 중앙아시아와 유라시아 경제권을 매개할 수 있을 것입니다.

정명수　이 지역은 또한 압도적인 수의 우리 재외동포가 살고 생활하는 곳이기도 합니다. 2005년 1월 기준 재외동포 670여만 명 가운데 중국이 250만, 미국이 200만, 일본이 90만, 구 소련이 53만 명인걸 감안하면 그 비중을 미루어 짐작할 수 있으리라 봅니다. 재일교포를 포함하여, 중국의 동북 지대, 러시아 연해주 지대의 교포와 함께, 교포 네트워크를 포괄적으로 형성할 수 있는 유일한 지대이기도 합니다.

나아가 21세기는 세계적인 범위에서 에너지·자원 전쟁이 벌어지고 있는 상황 아닙니까. 재론할 여지가 없이 이 지역은 에너지와 지하자원, 농업 자원이 매우 풍부하게 집중된 곳이기도 합니다.

사회　북방대륙의 잠재성에 대해서는 정리가 될 수 있겠는데, 우리만 서두른다고 북방대륙 경제협력 구상이 현실화 되는 건 아니지 않습니까? 이해관계를 갖는 주변국들의 움직임을 살펴볼까요.

김문주　먼저 러시아가 있습니다. 러시아 극동 지역은 64조 입방미터에 달하는 거대한 천연가스를 보유하고 있는 것으로 추정되며 이 외에도 해양생물 자원, 화학공업 원료 채취, 비철금속, 목재 자원이 무궁무진한 것으로 알려져 있습니다.

〈도표 3-5〉 동북아 각국의 경제 규모

	1991[1]			2001[2]		
	인구 (백만 명)	GDP[3] (억 달러)	교역량 (억 달러)	인구 (백만 명)	GDP[3] (억 달러)	교역량 (억 달러)
한 국	43.3	2,952	1,541	47.6〈1.1〉	4,222〈1.4〉	2,909〈1.9〉
중 국	1,158.2	4,061	1,358	1,271.9〈1.1〉	11,591〈2.9〉	5,098〈3.8〉
일 본	124.0	34,888	55,515	127.1〈1.0〉	41,762〈1.2〉	7,524〈1.4〉
러시아	148.6	856	749	144.8〈1.0〉	3,100〈3.6〉	1,194〈1.6〉
몽 골	2.2	8	2	2.4〈1.1〉	10〈1.3〉	11〈5.5〉
합계(A)	1,476.3	42,765	9,165	1,593.8〈1.1〉	60,685〈1.4〉	16,736〈1.8〉
전세계(B)	5,385.0	237,811	71,009	6,133.6〈1.1〉	310,472〈1.3〉	123,064〈1.7〉
비중(A/B, %)	27.4	18.0	12.9	26.0	19.5	13.6

주 : 1) 러시아는 1992년 기준
   2) 〈 〉내는 1991년 대비 증가 폭(倍)
   3) 명목 기준

자료 : IMF, 「World Economic Outlook」 2003. 4
IMF, 「Direction of Trade Statistics Yearbook Database」 2003. 5
World Bank, 「World Development Indicators 2003」 2003. 4

이미 수년 전부터 러시아는 극동 지역의 에너지와 자원을 한반도나 일본에 공급하는 문제에 상당한 관심을 가져왔고, 이는 일부 미국의 에너지 메이저 업체들도 마찬가지였습니다.

최근 러시아의 가스 에너지가 유럽에 미치는 엄청난 파장력이 언론에 지속적으로 보도되었는데요, 러시아 국영 가스 회사인 러시아 가스 프롬은 러시아 극동과 북쪽 동해를 이어 남쪽으로 연결되는 가스관 공사를 희망하고 있고, 북쪽 역시 정치적 조건이 없다면 이를 하루빨리 하려는 의지를 보이고 있습니다. 이와 관련하여 지난해까지 9차례에 걸쳐 '동북아 천연가스 및 파이프라인 국제회의'가 개최되었지만 러시아 내부 사정과 한반도 여건 때문에 아직은 괄목할 진전을 보이지 못하고 있습니다.

러시아 정부 차원에서도 '강력한 러시아 건설'을 내세운 푸틴 대통령의 시베리아 개발 구상, 사할린 가스관의 남북 관통을 목표로 하는 '사할린 프로젝트'가 추진되고 있습니다. 푸틴 대통령이 시베리아 발전 계획으로 채택한 '2010년 극동·시베리아 개발 계획'에 따르면 러시아 정부는 시베리아 개발을 위해 2010년까지 총 4412억 루블(142억 달러)을 투자하기로 돼 있습니다. '동북아 마샬플랜'으로 일컬어지는 사할린 프로젝트는 사할린의 무궁무진한 천연가스를 남북, 중국, 일본에 공급한다는 계획으로 미국의 부시 대통령 가문과 가까운 에너지 재벌인 엑슨 모빌이 사업권을 갖고 개발을 진행중이라는 대목도 유념할 만합니다.

사회 중국의 경우는 어떤가요.

박세길 최근 외부에 알려지고 있는 중국의 동북진흥프로젝트를 살펴볼 때, 중국 입장에서도 이 지역에 대해 먼 훗날의 잠재적 가능성만이 아니라 조만간 현실화될 수 있을 강력한 개연성을 판단중인 것으로 보입니다. 마오쩌뚱 시대의 신중국 건설에서 1세대 우등 공업 지대였던 동북 3성에 대해, 중국은 2002년 11월 제16차 당대회에서 동북진흥프로젝트의 설계를 시작하고 원자바오 총리를 팀장으로 동북진흥팀을 구성했으며, 2004년 4월 동북진흥 사무실을 출범시키면서 약 8조 원의 프로젝트를 시작했습니다. 그리고 지난해인 2005년 6월 '36호 문건'으로 알려진 이른바 '동북 지역 대외 개방 가속화 방침'이라는 계획에서 단지 동북 3성뿐 아니라 북을 포함한 초국가 경제권 건설의 구상을 밝혔고, 지금 한창 이를 시행하고 있습니다.

이 같은 초국가 경제권 건설 계획의 일환으로 그동안 중국이 크게 관심을 쏟지 않던 북의 나선지구에 대해, 50년 동안 개발과 사용권을 갖는 조건으로 나진의 항만·공항 건설에 참여하고 훈춘과 나진을 잇는 고속도로 건설에 착수함으로써 진린성과 헤이룽장성의 해상 통로를 만드는 등 구체적인 행동을 보여주고 있습니다.

사회　이처럼 사고와 발상을 바꾸면 나라의 살길을 열고 얼마든지 도약할 지렛대가 분명하게 존재하는데도, 나라 안의 현실은 한편에서는 한미 FTA 아니면 살길이 없다며 매달리고, 다른 한편에서는 북 경제가 중국에 편입되느니 하면서 강 건너 불구경식이니 정말 우려스러운 상황입니다.

정명수　남북경제협력에 대한 정부와 국회의 상상력이 최고조에 달했던 지난 2005년 10월 당시 통일부차관이었던 이봉조 전 통일부차관은 "북방 투자는 새로운 시장 창출과 선점을 위한 것 … 우리는 이제 바다만 바라보지 말고 대륙을 블루오션으로 개척해 반도 국가로서의 경제적 가치를 최대한 활용해야 한다"고 주장했습니다. 그 이전까지의 발언들에 비해 그나마 진일보한 것이고 종합적인 북방대륙 정책 사고로 읽혀집니다. 그러나 이런 적극적인 관점은 현정부 내에서 거의 영향력을 발휘하지 못합니다.

박세길　참여정부의 정태인 전 국민경제비서관도 최근 추진되고 있는 한미 FTA를 맹비판하면서 다음과 같은 발언을 했습니다. "한미 FTA 발표 이후에 중국이 러시아, 북과 함께 하바로프스크, 나선지구를 포함하는 광역 경제자유무역지대를 선포했습니다. 이건 제가 동북아위원회에 있을 때부터 빨리 투자해야 한다고 했던 곳인데, 지금이라도 한국의 기술과 남아도는 돈을 거기에 투자해야 합니다."

한미 FTA를 반대하면 구한말식 쇄국주의라고 몰아붙이는 반지성적 풍토에서 그나마 이렇게 북방대륙 경제협력 체제 구축을 생각하는 분들이 노무현 정부에서 자의반 타의반 밀려나고 있는 실정입니다.

김문주 코리아 경제권 자체가 남과 북 모두에게 블루오션이 될 뿐 아니라 코리아 경제권은 다시 대외 경제협력 정책에서 북방대륙 경제협력이라는 블루오션을 쥐게 된다고 할 수 있습니다.

사회 늘 강대국 경제에 의존하여 살길을 찾아왔던 지난 역사에 비하면 우리 민족이 최소한 평등한 입장에서 추진할 수 있는 북방대륙 경제협력 구상은 실로 의미 있는 대안이라고 봅니다. 그런데 이런 대외 경제 구상은 곧 동북아의 정치·군사·외교 전략 면에서도 새로운 지평을 제공할 개연성이 높다고 보는데 이는 어떻게 생각하시는지요.

박세길 그렇습니다. 한미 FTA를 추진하고 있는 외교통상부 당국자들도 드러내 놓고 밝히고 있듯이 한미 FTA를 통한 한국 경제의 미국 경제로의 통합은 필연적으로 한미동맹을 현재 수준보다 더 강화된 형태로 몰고 갈 수밖에 없습니다. 그런데 현재의 한미동맹 구조가 우리 국익을 위해 바람직한 것인가를 차치하더라도 향후 동북아 정치, 경제적 지형을 놓고 볼 때 한미동맹 강화가 긍정적으로 영향을 줄 것인가는 정부 인사들 사이에서도 논란이 많은 문제입니다. 향후 중국 경제의 성장 등을 놓고 볼 때, 오히려 미국 일변도의 의존형 경제 구조는 중국이나 러시아

를 정치·군사적으로 긴장하게 만들어 동북아에서 남쪽의 경제적 운신
폭을 좁힌다는 의견도 만만치 않다는 거죠.

김문주　이런 사정을 놓고 볼 때 현재의 한미동맹 구조는 향후 강화시
켜야 할 것이 아니라 오히려 지나친 편중됨을 시정해야 할 대상이고, 참
여정부 표현대로 과거보다 훨씬 더 동북아에서 균형자적 위치를 점하
려고 노력하는 것이 우리 국익에 맞다고 봅니다.

　그런데 동북아에서의 균형자 위치는 자임한다고 해서 얻어지는 것이
아니라, 우선 대외 경제협력 정책이 수평화·다국화되어야 정치·군사
적으로도 그러한 관계로 재조정할 수 있는 물질적 기반을 갖게 된다는
거죠. 통일경제＝코리아 경제권의 조속한 형성이야말로 남과 북의 위
치를 미국이나 중국에 일방적으로 복속되지 않으면서 우리의 자리를
제대로 찾기 위한 유일하고도 강력한 물질적 기반이라고 볼 수 있습니
다. 이러한 사정을 놓고 볼 때에도 코리아 경제권의 확립은 정치·군사
적으로도 한반도가 동북아에서 제 자리를 찾기 위한 가장 중요한 토대
라고 보아야 합니다.

사회　신선하고 의욕적인 구상이 많이 나왔는데요, 끝으로 통일민족경
제에 대해 덧붙이고 싶은 말씀을 한 마디씩 해 주시죠.

정명수　제가 마지막으로 재확인하고 싶은 문제는 북방대륙 경제협력
구상이 통일민족경제 건설 이후의 과제인가 하는 점입니다. 실제 추진
과정은 거의 동시 병행적이어야 한다고 봅니다. 우리의 전략 추진 방식
은 일견 통일경제 건설을 추진하면서 동시에 통일경제 건설을 전제로

261

북방 경제 구상을 현실화시켜 나가기 위한 여러 대책을 강구하고 이웃 나라들과 협력을 모색해야 한다고 생각하는 거지요. 우리가 글로벌 시대의 동북아 지역 협력을 절실히 필요로 하면 하는 만큼 그 필수 토대인 통일경제 추진을 서둘러야 하며, 반대로 통일경제 추진을 현실화시켜 남쪽을 포함한 코리아 경제 시스템의 성장을 바라면 바랄수록 북방 대륙으로 뻗어나갈 대책을 강구해야 한다는 겁니다.

박세길　우리는 앞서 남쪽 경제의 대안을 검토하면서 현재의 주주자본주의 시스템을 노동 창의성이 발현될 노동 주도 국민경제 시스템으로 전환해야 한다고 했습니다. 이제 남쪽의 노동 주도 국민경제가 한반도 범위에서는 통일경제를 지향함으로써 우리 민족의 자체적 토대를 대폭

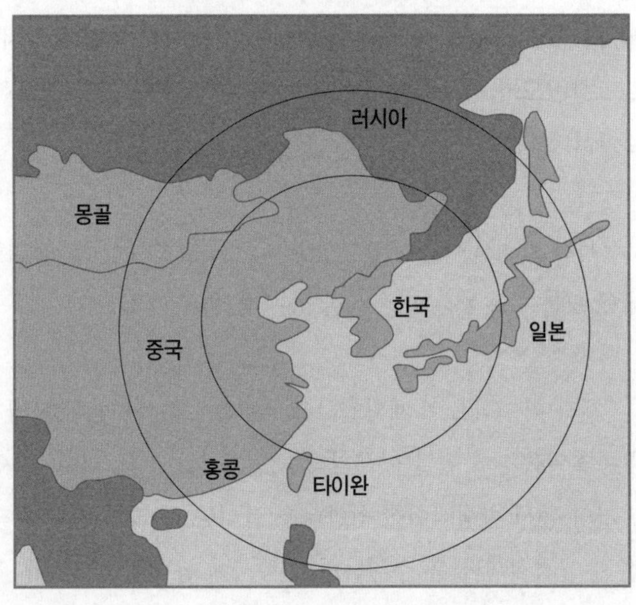

〈도표 3-5〉 동북아에서 한국의 위치

확장시키고, 다시 이를 발판으로 북방 대륙에 눈을 돌려 북방대륙 경제 협력 구상을 추진시켜 나가는 대안적 방향이 완성될 수 있을 것 같습니다. 노동 주도 국민경제 → 민족통일경제 → 북방대륙 경제협력 구상의 기본 틀을 축으로 우리 민족의 새로운 도약과 발전을 모색해 봐야 한다고 봅니다.

김문주 조국의 비전을 그려보고자 하는 많은 이들이 강대국 틈에 끼인 현실과 분단의 왜소한 처지를 어찌할 수 없는 조건으로 생각하면서 가슴아파하거나 체념하기도 합니다. 싱가폴이나 홍콩 같은 섬나라 또는 인구 700만의 스위스, 인구 900만의 스웨덴 등 작은 규모의 경제 부국을 우리의 미래 대안으로 삼는 '강소국' 논리가 나오는 것도 이 때문이죠.

그러나 민족경제에 의해 뒷받침될 통일 한반도의 미래는 결코 소국이 아닙니다. 우리 민족은 처절한 동족간 전쟁으로 모든 것이 파괴되고 반세기 이상 분단된 조건에서도 남쪽은 세계 11위 교역국으로 성장했으며 북쪽은 또 북 나름대로 세계 최강대국인 미국의 포위 고립에도 불구하고 자립성을 지키려는 노력을 해왔습니다.

남과 북 7000만, 해외동포까지 8000만 우리 민족이 힘을 합해 통일경제를 우뚝 세우고 자주적으로 미·일·중·러 주변 강대국들과 외교 관계를 재정립한다면, 우리는 주변국들의 간섭이 아니라 지지와 동의를 주도적으로 이끌어내면서 비로소 한반도 통일 국가를 건설할 수 있을 것입니다.

사회 그렇습니다. 한반도의 백년대계가 통일경제의 구상에 담겨 있다고 해도 과언이 아닙니다. 통일민족경제는 우리가 동북아에서 캐스팅 보트를 행사하며 중심적 교량 역할을 수행하기 위한 필수 담보입니다. 동북아의 평화와 경제협력은 또한 미국 주도의 패권적 세계 질서를 변화시킬 주요한 고리이기도 합니다. 한반도는 그 핵심에 있습니다. 오늘을 살아가는 우리의 무게와 고통이 큰 것은 이러한 과제를 짊어지고 있기 때문입니다.

경제 대안과 통일 대안을 검토하면서 우리는 커다란 희망과 포부를 발견했습니다. 그만큼 막중한 과제도 우리 앞에 놓여 있음을 새삼 실감하면서 이것으로 통일 대안 논의를 마치겠습니다.

Part 04

그런 의미에서 직접정치 체제를 실현시키는 현실적 방법은 현존하는 국회를 전면 부정하고 새로운 대의 체계를 세우기 위한 국민적 운동입니다. 특정 정치세력과 연합하는 기술적인 방식으로는 우리의 대안이 이루어지지 않는다는 것이지요. 국민들이 현재의 국회에 보내는 냉소와 조롱 그리고 염증을 넘어서 정치 체제를 전면적으로 바꾸어 내겠다는 주체의식을 가질 때 가능한 일입니다. 이는 새로운 수준의 민주화투쟁입니다.

참여를 넘어 '국민직접정치'로

01

참여정부의 정치 노선은
'정치적 신자유주의'

사회　지금까지 우리의 경제 대안과 통일 대안에 대해 깊이 있는 토론을 벌였습니다. 노동 중심 경제와 통일민족경제를 논의하면서 새로운 사회의 밑그림이 어느 정도는 그려졌다고 생각하는데요. 문제는 노동 중심 경제와 통일민족경제에 대한 주장이 논리적으로 아무리 타당하다고 하더라도 그것을 현실화할 방법이 중요하다는 점입니다. 누가 어떻게 노동 중심으로 경제를 재편할 것인가, 누가 어떻게 통일민족경제를 형성할 것인가의 문제를 고려할 때, 우리가 짚어야 할 지점은 바로 정치입니다. 정치의 중요성을 놓고 볼 때 정치를 '정치판' 정도로 인식해서는 안 될 것입니다. 정치를 혐오하거나 경멸하게 만드는 것은 누군가의 노림수입니다. 국민들이 정치를 혐오하게 되면 정치를 담당해온 지배자들이 타격을 입을 것 같지만, 오히려 국민들의 정치적 무관심은 정치인들이 자기 멋대로 정치를 주무를 수 있게 만드는 원인이 됩니다. 정치혐오는 정치인들에게 가장 큰 이익이 되는 것이지요. 그럼 지금부터 한국 정치를 본격적으로 짚어봅시다. 먼저 노무현 정권이 들어선 뒤 한국

01 신자유주의는 경제 질서에만 국한되는 것이 아니다. 정치 질서·사상·문화의 조류로 경제와 상부 구조 차원까지 영향력을 미친다.

02 노무현 정권의 신자유주의 정책이 사회 양극화와 권력 기관 간의 난립을 초래했다. 국민적 평등권과 국민 간의 연대 의식이 후퇴함으로써, 한국의 민주주의는 크게 퇴보하고 있는 현실이다.

03 새로운 정치적 대안을 준비하지 못하면 정치적 신자유주의의 포로가 된다. 좌회전 깜박이를 넣고 우회전하는 노무현 정부가 단적인 사례다.

정치의 현실부터 이야기하는 것이 좋겠네요.

김문주 2002년 12월 대통령 선거에서 노무현 후보가 당선되었을 때, 많은 사람들이 한국 민주주의가 큰 진전을 이룰 것으로 기대했습니다. 장편소설 『태백산맥』의 작가 조정래는 텔레비전 개표 방송을 지켜 본 뒤 노 후보의 당선이 확정되자 "이것은 혁명이다"라고 말했을 정도입니다. 특히 노사모의 열정적 활동은 한국 정치사에서 새로운 실험이었다는 평가가 지배적이었습니다.

실제로 저 자신도 노사모의 활동에서 깊은 인상을 받았지요. 노사모를 비롯한 국민들의 역동적인 모습에 매우 고무되기는 했지만 노무현 후보에게 큰 기대를 걸지는 않았습니다. 노무현 후보의 당선은 개혁세력이 독자적인 힘으로 수구보수세력과 대결하여 승리했다는 데 오히려 의미가 있었지요. 그래도 일말의 기대를 걸기는 했는데, '참여정부'를 내세운 노무현 정권의 집권 4년차에 접하면서 답답함을 넘어 작은 기대마저 물거품이 되었습니다. 민주주의가 진전되기는커녕 심각한 위기를 맞고 있다고 봅니다.

사회　저도 2002년 대선에서 나타난 노사모의 활동에서 한국 정치의 새로운 가능성을 읽었습니다. 하지만 노무현 정권의 실정과 함께 노사모가 보여줬던 건강한 힘, 새로운 가능성도 퇴색되었다고 생각합니다. 그럼에도 노무현 정권을 균형적으로 평가하자면, 먼저 노사모의 시각에서 볼 필요가 있는데요. 노 정권에 들어와 민주주의가 심각한 위기를 맞고 있다는 진단에 대해 노사모 쪽에서는 균형을 잃은 과도한 비판이라고 반박할 것 같습니다. 이를테면 권위주의적 정치 문화가 사라진 것은 노 대통령의 치적이라고 주장할 수 있을 텐데요. 어떻게 보시는지요.

김문주　참여정부는 민주주의를 일정하게 진전시켰다고 평가하는 것이 일반적입니다. 또 그 평가가 일말의 진실을 담고 있기도 합니다. 저는 그것을 일단 '노무현식 민주주의'라고 규정하고 싶은데요, 대통령으로 권한이 집중된 권력기관에 대한 고삐를 놓고 분권화를 촉진했다는 측면에서는 긍정적 평가를 받곤 합니다. 그러나 판단에 혼선이 올수록 원론에 충실할 필요가 있습니다.

　민주주의의 기본 내용은 자유와 평등 아닙니까? 이는 민주주의를 구성하는 필수 항목입니다. 자유와 평등은 길항 관계이기에 자유를 강조하는 자유민주주의와 평등을 강조하는 사회민주주의로 분화·발전되었습니다. 평등을 과도하게 강조하여 자유를 구속해도 안 되지만, 역으로 자유를 강조하여 평등을 후퇴시켜도 민주주의는 약화되는 것입니다. 냉정히 평가하자면 노무현 정권 동안 사회 양극화가 심화되어 국민들의 평등권이 크게 후퇴함으로써 민주주의의 위기를 가져왔습니다. 더구나 국민의 힘에 기초하지 않은 권력의 권위 해체 내지 분권화는 민주주의의 심화가 아닌 권력 난립을 조장하였다고 보는 게 정확합니다. 심지어 경찰청장조차 대통령에게 정면으로 맞서는 일도 일어나지 않았습니까? 사회 양극화와 권력 난립, 민주주의 위기가 분명합니다.

김병권　자유를 강조하는 게 자유민주주의이고 평등을 강조하는 게 사회민주주의라는 논리는 다소 보수적인 논리입니다. 사실 자유와 평등은 길항 관계일 수가 없습니다. 평등이 완벽히 구현될 때 완전한 자유가 가능하다고 봅니다. 평등 없이 자유가 가능할지는 회의적입니다. 평등이 보장되지 않는 자유민주주의의 자유라는 것이 사실은 사회적 강자들만의 자유로 전락하지 않았나요? 사회 양극화란 사회적 약자들의 자유를 침해할 수밖에 없다는 점에서, 말씀하신 대로 사회 양극화로 인해 민주주의가 위기에 처했다는 진단에는 전적으로 동의합니다. 참여정부의 신자유주의적 경제 정책 아래에서 중산층들의 삶이 대거 무너짐으로써 우리 국민의 양극화는 극단적으로 심화되었습니다. 무엇보다 자본소득과 노동소득의 차이가 커져 가고 있습니다. 그 기본적 양극화 위에서 각 부문마다 양극화가 심각해지고 있습니다. 대기업과 중소기업, 정규직 노동자와 비정규직 노동자의 양극화가 있는 한편으로 대기업 내부에서도 정규직 노동자 내부에서도 양극화는 관철되고 있습니다. 부익부·빈익빈 현상이 가속화되면서 절대 빈곤층도 늘어나고 있지 않습니까?

　갈수록 양극화가 심화되는 상황에서 '권력 기관의 자유'를 확대하는 민주주의는 말 그대로 '빛 좋은 개살구'에 지나지 않습니다. '노무현식 민주주의'라는 개념이 드러내주고, 노 대통령도 스스로 고백했듯이 권력은 이미 시장으로 넘어갔습니다. 여기서 짚어야 할 대목은 시장으로 권력이 넘어가는 과정에서 다름 아닌 노 대통령 자신이 큰 구실을 했다는 사실입니다. 시장에 모든 권력을 넘겨주어 신자유주의적 양극화를 심화시킨 것은 결국 민주주의의 후퇴를 의미합니다. 민주주의의 발전을 위해서는 우리 사회의 양극화를 말로만 아니라 실제로 해소할 수 있는 구체적 대책을 세워야 합니다.

정희용　노무현 정권이 내세우는 '권력 기관의 자유' 또는 '분권화'의 실체가 모호한 것도 큰 문제입니다. 물론, 민주주의가 발전해나가면서 분권화가 촉진되는 것은 바람직한 일입니다. 미미하기는 하지만 검찰 개혁이나 국가정보원 개혁에서 볼 수 있듯이 분권화를 통하여 권위주의적 요소를 약화시키는 성과를 낸 것도 부인할 수 없는 사실입니다. 그러나 노 정권의 분권화 정책에는 근본적인 함정이 있습니다. 국민의 아래로부터의 민주적 힘에 기초해서 권위주의적 국가 기관을 개혁하거나 그에 걸맞은 입법 과정이 없이 분권화가 이뤄지고 있기 때문입니다. 그럴 경우 분권화, 권력 분립은 실제로는 분립이 아닌 난립일 뿐입니다. 실제 정치 현실이 그렇지 않습니까?

　현재 국가가 필수적으로 갖추어야 할 기능과 지도력이 많이 축소되었습니다. '작은 정부'라 하기도 어렵습니다. 작은 정부를 넘어 '무권력 정부'에 가까운 상태로 전락했습니다. 국가 기관이 국민의 힘에 기초하여 권력을 행사하는 것이 아니라 각자의 권력을 남발하며 서로 갈등하고 대립하는 양상이 줄이어 나타나고 있습니다. 그런 의미에서 노무현 정권의 분권화는 권력을 국민에게 돌린 것이 아니라고 평가해야 옳습니다. 형식적 분권화에 멈추어 혼란을 가중시키며 민주주의의 후퇴를 초래했을 뿐이지요. 국민의 힘에 의해 통제되는 분권화 체계를 만들어 내야 함에도 그렇지 못했습니다.

김병권　그래서 저는 노 정권의 노선을 '정치적 신자유주의'라고 규정합니다. 우리 사회에서는 흔히 신자유주의라면 단순히 경제 체제의 문제만으로 알고 있습니다. 하지만 그렇지 않습니다. 미국이 세계적으로 주도하고 있는 신자유주의는 경제적 차원을 넘어서 있습니다. 경제 질서이자 정치 질서입니다. 더 나아가 사상·문화의 조류이기도 합니다. 경제 질서로서 신자유주의는 시장 지상주의이자 주주자본주의입니다. 정치적으로는 국민 사이의 연대감을 해체하는 수준의 자유주의이며 국민 대다수의 정치 참여를 배제하는 정치적 엘리트주의로 나타나지요. 사상·문화적으로는 더 말할 나위 없이 미국의 문화적 패권주의입니다.

김문주　신자유주의에 대한 대안적 사고도 경제 논리의 연장선에서만 천착하고 있습니다. 안타까운 일입니다. 신자유주의는 경제라는 하부 구조의 변화만이 아니라 정치·사상·문화와 같은 상부 구조의 변질까지 강요하는 총체적인 지배 체제인데 말입니다.

정희용　크게 보면 아이엠에프 구제금융을 받은 이후 한국 사회는 신자유주의 체제 극복이라는 총체적 목표와 맞닥뜨리고 있습니다. 그런데 지금까지 우리 사회에서는 신자유주의에 대한 대항 담론을 하부 구조의 차원에서만 집중해왔습니다. 상부 구조에 대한 논의는 실종되어 버렸지요. 그 결과 정치 경제적 사고에 큰 허점이 드러나고 있습니다.

이를테면 경제에서는 신자유주의에 반대하는 사람들이 정작 정치체계에서는 신자유주의적 발상에서 벗어나지 못하거나 심지어 그것을 옹호하는 모순에 빠져 있습니다. 스스로 '좌파 신자유주의자'라고 표현했듯이 좌회전 깜박이를 계속 켜면서 실제로는 우회전을 하는 노무현 정권의 모습도 정체성 혼돈의 단적인 사례입니다. 신자유주의 극복을 위해서는 당연히 그에 대항하는 대안적인 정치 구조와 이념이 만들어져야합니다.

〈도표 4-1〉 노무현 정권의 정치적 신자유주의

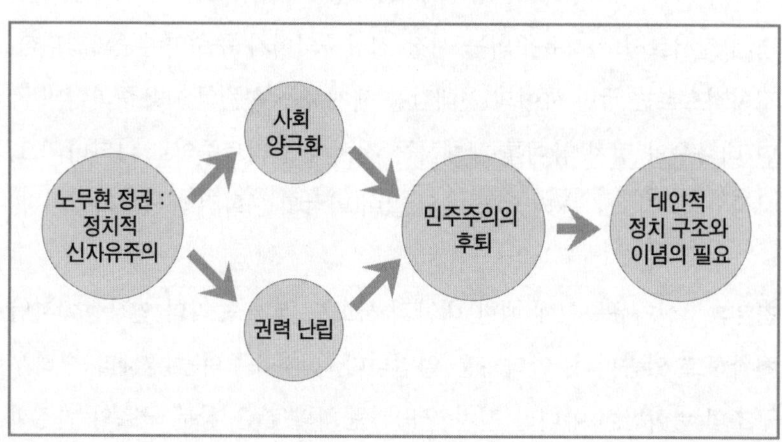

02

형식적 **민주주의**가 완성되었다는 **착각**

사회 세 분의 의견을 들어 보니 참여정부의 정치, 곧 '노무현식 민주주의'는 '정치적 신자유주의'에 지나지 않는다는 것으로 집약되는 것 같습니다. 세 분의 의견이 거의 일치하기 때문에 대립각이 형성되지 않는데요. 어쩔 수 없이 이번에도 사회자인 제가 '악역'을 맡아야 할 것 같습니다. 노 정권이 국가정보원이나 검찰, 국세청 등 과거 정권들이 장악해온 권력 기관들에게 '자유'를 주었다는 점에서 이제 형식적 민주주의는 온전히 이루었다, 또 그런 평가에 인색할 필요도 없다는 주장이 있습니다. 어떻게 생각하십니까?

김문주 물론, 그런 평가가 나오고 있는 걸 모르지 않습니다. 또 노무현 정권이 치적을 이뤘다면 굳이 인색하게 평가할 뜻도 전혀 없습니다. 하지만 저는 다른 시각을 제시해 보려 합니다.

1987년 6월 항쟁 이후 이제 한국 민주주의의 형식은 완결되었고, 다만 내용의 민주화가 정착이 안 되었다는 주장이 많습니다만, 저는 그것

01 87년 6월 항쟁 이후 만들어진 민주주의 형식으로는 오늘날 국민들의 민주적 욕구를 담아낼 수 없기 때문에, 민주주의 형식 자체의 발전이 수반되어야 한다.

02 국회, 헌법재판소 등이 국민들의 지향과 동떨어진 행보를 일삼는 것은 '형식적 민주주의가 완성되었다'는 판단이 성급한 것임을 입증한다. 변화된 민주적 의식 수준은 새로운 민주주의 형식을 요구한다.

03 단순한 투표 행위가 아니라 변화된 상황에 맞도록 정치 제도를 언제라도 변형시킬 수 있는 국민들의 '자치'야말로 민주주의의 참모습이다.

이 잘못된 판단이라고 단언합니다. 이유는 아주 명쾌합니다. 내용이 갖춰지지 않았는데 형식이 완결될 수 있을까요? 그럴 수 없습니다. 6월 항쟁으로 만든 민주주의 형식으론 현 시기 우리 국민들의 민주적 욕구를 담아낼 수 없기 때문입니다. 무엇보다 민주주의를 분석하면서 형식과 내용을 나누는 규정 자체가 문제입니다. 이를테면 형식이 민주화되었다는 표현은 이미 현재의 민주정치 체계가 형식적으로는 완성되어 있다는 것을 의미합니다. 하지만 과연 그러합니까? 과거 독재정권 시절에 비한다면 일견 수긍이 갈 수도 있습니다. 그러나 현 정치 제도가 국민의 의식 수준과 요구에 부합하는가를 따져보면 전혀 다른 답이 나올 수밖에 없지 않을까요?

정희용 형식과 내용을 구분하는 것은 참 편리한 사고입니다. 가령 노무현 정권 지지자들 가운데는 민주주의가 진전되지 못하는 원인을 과거 개발독재의 잔존 세력들이 청산되지 않았다는 사실에서 찾고 있습니다. 물론, 우리 사회 곳곳에 독재의 잔류 세력이 강고하게 남아 있는 것도 사실입니다. 하지만 민주화의 내용이 과연 구세력의 청산만으로 진전되는 것인지는 찬찬히 자문해 볼 필요가 있습니다. 더구나 그런 논리는 의도했든 아니든 현재 정치제도나 민주주의의 내용적 성숙이 지연되고 있는 책임을 수구세력에게 돌려버림으로써 정작 문제의 본질을 찾지 못하게 만듭니다. 적어도 국민들은 소위 개혁세력의 단독 집권을 이루어 주었고 또 탄핵 돌풍 이후 집권당을 다수당으로 만들어 주었습니다. 이러한 참여정부 아래서 민주주의 발전이 지체되는 책임을 수구세력에게만 전가하는 것은 거의 변명에 가까운 것입니다. 수구세력의 책임이 전혀 없다는 게 아니라, 이미 국가 경영의 책임은 개혁세력에게 있다는 것입니다.

김병권　실제로 참여정부는 형식도 내용도 6월 항쟁 '버전'으로는 다 갖추어낸 정부라고 할 수 있습니다. 하지만 우리가 생생하게 목격하고 있듯이 노무현 정권 아래서도 정치 불안은 지속되고 있습니다. 여전히 국민들은 거리로 뛰쳐나와 촛불을 들고 있습니다.

사회　촛불만이 아니지요. 노동자·농민이 스스로 목숨을 끊고 있고, 심지어 평생 흙과 더불어 살아온 농민이 아스팔트에서 '공권력'이 휘두른 폭력에 맞아 죽는 참극이 일어나고 있지 않습니까?

김병권　그렇습니다. 노동자·농민의 절규와 몸부림에서 확인할 수 있듯이 노무현 정권 아래서 정치적 불신은 더욱 증폭되고 있습니다. 심지어 개혁세력에 실망한 국민들의 지지가 오히려 일부나마 한나라당과 같은 수구세력에게 돌아가는 상황까지 벌어지고 있습니다. 동시에 지지 정당이 없는 정치 혐오층이 점차로 증가하고 있는 사실도 눈여겨 볼 필요가 있습니다. 이런 현상을 어떻게 이해해야 될까요? 저는 민주주의의 형식과 내용을 분리하면 안 된다는 명제가 많은 걸 설명할 수 있다고 봅니다.

노무현 정권 아래 한국의 정치 현실을 단적으로 규정하자면 "국민의 요구가 정치 제도를 통하여 체계적으로 반영되지 못하고 왜곡·변질되고 있다"고 할 수 있습니다. 국민 사이에 엄연히 민주적 요구가 존재하는데, 이를 수용해낼 수 있는 정치 시스템이 없습니다.

김문주 국민들의 요구가 현재의 정치 제도에서 왜곡·변질되고 있다는 것은 매우 좋은 문제 제기입니다. 87년 6월대항쟁으로 만들어진 정치 시스템이 지금까지 유지되고 있습니다. 87년 이후 노태우, 김영삼, 김대중 정권 시절에도 노무현 정권과 같은 문제는 지속되었습니다. 그런데 왜 하필이면 노무현 정권에 이르러 제도의 문제를 제기하는가라는 반론이 있을 수 있습니다. 저는 노무현 정권이기 때문에 이러한 문제 제기가 가능하다고 봅니다. 노태우, 김영삼 정권 시절만 해도 제도의 문제보다는 수구보수세력이 문제라고 인식했고, 김대중 정권도 DJP 연대라는 틀에서 자유로울 수가 없었습니다. 제도보다는 집권세력의 문제로 보았던 것이지요. 그런데 어떻습니까? 노무현 정권은 순수하게 개혁세력의 힘을 바탕으로 국민적 열망을 담아 정권을 창출해 놓고도 과거와 동일한 모습을 보이고 있지 않습니까?

이제는 집권세력이 누구냐의 문제보다는 87년 헌법 아래 구성된 정치 제도의 문제에 주목할 필요가 있습니다. 현재의 정치 제도는 분명 국민들의 민주적 의사를 왜곡하는 요인이 있다고밖에 볼 수 없습니다.

사회　노무현 정권에 이르러서야 한국 정치의 시스템 문제가 비로소 선명하게 드러난다는 이야기군요. 민주주의의 형식과 내용을 분리할 수 없다는 점은 중요한 착안점입니다. 다만 기존의 담론에서 형식적, 또는 절차적 민주주의와 내용적, 실질적 민주주의를 구분한 데에는 여러 고려 사항이 있었던 것 같습니다. 가령 자유민주주의를 형식적 민주주의로, 그를 넘어선 사회적 민주주의나 진보적 민주주의 일반을 실질적 민주주의로 표현했다고 보는데요. 이러한 구분에는 민주주의를 논의하는 데 변혁성을 중시하는 배경이 깔려 있었다는 생각이 듭니다. 그 점을 놓칠 때, 자칫 우리의 논의가 근본적인 사회 변혁의 관점을 상실할 우려가 있지 않을까요?

김병권　형식적 민주주의를 넘어서는 변혁성을 강조하기 위해 실질적 민주주의를 주장하는 것은 충분히 이해할 수 있습니다. 그런 전제 위에서 오늘날의 형식적 민주주의를 넘어 한 발 더 나아갈 필요가 있지 않을까 싶어요. 형식을 제대로 갖춘, 국민의 요구를 온전히 수용할 수 있는 민주주의를 구현해 나갈 필요가 있다는 것이지요. 그럼으로써 제대로 된 형식에 변혁적 내용을 담을 수 있다고 봅니다.

사회　변혁성을 담아낼 형식은 어떤 것인지 고민하고 그것을 정책 대안으로 내놓아야 할 때라는 말씀이지요?

김병권　그렇습니다. 조금 더 구체적으로 들어가 보면, 논지가 분명해

지리라고 생각합니다. 당장 한국 정치를 살펴보면 국민의 뜻을 거스르는 정치 제도가 많다는 점을 들 수 있습니다. 2004년 봄이었지요. 노무현 대통령에 대해 탄핵을 결정한 국회를 봅시다. 저는 임기를 한 달 정도 남겨둔 국회가 5년 임기에서 1년 만 보낸 대통령을 탄핵하는 모습을 보며, 이는 단순히 국회를 장악하고 있는 국회의원만의 문제는 아니라는 판단이 들었습니다. 현행 국회 제도 자체에 심각한 결함이 있는 것입니다.

정희용　국회도 그렇지만 국민의 뜻이 반영되지 않는 헌법재판소도 문제가 큽니다. 6월대항쟁 뒤 개정한 헌법에 헌법재판소 규정을 만들 때, 그것이 우리 사회의 민주주의 발전에 기여하리라는 기대가 많지 않았습니까? 그동안 헌법재판소가 일부 전향적 결정을 내린 사례도 없지는 않습니다만 민주주의 발전에 긍정적인 역할을 할 것이라는 기대를 충족시켜주진 못했던 게 사실입니다.

오히려 헌법재판소가 국민들보다 상위에 있는 마지막 주권 기구, 최고 의사결정 기관처럼 자리잡는 모습마저 나타나고 있습니다. 현행 헌법에 따를 경우, 만약 국민들 절대 다수가 원하는 사안도 헌법재판소가 위헌판결을 내리면 헌법재판소의 결정에 무조건 따라야 합니다. 상식적으로 이것이 민주주의일 수는 없지요. 국민들이 선출한 대통령을 탄핵하는 최고 결정 권한이 국민들이 아닌 헌법재판소에 있다는 것도 민주주의 원칙에는 맞지 않는 것으로 보입니다.

김문주　문제는 국회와 헌법재판소의 비민주적 행태를 국민 대다수가 어쩔 수 없는 것으로 여기는 데 있습니다. 하지만 이라크 파병이나 자유

무역협정 체결처럼 아주 중요한 국가적 사안들을 국민 다수의 반대에도 불구하고 정부와 국회가 자의적으로 결정하고 있는 것은 그냥 지나칠 수 없는 문제입니다.

　냉철히 따져보면, 국론이 분열되는 사안을 국민의 민주적 의사를 통해 검증받으면서 결정할 수 있는 정치 제도가 없다는 데 문제의 핵심이 있습니다. 결국 현재의 민주정치 제도는 87년 6월대항쟁의 성과를 당시 정치세력들이 적절히 자신들의 잇속에 맞게 변질시킨 결과물에 지나지 않습니다. 바로 그렇기에 현재 한국의 민주주의 형식으로는 국민의 민주적 열망을 담아 낼 수도 없고 소화할 수도 없다는 것이 특히 참여정부를 통해 입증되고 있는 것입니다.

사회　여러분들의 의견에 충분히 공감하나, 자칫 그러한 논의가 국회나 헌법재판소 무용론으로 비쳐지는 면도 있는 것 같습니다. 그러한 논의가 오히려 국민들의 정치 혐오증을 더욱 부채질할 위험은 없을까요?

김병권　우리의 논의가 그렇게 비쳐져서는 안 되지요. 기존 정치 시스템에 대한 비판만 있고 대안이 없다면 그런 인상을 줄 우려가 있습니다. 그러나 우리는 새로운 대안을 제시하는 것이 목적이니까요. 무엇보다도 현재의 시스템을 고정불변한 것으로 생각하는 사고가 가장 큰 문제라고 생각합니다. 변화된 현실에 기존의 제도가 조응하지 못할 때에는 주권자인 국민들이 스스로 그것을 변화시켜야 한다는 민주주의의 기본 원칙이 지켜져야 한다고 봅니다.

정희용　민주주의를 단순히 '다수의 지배'로만 이해해서는 안 됩니다.

민주주의는 무엇보다도 정치공동체의 구성원들이 자신들이 살아가는 사회 제도를 스스로 만들어 낼 수 있다는 '자치'의 원리에 기초해야 본 연의 의미가 살아납니다. 현존 제도를 주어진 것으로 놓고 투표 행위를 통해 누가 지배할 것인가를 선택하는 데 그치는 것이 아니라, 국민들이 게임의 규칙 자체를 바꿀 수 있는 것이 바로 민주주의 아니겠습니까?

김문주　그렇습니다. 국회나 헌법재판소의 무용론을 말하는 것이 아니라 그것이 국민들의 민주적 의식 수준에 맞게 새로운 형태로 변형되어야 한다는 것이 핵심입니다. 현행 국회나 헌법재판소는 국민의 의지를 반영하기보다는 왜곡하는 측면이 많다는 것입니다. 문제 해결의 초점은 민의를 왜곡하는 국회나 헌법재판소를 어떻게 민주주의에 긍정적인 기능을 하는 기관으로 변형할 것인가에 있습니다.

<도표 4-2> 국민 요구와 현존 민주주의 형식의 부조응

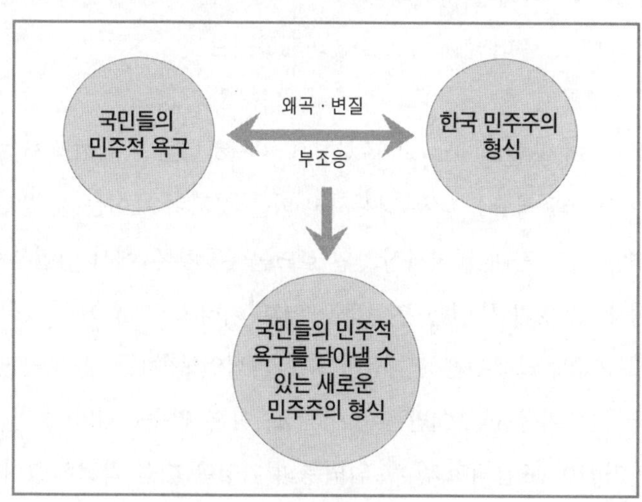

03

대통령제의 민주화를 넘어 대의제의 민주화로

사회 이제 우리 논의도 자연스럽게 각론으로 들어가야 할 것 같네요. 그런데 현재 국회가 국민의 뜻을 거스른다는 주장은 좀더 부연 설명이 필요해 보입니다. 국회의 구성이 총선이라는 국민적 투표 행위를 통해 이루어졌다면, 국회가 국민의 뜻을 거스른다는 주장은 반박을 받기 쉽다고 보는데요. 좀더 구체적으로 논의해볼까요?

정희용 우리가 현재 국회의 문제점을 지적하다보니 국가에서 입법부가 갖는 위상과 역할을 너무 경시하고 있는 것처럼 보이는 것 같기도 합니다. 대표적인 근대 정치사상가인 로크는 『통치론』에서 입법부를 "국가에 형태, 생명과 통일을 부여하는 영혼"이라고 말했습니다. 근대 정치의 태동기에 입법부는 전제군주의 자의적인 통치를 막는 인민의 대표 기구라는 위상을 부여받은 것이지요. 이후 민주주의가 발전하면서 보통 선거권이 도입되고 난 후 입법부의 위상은 더욱 확고해집니다. 문제는 국민들의 직접 선거를 통해 입법부를 구성하는 경우에도 입법부

01 한국 민주주의는 국민들에게 가장 불신을 받는 대의 기관인 국회가 강력한 권한을 가지고 있는 모순적 상황에 처해 있다.

02 탄핵 사태 이후 국민들에 의해 국회가 대규모 물갈이 되었음에도 불구하고, 민의를 거스르는 결정을 여전히 되풀이 하고 있다.

03 국회가 자신의 권력을 스스로 축소할 리 없기 때문에 국민들이 직접 대의 제도를 변화시키기 위해 나서야 한다.

가 민의를 자동적으로 반영하지 않는 문제가 종종 발생하게 된 데 있습니다. 이렇게 되면서 국가의 영혼이라는 입법부에 대한 근원적인 회의가 현대 정치사를 통해 지속적으로 제기되어 왔다고 봅니다.

김문주　총선을 통해 국회가 구성된다는 점에서 민의를 일정 정도 반영한다고 보는 것이 맞습니다. 실제로 전두환 정권 시기에 2·12총선처럼 독재정권을 심판하는 민의가 총선으로 표출되기도 했습니다. 멀리 갈 것도 없이 2004년 탄핵 반대의 열풍을 타고 극소수 여당에 불과했던 열린우리당은 국민들의 민의에 의해 다수당이 되지 않았습니까?

　하지만 여기서 제가 강조하고 싶은 것은 총선 투표와 국회의 일상적 활동이 전혀 별개로 분리되어 있다는 점입니다. 총선을 전후해서 유권자들 앞에 고개를 숙이면서 서민들의 삶의 현장을 찾아 헤매던 국회의원 후보자들이 막상 당선만 되면 언제 그랬냐는 듯이 국민의 일상생활과 동떨어져 있습니다. 일상생활에서 동떨어진 것은 둘째치고라도 국

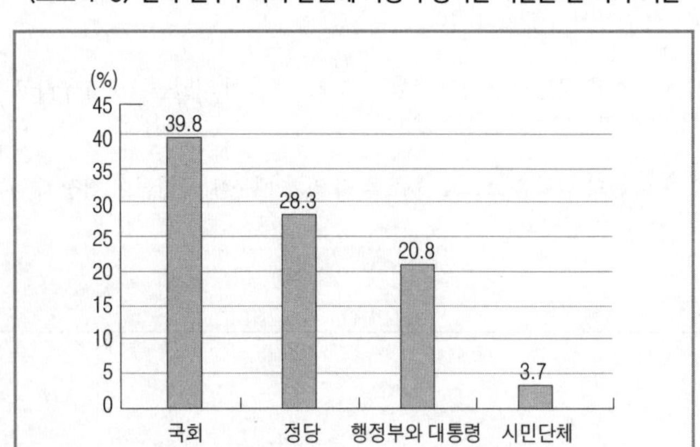

<도표 4-3> 한국 민주주의의 발전에 가장 부정적인 역할을 한 국가 기관

민들의 의사와 욕구가 일상적으로 국회의원들에게 전달되는 통로 자체가 부재한 것이 가장 큰 문제입니다.

현실이 이렇다 보니 오늘날 한국 정치에서 가장 불신을 받는 정치 기관은 대의 기관인 국회 아닙니까. 2005년 12월에 한국정당학회가 실시한 국민 의식 조사에 따르면, 한국 민주주의 발전에 가장 부정적인 역할을 한 국가 기관으로 국회 39.8퍼센트, 정당 28.3퍼센트, 행정부와 대통령 20.8퍼센트, 시민단체 3.7퍼센트의 순으로 나타났습니다. 국회와 정당에 대한 불신도가 얼마나 높은지 알 수 있습니다. 국민들에게 국회의원은 '도덕적 타락'과 등치 관계입니다. 심지어 조롱의 대상이기도 합니다. 이는 아주 오랜 세월 학습된 결과입니다. 문제는 이토록 국민적 불신의 최고점에 있는 국회가 강력한 권력을 가진 집단이라는 점입니다.

김병권 국회와 정당을 나누어 놓아서 그렇지 둘이 합치면 무려 68.1퍼센트에 달하는군요. 이 정도면 국민들이 정치에 무관심하다고 해도 뭐라 할 말이 없는 수준이네요. 국회가 오늘날 한국 정치에서 강력한 권한을 지니게 된 것은 다름 아닌 헌법에서 그렇게 보장하고 있기 때문입니다. 체육관 선거와 같이 간선으로 뽑았던 대통령 선거를 직선제로 바꾸는 민주적 헌정 질서를 세운 것이 6월대항쟁이라면, 지금은 한국의 민주주의를 왜곡하는 반국민적 대의 제도를 국민의 뜻에 맞게 새롭게 세우는 것이 당면 과제로 부각하고 있습니다. 국회가 국민적 정치 불신의 집중 대상이기 때문입니다.

정희용　1987년 6월대항쟁을 통해 우리 국민은 대통령을 직접 선출하는 직선제를 쟁취함으로써 대통령제에 대해서는 큰 교정을 가했습니다. 박정희와 전두환이라는 두 군사 독재자를 거치면서 대통령이 지닌 과도한 권한에 대해 우려하는 목소리가 커졌던 게 사실이었지요. 그래서 그 반작용으로 6월대항쟁 뒤 만들어진 직선제 헌법에서는 대통령에 대한 견제권을 국회에 과도하게 주었습니다. 결국 현행 헌법상 국회는 절대 권력자가 되었지요. 국회를 견제하거나 통제하는 기관이나 절차가 존재하지 않습니다. 있더라도 미미한 수준에 머물러 있습니다. 우습게도 국민들에게 가장 혐오 대상인 정치 기관이 가장 강력한 권력 기관으로 자리잡은 것입니다.

사회　글쎄요. 87년 헌법에 따라 과거에 비해 상대적으로 국회의 권한이 커진 것은 사실이지만, 대통령중심제를 택한 한국에서 국회가 가장 막강한 권한을 가졌다고 보는 것은 타당해 보이지 않습니다. 탄핵 사태만을 두고 그렇게 해석한다면, 당시 소수 여당에 불과했던 노무현 정권의 일시적 한계로 보는 것이 더 타당하지 않을까요?

김병권　그렇게 해석할 수 있겠네요. 그러나 국민들에게 가장 불신을 받는 국회가 가장 막강한 권한을 가졌다는 것이 논의의 핵심은 아닌 것 같습니다. 87년 헌법을 통해 대통령 직선제를 쟁취했고, 이제는 국민들의 이해와 욕구를 국회가 반영할 수 있도록 하는 방안을 논의해 보자는 것이지요.

사회　그 문제에 대한 논의는 차후의 과제로 남겨 두고, 87년 체제의 한계가 거론된 것에 대해 이야기해 보도록 하지요. 87년 체제의 한계는 6월대항쟁과 6·29선언*의 타협점이기에 드러날 수밖에 없는 현상이라고 생각됩니다. 하지만 어떻습니까? 87년 체제에 저항하는 모습도 이미 오래전부터 나타나고 또 꾸준히 이어지고 있지 않습니까?

김문주　그 점에서 저는 2004년 봄 국회가 노무현 대통령을 탄핵한 사건과 그를 실질적으로 물리친 국민들의 서울 도심 촛불시위가 현대 한국 정치사에서 대단히 중요한 역사적 의미를 띤다고 생각합니다. 그 사건 이전까지 정치 권력 자체에 대한 저항과 대항은 60년 4·19혁명 이후 일관되게 최고통치권자인 대통령을 겨냥하는 운동 구조였거든요. 그러나 탄핵 반대 시위는 헌정 사상 최초로 대규모의 국민적 힘과 참여가 국회라는 대의 기관과 대결 국면을 만들어 냈습니다. 절대 다수 국민의 뜻을 거스르는 국회는 위기에 빠졌으며 총선을 통해 대규모로 물갈이가 되어 버렸습니다.

정희용　그런데 어떻습니까? 새로 구성된 국회는 얼마나 달라졌습니까? 여전히 국민의 뜻, 민의를 거스르는 결정을 되풀이하고 있지 않습니까? 이라크 침략 전쟁에의 한국군 파병, 쌀 수입 개방 등의 사건을 통하여 혹시나 하고 17대에 걸었던 국민들의 기대는 '역시나'로 바뀌었습니다. 이는 현행 제도를 그대로 두고 물갈이를 한다고 해도 그 결과는 매한가지라는 것을 잘 보여주는 사례입니다. 이제 제도 자체를 문제 삼을 시점인 것이죠.

김병권 탄핵 반대 촛불 시위 뒤 기대했던 새 국회가 예전의 국회에 비해 크게 달라진 모습이 없다는 판단이 들면서 국민의 실망감은 더욱 커졌습니다. 국민의 총체적인 국회 불신이 언제 어떤 방식으로 표출될지 예상하기 어렵습니다. 다만 분명한 것은 국회가 자신의 권력을 축소하는 헌법 개정에 스스로 나설 리는 만무하다는 사실입니다. 언제인가 현행 대의 제도 자체의 개혁을 놓고 국민의 진출이 시작될 것이라고 봅니다.

〈도표 4-4〉 대의 제도 변화의 필요성

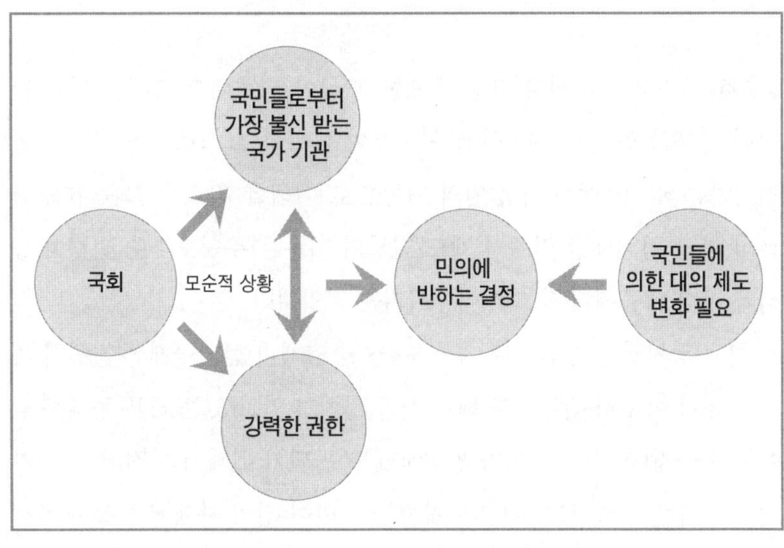

국민직접정치가 가능한 시대

사회　87년 체제의 한계가 뚜렷하다면, 결국 문제의 핵심은 정치권력의 중심을 어떻게 국민에게 둘 것인가에 있다는 생각이 드는데요. 지금부터 새로운 민주적 정치 제도를 건설하는 문제를 하나하나 논의해 볼까요.

김문주　우리 논의에서 가장 중요한 지점이 되겠네요. 민주주의란 단순히 투표하고 대표자를 선택하는 것이 아니라 스스로 자신의 제도를 건설하는 정치공동체 구성원의 활동으로 이해할 필요가 있습니다. 작금의 한국 정치에서 민주적 제도 건설의 기준은 무엇보다도 권력의 중심을 국민 대중에게 확고히 이동시키는 것입니다.

　현재 정치권을 중심으로 대통령 4년 중임제니 선거구제 개편이니 하는 논의가 아무리 진행된다 해도 한국 정치가 안고 있는 근본 문제를 넘어설 수는 없습니다. 정치가 완벽하게 복원되기 위해서는 적어도 두 가지를 충족해야 한다고 봅니다. 첫째는 국민이 정치 자체에 풍부한 관심

01 한국에서 민주적 제도 건설의 기준은 권력의 중심을 국민 대중에게 확고하게 이동시킴으로써 민의를 역행하는 정치적 결정이 원천적으로 불가능한 정치 구조를 만드는 것이다.

02 인터넷과 같은 통신 기술의 발달과 국민의 상승된 민주적 역량으로 볼 때, 직접민주제의 이상을 정치 체제에 최대한 반영할 수 있는 조건이 성숙되고 있다.

03 국민들에 의해 강력히 통제되는 정치 구조를 직접민주제의 정신을 살렸다는 의미에서 '국민직접정치'라고 명명할 수 있다.

과 애정을 가질 수 있도록 해야 합니다. 둘째는 국민의 뜻이 정치에 역동적으로 반영되어야 합니다. 여기서 첫 번째 문제는 두 번째 문제의 해결 없이는 존재할 수 없습니다. 정치적 무관심은 국민들의 의사가 정치 구조에 제대로 미치지 않는 상황에서 발생하기 때문입니다. 그러므로 새로운 민주정치 체제를 건설하는 문제는 결국 국민들의 의사가 왜곡되지 않고 정치에 반영되는 구조를 만들 때 가능한 것이지요. 이를 좀더 직접적으로 정확히 표현하자면 정치 자체가 국민에 의하여 통제되고 조절되고 강제되는 구조를 확고하게 구축해야 한다는 것입니다. 민의를 역행하는 정치적 결정이 원천적으로 불가능한 정치 구조가 만들어져야 하는 것이지요. 저는 그런 요구를 우리가 '국민직접정치'라는 이름으로 내걸어야 한다고 생각합니다.

김병권 직접민주주의는 오랜 세월 전부터 정치의 이상이었습니다. 역사상 존재했던 직접민주제는 역사가 발전하고 사회가 커져가면서 시간상으로도 그렇고 공간상으로도 효율성이 떨어지게 되었습니다. 효율성을 높이기 위하여 등장한 방식이 간접민주주의 제도 곧 대의제입니다. 물론, 대의제의 정당성을 효율성으로만 이해해서는 안 되지만, 대의제는 근대 자유주의가 정착한 이래 민주정치의 고정불변의 형식으로 채택되었고 지금까지도 지속중입니다. 오늘날에도 대의제는 민주주의의 유일한 형식으로 인식되고 있습니다. 그러나 이는 잘못된 인식일 뿐입니다.

무엇보다 직접민주제를 제약하는 시·공간상의 제약이 과학기술의 발전과 더불어 급격하게 제거되고 있습니다. 통신 기술의 발달은 이제 전국의 국민이 실시간으로 의견을 교환하는 게 가능한 정도에 이르렀습니다. 공간의 제약을 넘어서고 있는 것이지요. 더불어 다중접속이 가능한 인터넷 매체의 특성은 수백만의 의사를 단시간 내에 모으는 일도 가능하게 만들고 있습니다. 곧 직접민주제의 시행에 큰 걸림돌이 될 수 있는 시간상의 비효율성도 뛰어 넘고 있는 것입니다. 다양하게 도입되고 있는 인터넷 투표가 이를 입증하고 있습니다. 민주노동당은 당내의 모든 선거를 인터넷 투표로 진행하고 있지 않습니까? 스위스에서 진행된 인터넷 국민 투표는 국가적 단위에서도 빠르고 효율적으로 국민 의사를 집결해 낼 수 있다는 점을 보여주고 있습니다. 이러한 환경 변화는 직접민주제적 요소를 더욱 증가시킬 수 있는 조건을 성숙시킵니다.

정희용　대의제라 해도 각 나라의 대의제가 조금씩 다릅니다. 나라마다 역사적·사회적 배경이 다르기 때문입니다. 특히 사회주의 혁명이 일어난 러시아의 대의 제도는 상당히 달랐습니다. 소비에트*라는 형식의 대의 제도가 실험되었습니다. 하지만 사회주의 국가에서 채택된 대의제는 직접민주제적 요소가 강하기는 했지만 일당독재의 특성을 지니고 있었습니다. 소비에트, 또는 전국인민대표대회와 같은 대의제는 형식적으로 직접 민주제적 요소가 강했으면서도 일당제적 특성으로 정치적 다원성을 보장하지 못하였습니다. 그 결과 직접민주제로의 발전도 보장하지 못했고, 인민의 실질적 지배도 사실상 불가능하게 되었습니다.

반면에 자본주의 국가에서 발전된 대의제는 자본가 집단의 단합 구조를 깨뜨리려는 아래로부터의 민주적 압력의 힘에 기초한 다원적 정치 구조를 어느 정도 구축하여 정치적 경합을 보장하는 역동성은 있었습니다. 하지만 아래로부터의 민주적 압력도 대의제의 한계를 돌파하지는 못하였습니다. 소수의 대리자들에게 사실상 모든 권한이 위임되었고, 다당제에 기초한 대의제는 국민들의 민주적 선거를 소수 엘리트의 지배를 정당화시키는 기제로 활용될 뿐이었습니다. 국민으로부터 거의 아무런 통제도 받지 않는 간접제로 고착되어 버린 것입니다. 대의제가 국민의 의사를 대변하기보다는 거꾸로 국민의 정치 참여를 봉쇄하고 있는 것입니다.

역사적으로 경험된 다양한 대의제의 운영 방식 중 장점을 취하여 한국적인 토양에 맞게 대의제를 수술해야 합니다. 미국식 대의제는 결코 만능도 이상적인 형태도 아닌 것입니다. 결국 정치 제도를 결정하는 데서 가장 중요한 핵심은 기술적인 조건이 허락하는 한 직접민주제적 요소를 대폭 강화해야 한다는 것입니다. 이런 정신에 기초하여 대의제를 변화시킬 때 민주주의의 발전을 기대할 수 있습니다.

사회 가능한 한 직접 민주제의 지향과 원칙을 살려 민주주의를 강화하자는 의견이군요. 그것을 '국민직접정치'로 제안하자는 말도 나왔습니다. 하지만 기술적 조건만을 논해서는 안 되고 직접정치를 가능하게 만들 수 있는 국민적 역량에 대한 검토가 필요할 것 같네요. 어떻게 보시는지요. 그런 실마리들을 찾을 수 있습니까?

김문주　한국 국민들의 정치적 역동성과 폭발성은 재론의 여지가 없지 않겠습니까? 해방 공간에서 분출된 민중들의 활발한 정치 활동을 비롯해서, 이승만을 퇴진시킨 4·19혁명, 부마항쟁과 광주항쟁을 거쳐 6월항쟁으로 완수된 반독재 민주화운동은 세계사적으로도 유례가 없을 정도니까요. 그런데 우리 국민들의 역동성과 폭발성이 6월대항쟁을 기점으로 수그러들고 있거나 소강 상태라는 분석이 지배적입니다. 실제로 그런 모습이 보이기도 하지요. 하지만 저는 그렇게 생각하지 않습니다.

우리 국민들의 역동성은 오히려 증가하고 있습니다. 그것이 과거와는 다른 모습으로 나타날 뿐입니다. 앞에서도 인터넷 시대의 의미에 대한 논의가 잠시 있었지만, 한국 사회에서 인터넷이 급속도로 그리고 광범위하게 보급되면서 국민의 정치 참여 열기를 다른 방식으로 폭발시켰습니다. 게다가 군부독재 또는 개발독재를 경험하지 않은 민주화 세대들이 대거 등장했습니다. 새로운 세대들이 정치 현상을 바라보는 모습은 과거와 다릅니다. 특히 국가권력을 보는 눈이 과거 세대와 큰 차이가 있습니다. 새로운 젊은 세대들은 국가와 대등한 주체 의식을 갖고 있습니다. 참여 의지도 더욱 증가하고 있습니다. 이것이 집적되어 표현된 것이 2002년의 대통령 선거와 2004년 탄핵 반대 투쟁 아닙니까?

국민들의 역동적인 정치 문화는 개발독재 시기 대통령의 지배적 권위를 무너트린 것에 멈추지 않고 왜곡된 대의 제도에 도전하는 의식으로 발전하고 있습니다. 대통령을 탄핵소추한 국회로부터 대통령을 지킨 것도 국민들입니다.

정희용 　그렇게 국민들이 지켜낸 대통령이 이제 국민들을 배반하고 있는 상황이지요. 국민들이 만들어 낸 혁명을 현재 노무현 정권과 열린우리당은 다시 배반하고 있습니다. 지금 한국 정치의 현실은 배반당한 혁명이라 할 수 있습니다. 국회와 정당이 민의로부터 분리되어 독자적인 엘리트 집단으로 변질되어 가도, 우리 국민들은 그러한 상황을 그저 좌시하고만 있지는 않을 것입니다.

　현재 정치 의식의 주류로 등장하는 새로운 세대, 청년 세대들은 국가나 권력을 예전 세대처럼 복종의 대상으로 보지 않습니다. 그렇다고 우리 세대가 그랬듯이, 저항의 대상으로만 보지도 않습니다. 자기 자신과 동일한 권리자로서 대등하고 수평적인 관계로 인식합니다. 자율성과 주체성이 고도로 성숙된 세대들이 한국 정치에 주류로 등장하고 있는 것입니다.

사회 　새로운 세대인 청년 세대의 의식을 우리가 너무 낙관하는 것은 혹 아닌지 짚어볼 필요가 있습니다. 가령 대학가에서 학생운동이 퇴조하고 있다는 보도가 나온 지도 오래되지 않았습니까?

정희용 　그러한 관측은 예전 기준의 '운동'이라는 관점에서 본 것입니다. 하지만 청년들을 대상으로 한 설문 조사를 보면 새로운 사실을 발견할 수 있습니다. 『교수신문』이 2005년 4월 26일 전국 5개 권역 대학 630명의 신입생을 대상으로 일주일 동안 실시한 신입생 생활 실태와 의식 조사 결과를 발표했습니다.

대학 새내기들은 "가장 호감을 갖고 있는 정당을 고르라"는 주문에 열린우리당(17.5퍼센트), 민주노동당(12.9퍼센트), 한나라당(8.9퍼센트), 민주당(0.8퍼센트), 자민련(0.3퍼센트) 순으로 답했습니다. 한나라당보다 민주노동당이 더 많다는 데 주목할 필요가 있습니다. 다만 과반수가 "호감을 갖고 있는 정당이 없다"(56.5퍼센트)고 답했는데요. 하지만 이 점도 부정적으로만 볼 이유는 없다고 봅니다. 호감을 갖는 정당이 없는 이유는 학생들의 잘못이 아니라 기본적으로 정치권의 문제이니까요. 해당 정당의 선택 이유에 대해서도 당의 정책(44.4퍼센트), 당의 이미지(43.7퍼센트) 등을 꼽았으며 지역(5.2퍼센트)을 꼽은 학생이 매우 적은 것도 긍정적입니다. 선호하는 일간지도 『한겨레』(31.0퍼센트), 『중앙일보』(17.1퍼센트), 『조선일보』(13.7퍼센트), 『동아일보』(11.7퍼센트) 순으로 나타났습니다.

<도표 4-5> 호감을 갖는 정당

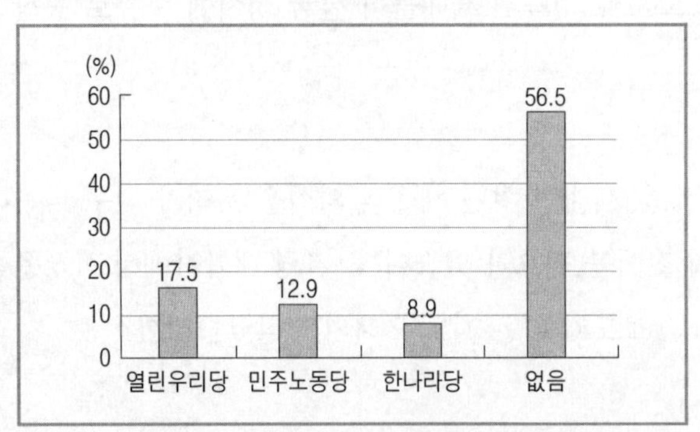

2005년 대학 신입생 생활 실태와 의식 조사 결과

김병권 통일 문제에 대한 설문은 없었나요?

정희용 있습니다. 학생들이 민족 문제를 바라보는 시각은 더 고무적입니다. 가령 한반도 평화에 위협을 가하는 국가로 미국(54.8퍼센트)과 일본(22.7퍼센트)을 지목했습니다. 북한을 꼽은 학생은 14퍼센트에 지나지 않아 기성 세대와 뚜렷하게 구분되는 외교·안보관을 보여줬습니다. 통일과 관련해서도 50.5퍼센트의 학생들은 "남북한 상호 체제 유지와 자유로운 교류"를 원했고, 20.5퍼센트의 학생들은 "민간에서 정치 분야로 점진적 통합"을 선호했습니다. 요컨대 71퍼센트에 이르는 대부분의 학생들이 2000년 남북정상회담의 성과에 기반을 둔 안정적인 분위기 속에서 점진적인 통일이 이뤄지는 것을 지향한 것입니다. "현 상태 유지"(16.2퍼센트)나 "남한 흡수 통일"(9.7퍼센트)을 선택한 학생은 상대적으로 적었습니다. 다만 고려해 볼 문제는 있습니다. 『교수신문』은 "학생들이 객관식 문항임에도 '정치에 관심 없다'고 따로 적을 정도로 정치에 대한 지독한 불신을 나타냈다"고 지적했습니다.

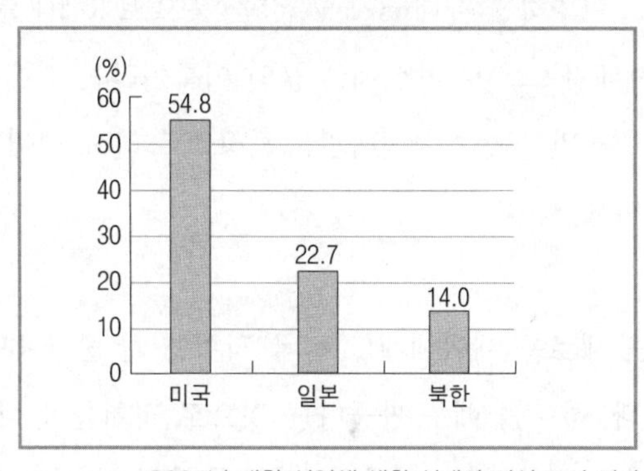

〈도표 4-6〉 한반도 평화에 위협을 가하는 국가

2005년 대학 신입생 생활 실태와 의식 조사 결과

김문주   2005년 대학 새내기라면 1986~1987년에 태어난 세대지요?

김병권　　그렇죠. 6월대항쟁을 기억하지 못하는 세대입니다. 하지만 사춘기가 시작할 무렵에 IMF 사태로 가족과 국가가 뿌리째 흔들리는 것을 경험한 세대이기도 합니다. 2002년 월드컵의 붉은 악마 현상을 몸으로 직접 경험했고 미군 장갑차에 두 여중생이 깔려 죽은 사건을 계기로 촛불시위를 벌인 세대이기도 하지요. 그래서 서울 광화문에서 촛불을 들며 타인과 연대를 경험한 세대라 해서 '광화문 세대'로 불린다고 합니다.

사회　　새로운 세대에 대한 이름은 여러 가지 많습니다. P세대라는 말도 있고 R세대라는 담론도 있지요. 여기서 말하는 P세대는 '참여'Participation, '열정'Passion, '힘'Potential Power을 바탕으로 '사회 패러다임의 변화 주도'Paradigm-shifter에 적극적인 세대라는 뜻입니다. R세대Red Generation는 2002년 월드컵을 계기로 부각되었습니다만, 그 이전에 이미 2000년 총선 국면에서 대학생들 스스로 현실에 뛰어들어rush, 저항하고resistance, 혁명하는 세대revolution라는 뜻으로 R세대를 자처했습니다. 새로운 세대가 스스로 자신에게 붙인 이름이라는 점에서, 개인적으로는 R세대라는 말을 선호합니다만, 그 정도로 하고 넘어가지요. 뜻은 두루 통하니까요.

김문주　　저는 새로운 세대에게도 결국 정치는 둘 중에 하나일 수밖에 없다고 봅니다. 하나는 매우 짜증나는 것으로 정치를 인식하는 것입니다. 객관식 설문이었는데도 여백에 "정치에 관심 없다"고 따로 적을 정도로 정치를 불신한다는 기사가 그런 맥락으로 이해되네요. 정치적 무관심으로 자신의 행동을 표현하게 되지요. 이는 자유주의적 개인주의와 맞물려 있는 현상으로 사실 전 세계적 현상으로 일반화할 수 있습니다. 비참할 정도로 낮은 서구의 선거 참여율이나 정치 참여율은 오랜 세월 국민의 일상생활로부터 멀어진 정치권의 왜곡된 정치 문화가 만들어낸 결과입니다. 겉으로는 민주주의가 무성하게 이야기되지만, 실제 내용으로 판단하면 민주주의의 사망 상태라고 볼 수 있습니다.

하지만 청년 세대가 정치를 보는 다른 길이 분명 있습니다. 정치에 자신의 의견이 역동적으로 수용되도록 적극 행동하는 것입니다. 정치 참여가 일상화되고 높은 참여율을 유지시키는 것입니다. 이런 상태가 되어야 국가와 사회는 민주주의를 틀로 삼아 언제나 역동성을 유지할 수 있습니다.

김병권 정치가 국민 생활의 일부가 될 정도로 참여를 일상화하기 위해서는 참여를 독려하는 것만으로는 안 됩니다. 정치가 국민의 의사에 의하여 움직이고 통제될 수 있는 시스템을 정착시킬 때 가능한 일입니다. 국민이 국회의원을 선출할 권리만이 아니라 감시하고 어렵지 않게 탄핵할 권리까지 획득해야 합니다. 국민 의사에 반하는 의회의 결정을 국민이 직접 통제할 수 있는 형식이 만들어져야 합니다. 말도 안 되는 헌법재판소의 결정을 국민들이 뒤집어 낼 수 있고 통제할 수 있는 수단을 쥐고 있어야 하지 않겠습니까?

김문주 국민으로부터 강력히 통제되는 정치 구조를 지닐 때 국민에게 정치는 비로소 참여의 대상이 아니라 국민의 소유물이 되는 것입니다. 저는 그런 정치 현실을 일궈낸다면 그것이 지닌 변혁적 의미는 상당히 크다고 봅니다. 국민이 정치를 통제해 나가는 상황, 그런 정치를 우리는 완전한 직접민주제는 아니지만 직접민주제의 정신을 살렸다는 의미에서 직접정치라고 명명할 수 있을 것입니다.

정희용　국민의 의식은 정치 혐오증으로 표현되고 있습니다만, 일단 어떤 계기가 만들어지면 극적인 순간에 정치권 자체에 대한 도전으로 나타나왔습니다. 이렇게 때로는 거칠게 성장해 온 국민들의 정치 의식을 이제는 제도화할 필요가 있습니다. 결국 직접민주제의 내용을 강화한 새로운 정치 질서를 창안함으로써 한국적인 민주정치 제도를 형성해야 할 필연성이 증대하고 있는 것이지요.

김문주　1990년대를 관통했던 아젠다는 '참여'였습니다. 실제로 참여연대의 활동은 시민사회에서 큰 성과를 이뤘습니다. 노무현 정권이 참여정부를 자처하는 데까지 왔지요. 하지만 참여라는 아젠다는 이제 한계를 드러내고 있습니다. 참여가 아니라 '직접정치'로 시대 정신을 재설정해야 할 때입니다. 아시다시피 참여는 말 자체에서 우리가 짐작할 수 있듯이 정치에서 주체가 될 수 없다는 것을 전제로 한 개념입니다. 주체가 만들어 놓은 아젠다에 객체로 참여한다는 의미가 담겨 있지요. 권력을 가진 집단들이 어디까지나 주체이며, 이들을 감시하고 견제하는 부차적인 활동에 나서자는 것이 참여의 본질입니다.

김병권　동감입니다. 참여는 현재의 왜곡된 권력 구조를 전제로 하여 제기되는 아젠다이기에 긍정적 측면이 있음에도 불구하고 큰 한계가 있습니다. 따라서 현재 진행되고 있는 이슈나 쟁점들에 국민들의 광범위한 참여, 실제로 그 참여도 제한적인 수준에 그치고 있습니다만, 어쨌든 참여를 독려할 수는 있을 것입니다. 하지만 그뿐입니다. 현행 권력 구조를 국민의 요구 수준에 맞게 진일보한 체제로 바꾸어낼 아젠다는 결코 되지 못합니다. 따라서 한국의 민주주의는 참여라는 소극적인 정치 행위에 머무르다 실제로는 정치 사망 시대로 들어갈 것인가, 아니면 참여를 넘어 직접정치 시대를 열어 진정한 국민민주주의의 새 시대를 열 것인가 선택 시점에 놓여있다고 할 수 있습니다.

정희용　맞습니다. 현재 한국의 정치 제도로는 변화된 국민들의 민주적 열정을 더 이상 담아낼 수 없다는 점이 확연하다 할 때, 문제는 하나로 집약됩니다. 국민들의 민주적 열정과 불일치되는 정치 제도를 그대로 용인할 것이냐, 아니면 정치 제도를 국민들의 성숙된 민주적 역량에 부합되도록 과감히 뜯어고칠 것이냐 하는 문제죠.

〈도표 4-7〉 국민직접정치의 객관적 조건

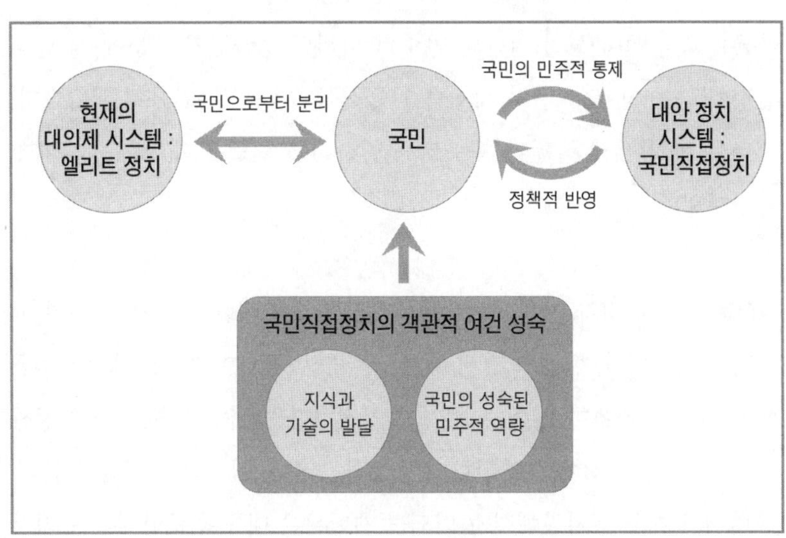

05

국민직접정치가 반영된 개헌 논의의 시작

사회　지금까지의 논의에 일단 매듭을 지어보죠. 21세기 정치 주역으로 등장하고 있는 새로운 청년 세대의 정치 의식은 국가와 아주 대등한 수평적인 의식을 나타내고 있다는 논의가 있었습니다. 새로운 세대는 물론이고, 사회구성원 전반의 민주적 의식도 성숙했기 때문에 '국민직접정치'라는 새로운 정치 체제를 만들어야 한다는 논의까지 왔습니다. 새로운 정치 체제를 법과 제도로 구현하려면 헌법을 개정하는 과제가 남는데요.

정희용　마침 정가 안팎에서 개헌의 필요성에 대한 논의가 서서히 제기되고 있습니다. 현재의 정치 체제, 곧 87년 6월대항쟁으로 출범한 6공화국 헌법에 기초한 정치 체제가 불안정하다는 사실은 누구나 인정하는 것입니다. 그 점에서 개헌론이 등장하는 것은 어쩌면 필연입니다.

　하지만 지금 정치권에서 논의되는 개헌론은 대통령 중임제를 도입할 것인지 정도의 수준에 머물러 있습니다. 권력 구조 개편이나 권력 나누

01 한국 정치의 변화된 현실, 국민의 성숙된 민주적 의식과 조응하는 신헌법이 필요하다. 새로운 헌법은 국민들의 지향에 맞는 민주주의를 비약적으로 발전시키면서도 안정된 정치를 운영할 수 있는 틀을 담아야 한다.

02 헌법 개정은 정치적 혼란을 가져온다는 담론은 현 상태의 유지를 원하는 보수적 관점에서 나온 것이다. 언제 한국 정치가 국민들 때문에 혼란스러웠던 적이 있는가. 늘 혼란을 자초한 것은 정치권의 소모적인 정쟁 탓이 아니었던가.

어 먹기 식으로 개헌 논의가 진행되는 것은 누구를 위해서도 바람직한 일이 아닙니다. 그런 식의 개헌이 한국 정치의 변화된 현실과 국민의 성숙된 민주적 의식과 과연 조응하겠습니까?

김문주　진정으로 우리 토양에 맞는 민주정치 체제를 만드는 것은 정쟁을 종식시키고 국민적 단결을 보장하기 위해 필수적입니다. 광범하며 활력 있는 정치 참여에 기초하여 높은 국민적 단결을 보장하는 민주정치 체제야말로 국가적인 도약과 발전을 보장하는 전제입니다. 개헌 논의는 이러한 맥락에서 진행될 때에만 의미를 지닐 수 있습니다.

사회　우리 토양에 맞는 정치 체제나 국민적 단결이라는 말을 들으니 과거 유신 체제가 떠올려집니다. 당시 박정희도 그런 말을 애용했었지요. 물론, 지금의 논의는 전혀 다른 맥락입니다만, 바로 그렇기에 언어 선택도 신중해야 한다고 생각합니다. 토양에 맞는 민주 체제라기 보다는 우리 근현대사를 빛나게 한 민주화운동의 성과를 온전히 담아내는 정치 체제라는 표현이 적절하지 않을까요? 단결의 담론 또한 마찬가지입니다. 단결에 앞서 중요한 것은 국가와 국민을 구성하는 사회 구성원들의 민주적 합의가 아니겠습니까? 민주적 합의로 국가적 목표가 설정될 수 있다면, 단결은 자연스럽게 따라오게 되어 있습니다.

김병권　좋은 지적입니다. 우리가 본격적인 정치 대안을 동시대인들에게 내놓으려면 개념적 엄밀성이 필요합니다.

사회　어떤 사람들은 헌법이 문제가 아니라 정치가 문제라는 입장을 표명하기도 합니다. 현재 헌법의 틀 안에서도 잘만하면 훌륭한 정치가 가능하다는 것이지요. 혹은 헌법 개정과 같은 큰 문제를 제기하는 것은 자칫 정치적 혼란을 조장한다고 보기도 합니다. 어떻게 생각하는지요?

김문주　현재와 같이 헌법이 국회의원의 권한을 절대적으로 보장하고 있는 상황에서는 정치인들이 헌법의 정신을 지키도록 강제할 수단이 거의 없습니다. 헌법상 임기 4년이 보장되어 있고, 의원직이 상실되는 유일한 방법은 국회 재적의원 3분의 2의 찬성입니다. 한번 당선된 국회의원이 의원직을 상실할 가능성은 사실상 없지요. 현재 국회의원들의 행태로 볼 때 헌법 개정 없이 정치가 잘 굴러갈 수 있을지는 의문스럽습니다.

김병권　근본적인 헌법 개정이 정치적 혼란을 낳을 수 있다는 주장도 사실은 현재 권력을 지닌 자들의 궤변이라고 봅니다. 국가의 기본적인 틀에 해당하는 헌법 변경은 보수세력들에게는 큰 위험 부담을 감수할 수밖에 없는 사안이거든요. 그렇기 때문에 헌법 개정의 필요성을 제기하더라도 그것을 최소화하려 하는 것입니다. 대통령 4년 중임제 정도로 개헌 논의의 범위를 축소하려는 것도 국민들의 민주적 역동성을 차단시키려는 의도가 강합니다. 정치적 혼란이란 담론, 이거 참 고약한 것입니다. 이제까지 정치적 혼란을 국민들이 먼저 불러일으킨 적이 있나요? 다 정치인들이 만든 것 아닌가요? 국민들의 직접적인 정치 참여로 고조될 역동적인 정치 상황을 정쟁·혼동하거나 또는 은폐하고자 하는 기도에서 나온 주장에 다름아닙니다.

정희용　국민들에게 이렇게 헌법을 바꾸면 국민직접정치가 가능하다는 것을 납득시킬 수 있는 수준의 헌법개정안이 제출되어야 한다고 봅니다. 구체적인 안에 대해서는 심도 있는 연구과제로 남겨두는 것이 좋을 듯합니다.

〈도표 4-8〉 헌법 개정의 필요성

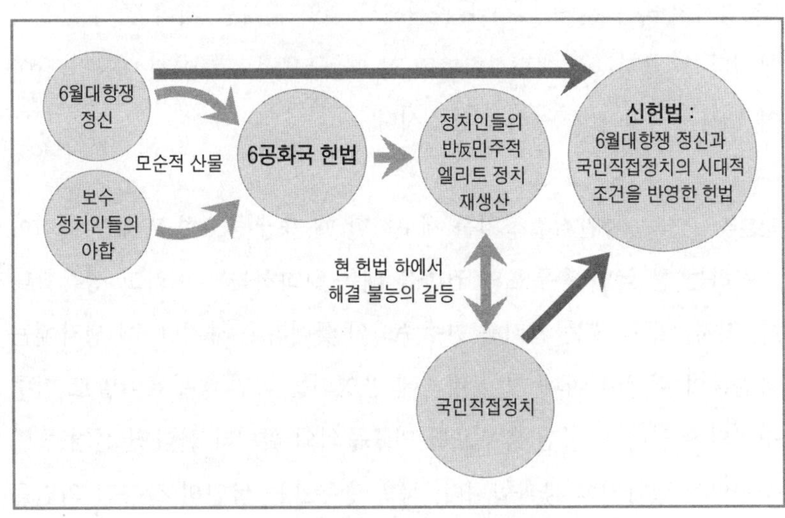

06

국민 투표 권한의 대폭 확대가 필요하다

사회 좋습니다. 개헌이 필요하다는 데로 의견이 모아졌습니다. 개헌의 방향 또한 단순한 권력 구조 개편에 그치는 것이 아니라 '직접정치'를 제도화하는 수준에서 이루어져야 한다는 점도 제기되었습니다. 헌법 개정과 관련해서 다루어야 할 주제가 워낙에 많기 때문에 논의를 '직접정치'라는 문제 의식과 관련해서 집약해 보는 것이 좋지 않을까 합니다. 직접정치를 제도화한다고 할 때, 구체적으로 어떤 내용을 담아야 할지 윤곽을 잡는 논의를 해봅시다.

김문주 저는 국민직접정치를 제도화할 때 가장 중요한 과제는 여건이 허락하는 한 국민 총투표의 권한을 대폭 강화하는 것이라고 생각합니다. 정치꾼들을 뽑는 선거를 민주주의의 꽃이라고 하지만, 제 생각에는 국민들의 결정이 여과 없이 정책에 반영되는 국민 총투표야말로 민주주의의 꽃입니다. 국민 총투표를 민주주의의 꽃이라 한다면 선거는 민주주의의 곁가지에 불과합니다. 국민 총투표는 국민의 갈라진 의견을

01 국민직접정치를 제도화하는 데 있어 가장 중요한 것은 국민 투표의 권한을 대폭 강화하는 일이다.

02 국민의 이해가 심하게 충돌하는 정책과 국가의 운명이 걸린 문제는 국민 투표로 결정해야 한다.

03 국민 투표야말로 민주주의의 꽃이며, 국민 통합을 이룰 수 있는 유력한 수단이다.

투표를 통해 하나로 모을 수 있는 유력한 수단이기도 합니다. 직접정치가 구현된 정치 체제는 기본적으로 국민 총투표에서 시작되고 국민 총투표에서 끝나도록 설계되어야 합니다. 현행 헌법에서는 헌법 개정을 제외하고는 국민 투표의 권한이 사실상 없습니다. 대통령이 외교·국방·통일 그리고 기타 국가 안위에 관한 중요 정책을 국민 투표에 붙일 수 있다고는 하지만, 그것은 어디까지나 정권의 필요에 따라 국민이 동원되는 방식입니다. 국가적으로 중요한 사안을 구체화하고, 그 결정을 국민 총투표의 권한으로 돌려놓는 일부터 시작해야 합니다.

사회　국민 총투표가 필요한 경우를 구체적 예로 들면 어떤 게 있을까요.

김문주　국가의 운명과 관계된 주요 조약에 대한 인준권이나 외교 안보상의 주요 결정권들을 들 수 있습니다. 현재 우리 헌법에는 그와 같은 주요 국가적 사안들을 처리할 권한이 대부분 국회에 있거나 또는 정부

단독으로 처리합니다. 이를 국민 총투표의 권한으로 과감하게 돌려내는 것을 제도화해야 합니다. 국회가 국민을 대표하여 의결하는 권한 중 중요 권한을 축소시켜 국민 투표로 권한을 이양해야 하는 것입니다. 예컨대 지난 시기 대통령 탄핵 문제, 이라크 파병 문제, 농수산물 개방 문제, FTA 문제, 수도 이전 문제 등과 같이 국가의 장기적 운명과 직접 관련된 문제는 국민 총투표로 결정하는 것이 가장 타당합니다.

김병권   지금 언급한 대통령 탄핵이나 파병, 농수산물 개방 등은 사실 계급적 이익, 정당이나 정파 사이의 이익이 첨예하게 엇갈리는 문제들입니다. 국회 안팎에서 정당들이 충분히 논의를 해야 하는데 그렇지 못했습니다. 새삼스러운 말이지만 한국 정치가 그만큼 미숙하다는 의미지요.

정희용   전적으로 동의합니다. 한국의 정당정치는 정쟁만을 일삼을 뿐 국민 전체를 설득하는 결정을 이끌어내지 못하고 있습니다. 그나마 정파 사이의 불일치는 정쟁으로 본질이 드러나기는 합니다. 하지만 계급적인 이익이 첨예화되는 지점은 국회 자체가 담합적인 구조를 형성하고 있기 때문에 아예 논의조차 되지 않습니다. 그 결과로 민의를 심각하게 왜곡시켜 정치 불신을 가중시키고 있는 것이지요.

김문주   그렇습니다. 그게 지금 한국 정치의 현실입니다. 따라서 국민의 이해가 심하게 충돌하는 정책과 국가의 운명이 걸린 문제는 당연히 국민 총투표로 결정을 해야 옳습니다. 국민 총투표를 실시하는 과정에서 일시적인 갈등이 있을 수 있지만, 국민들 전체가 참여하는 투표 결과에 의해 권위가 부여된 사안은 오히려 정쟁을 최소화할 수 있으며 국민 통합을 효과적으로 이루어낼 수 있습니다.

김병권　국민 총투표의 권한을 확대하자면 현실적으로 국민 총투표를 효율적이고 속도 있게 치러낼 수 있어야 합니다. 당연히 인터넷 투표제가 결합되어 시공간의 제약을 넘어서는 방법을 도입해야 하겠지요. 컴퓨터 보급이나 여러 가지 조건 때문에 인터넷 투표만으로는 제약이 따른다면 기성의 투표 방식을 결합하여 운영하는 것이 합리적일 것입니다.

사회　인터넷 투표가 아무런 오류 없이 진행될 수 있을지 의문을 제기할 수 있을 텐데요.

김병권　그럴 수 있겠지요. 컴퓨터 조작 가능성을 우려하는 것은 당연합니다. 하지만 그것은 기술적 문제일 뿐이라고 생각합니다. 스위스에서는 2003년 1월 제네바 칸톤의 한 소규모 선거구에서 주민 1162명이 참여하는 전자 투표가 있었습니다. 개표에 걸린 시간도 아주 짧았습니다. 가능성을 충분히 보여준 셈이죠. 기술적 문제도 상당히 많이 해결되어가고 있습니다. 인터넷 투표 희망자들이 16자리의 아이디ID와 4자리의 암호를 부여받은 다음 제네바 칸톤 당국이 특별히 마련한 웹사이트에 접속해 온라인 투표 용지를 받아 암호와 출생일, 그리고 법안에 대한 찬반 여부를 입력하는 방식이었습니다. 현재 스위스는 해마다 여러 안건을 놓고 국민 투표를 시행하고 있습니다. 나름대로 직접민주주의에 다가가고 있는 셈입니다. 특히 인터넷 투표는 투표율을 높일 수 있는 획기적 방안으로 여겨져 스위스에서는 이에 대한 연구가 심화되고 있습니다.

정희용　그렇습니다. 국민 투표의 방향이 설정되고 그것을 법제화하기로 합의한다면, 투표를 효율적으로 진행할 방법 등 기술적인 문제는 얼마든지 극복할 수 있습니다. 국민 투표에는 큰 비용이 든다고 합니다만, 여러 가지 기술적 발전을 고려할 때 적은 비용으로도 얼마든지 가능하다는 생각이 듭니다. 현시점에서 기술적인 문제를 이유로 국민 투표의 시행을 유보하려는 것은 기존 정치 엘리트들이 국민 투표로 인해 자신들의 권한이 상실될 것을 두려워하기 때문이라고 생각합니다.

사회　그렇게 보면 기존 정치 엘리트들은 기술의 진보가 자신들의 기반을 허물기 때문에 별로 달갑지 않겠네요. (웃음) 잘 알겠습니다. 국민 전체의 참여를 강조하기 위해 '총투표'라는 표현을 썼겠지만, '말의 인플레'라는 느낌이 듭니다. 그냥 '국민 투표'라고 하는 게 적절할 것 같습니다. 그런데 이 국민 투표에 대해 검토해야 할 문제들이 깔려 있습니다. 가령 국민 투표를 통해 우리가, 국민들이 얼마나 올바른 방향을 선택할 수 있을 것인가라는 문제가 당장 제기될 수 있습니다. 기실 국민 투표는 우리 정치사에서 '엉뚱한 찬성'을 많이 내오지 않았습니까?

김병권　그랬었죠. 유신 헌법이라든지 5공화국 헌법도 국민 투표로 정당화되었습니다. 하지만 상황이 많이 바뀌었습니다. 유신 헌법만 하더라도 1970년대 초였고 전두환 정권의 5공화국 헌법도 1980년 아닙니까. 그 뒤 80년대의 민주화 투쟁, 특히 6월대항쟁을 거치면서 우리 국민의 의식 수준은 괄목할 정도로 높아졌습니다.

사회　사회 구성원의 의식 수준을 너무 낙관한 건 아닐까요?

김문주 우려하는 바를 잘 알겠습니다. 하지만 저는 제도가 의식을 규정한다고 생각합니다. 국민 투표제가 강화되고 그것이 제도화된다면, 그에 맞춰 국민적 토론이 활성화될 수밖에 없을 것입니다. 인터넷의 발달은 그 가능성을 이미 보여주었지요. 학습과 토론을 통해 국민들의 의식 수준이 점점 높아지리라고 판단합니다. 국민 투표제가 정착되기 시작하면 우리 국민들의 정치 의식 수준은 급속도로 높아갈 것이라고 저는 확신합니다.

군부독재 시절에는 정보가 국가 기구와 관변 언론에 집중되어 있었습니다. 이러한 상황에서는 국민들이 중요한 국가적 이슈를 정확히 인지하고 토론할 수가 없었습니다. 국가와 대등하거나 때로는 압도할 정보 능력과 의식 수준이 국민들에게 있는 한 국민 투표가 엉뚱한 결론을 낼 수 있다는 생각은 기우라고 봅니다.

<그림 도표 4-9> 국민직접정치에서 국민 투표의 중요성

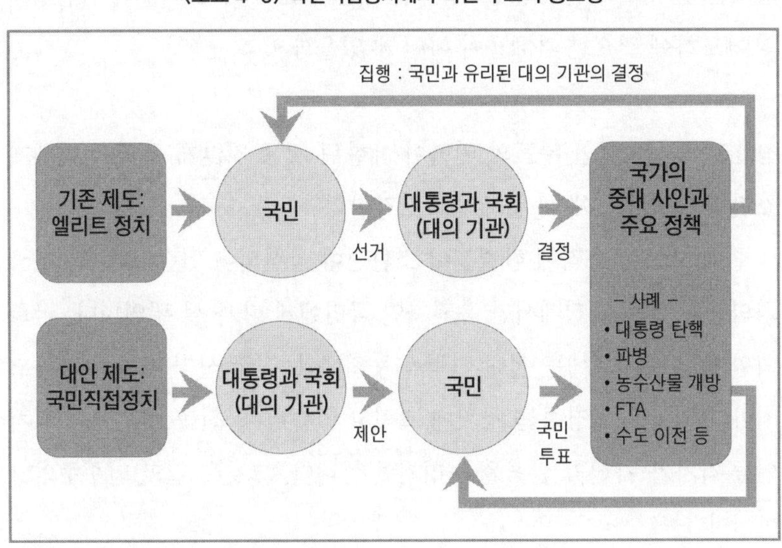

07

국민 소환권 · 발안권의 현실화

사회 사회 구성원의 학습과 토론으로 갈등을 풀어간다면, 가장 이상적인 정치가 이뤄질 것은 분명합니다. 위르겐 하버마스가 주장하는 숙의민주주의* 개념도 사실 그런 의미입니다. 하지만 그것을 현실화하는 과제는 생각보다 쉽지 않을 겁니다. 국민 투표 강화와 더불어 직접정치의 제도화에 필요한 과제들이 어떤 게 있을까요.

정희용 저는 국민 투표의 권한이 제한된 것 못지않게 우리 국민에게 소환권이 없다는 게 큰 문제라고 생각합니다.

현재 모든 선출직에 한결같이 소환권이 상실되어 있습니다. 특히 국회의원은 선출 과정에서만 유권자인 국민에게 다가 설 뿐입니다. 국회의원에 당선된 뒤에는 절대 권력을 누립니다. 결국 선거 때만 반짝하고 저마다 외형을 포장하는 정치에 그치고 있습니다. 선출 이후에는 정치인들 각자가 자신의 권력을 누리기만 합니다. 그것은 결코 민주주의가 아닙니다.

01 열린우리당과 한나라당은 국민 소환제 도입 약속을 지키지 않고 있다. 선출된 정치인에 대한 소환권이 없다면 권력은 국민에게서 나오는 것이라 할 수 없다.

02 국민 소환제는 선출된 정치인에 대한 견제와 감시의 의미만이 아니라 진정한 국민들의 대표성을 염두에 둔 정치 활동을 낳아 정치적 활력을 배가시킨다.

03 소환권과 더불어 국민이 능동적으로 직접 정책을 제안할 수 있는 국민 발안권이 보장되어야 한다.

김문주 소환권이 존재하지 않으면 권력은 국민에게서 나오는 것이 아닙니다. 선출된 의원의 손끝에서 나오게 되어 있습니다.

사실 우리 정치사에서 국민 소환권의 필요성을 절감케 한 것은 2004년 대통령 탄핵 정국에서였습니다. 탄핵 정국은 선거만 끝나고 나면 국민을 단지 정치의 '관객'으로 내모는 대의 제도의 한계를 적나라하게 보여주었기 때문입니다. 대통령의 잘못이 무엇이든, 또는 실제로 잘못을 했든 안 했든 그를 탄핵할 수 있는 권리는 오직 국회에 있고, 국회의 옳고 그름을 따질 수 있는 것은 헌법재판소뿐이라는 참으로 어처구니없는 현실을 목도해야 했기 때문입니다.

김병권 루소는 "영국의 인민들은 의원을 뽑는 동안에만 자유롭고 선거가 끝난 직후에는 다시 노예로 돌아가 버린다"면서 대의제의 한계를 신랄히 비판했지요.

313

김문주　탁월한 통찰이었지요. 대의 제도의 허구성을 한마디로 표현해 냈으니까요. 루소의 그런 비판이 있었기에 "주권이 인민의 것이라면, 인민의 이익을 배반한 수탁자(의원)를 소환하여 책임을 추궁할 수 있어야 하는 것은 당연하다"라는 논리가 프랑스에서 이어질 수 있었습니다. 무엇보다 국민 소환권을 구체화한 계기는 저 유명한 1871년의 '파리코뮌'이었습니다. 입법·행정·사법 모든 분야의 공직자를 선출하고 그들을 소환, 통제할 수 있는 권리를 기본권으로 선언했었지요. 코뮌의 운명이 단명으로 끝났습니다만, 그들이 내건 깃발은 그 뒤 끊임없이 정치적 상상력을 자극해왔습니다.

국민 대다수, 심지어 정치학자들조차 실패한 대통령이나 민의를 배신한 국회의원을 심판할 권리를 다음 선거 때까지 유예하는 데 익숙해져 있지만 그것은 명백히 잘못된 것입니다. 대통령과 국회의원을 비롯한 선출직 공무원에 대한 국민 소환권은 민주주의의 여러 제도 가운데 가장 잊혀진 권리라고 할 수 있습니다.

사회　국민 소환제는 열린우리당의 총선 공약 아니었던가요?

정희용　그러니까 국회의원들이 선거 때만 외형을 포장하는 정치를 한다고 말씀드린 것입니다. 공약만 잘 지켜도 이 지경은 아닐 텐데, 맡겨 놓아서 되는 것이 없으니까 이제 국민들이 직접 나서야 한다는 것이지요.

김문주　총선 공약일 뿐 아니라, 2004년에는 열린우리당 정동영 의장과 한나라당 박근혜 대표가 '5·3 정치 협약'을 통해 국민 소환제 도입을 약속한 바 있습니다.

김병권　　하지만 지금은 언제 그랬냐는 듯 국민 소환제가 위헌적 요소가 있느니 남용 위험이 있다느니 하면서 은근슬쩍 넘어가고 있습니다. 하다못해 주민 소환제도 제대로 입법하지 못하는 상황에서 국회의원들이 자신들을 옭아매는 국민 소환제를 스스로 도입할 리 만무하다고 봅니다. 몇몇 국회의원들이 국민 소환제 법안을 발의하고 있기는 합니다만, 본회의 통과는 요원한 듯합니다.

정희용　　헌법이 국민보다 위에 있다는 사고방식이 큰 문제입니다. 무엇보다도 헌법에 명시된 국회의원의 청렴과 양심의 의무를 이행하지도 않는 국회의원들이 다시 헌법 운운하는 것처럼 이율배반적인 상황은 없습니다. 국민 소환제가 남용될 우려가 있다는 것도 현재 우리 국민들의 정치적 의식 수준을 너무 낮게 보는 전형적인 엘리트주의자들의 편견에 불과합니다. 국민들의 의식 수준과 정치인들의 시각이 화해할 수 없을 정도로 벌어지고 있습니다.

사회　　제가 다시 한 번 악역이 되어 보겠습니다. 국회의원은 지역구 유권자들의 대리가 아니라 대표여야 한다는 입장이 있지 않습니까? 만약 국민들에 의해서 국회의원의 정치적 활동의 여지가 제한받는다면 정치적 활력이 오히려 떨어질 것이라는 우려도 제기될 법한데요.

김문주　　지역의 이익과 국가의 이익이 때로 상충할 경우가 있을 것입니다. 그러한 경우에 지역구 국회의원은 양심에 따라 국가적 이익을 우선해야 할 경우도 생길 것입니다. 국회의원이 대리가 아닌 대표여야 한다는 논리는 이러한 경우에나 적용되는 것입니다. 문제는 국회의원들이 대표의 의미도 제대로 이해하지 못하고 멋대로 정치를 해 나가고 있기 때문에 발생하는 것입니다.

국회의원에 대한 국민의 민주적 통제는 국회의원의 정치적 활동 여지를 축소시키는 것이 아니라, 오히려 강화시킨다고 생각합니다. 국민들의 민의를 대변하기 위한 활동에 전력하다보면 자연히 정치적 활력이 상승하는 것 아니겠습니까?

정희용 한국의 낙후한 정치를 바꾸는 첫걸음은 당연히 국민이 선출권과 소환권을 모두 행사해 내는 것입니다. 그것이 정치적 역동성을 보장하는 최상의 방법입니다. 국민의 민의를 제대로 반영하여 진정한 대표로서 활동하는 정치인의 역동성은 배가될 것이고, 그렇지 못한 정치인은 숨 쉴 곳조차 잃어버리겠지요.

〈도표 4-10〉 국민 소환제에 의한 정치의 민주적 통제

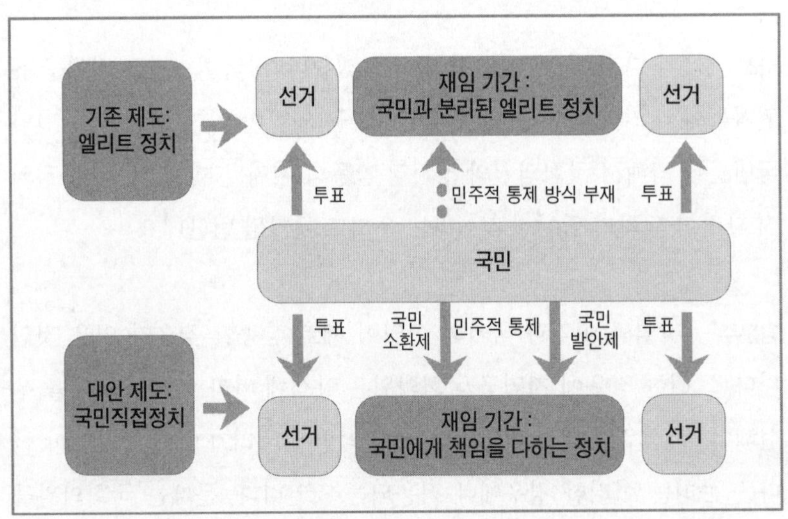

김병권　하지만 선출직 공무원에 대한 소환권에 그쳐서는 부족하다고 봅니다. 소환권은 엄밀하게 말해서 수동적 권리입니다. 소환권과 더불어 국민이 직접 정책을 제안할 수 있는 국민 발안권이 적극 보장되고 청원권도 더 구체화되어야 합니다.

　　일부 자치단체 차원의 청원권이 주민투표제 형식으로 도입된 사례가 있기는 합니다만, 전국적·국가 정책적 차원에서의 청원권·입법 발의권을 도입해야 합니다. 국민들은 대의민주주의 제도가 제대로 작동하지 않을 때, 직접 나서서 대의제의 한계를 뛰어 넘을 수 있는 직접정치의 효율적인 수단을 지니고 있어야 합니다. 그래야 구태 정치가 존재할 때 이를 넘어서는 정치 행보가 가능하고, 비로소 살아 있는 역동적 민주제가 뿌리내릴 수 있는 것입니다.

08

국민직접정치의 기초, **생활정치**

사회 국민 투표의 권한을 확대해 주요 국가적 의사결정에 국민이 직접 나서고, 선출한 정치인에 대해 소환권을 갖는다면 정치판이 오히려 역동적이고 활력 있게 돌아갈 것이라는 입장으로 정리된 것 같네요. 더구나 국민 발안권·청원권까지 제도화된다면 정치 자체에 큰 변화가 올 것으로 전망되는데요. 이참에 정치를 개념부터 바꿔야 하지 않겠습니까?

정희용 그렇습니다. 지금까지 정치는 국민의 일상적 삶과 분리된 상태로 엘리트들만의 정치로 전락했습니다. 이제는 정치와 국민들의 일상생활을 일치시키는 생활정치를 활성화할 필요가 있습니다. 우리 주변을 돌아보면 쉽게 깨달을 수 있는 보편적 사실인데, 대다수 국민들이 모두 경제생활에만 매몰되어 있습니다. 신자유주의가 몰아치는 한국 사회에서 경제생활을 꾸려나가는 것만도 바쁘고 감당해내기가 쉽지 않기 때문입니다. 하지만 정치적 무관심은 국민들 개개인을 위해서도 전혀 바람직하지 못한 자세입니다.

01 경제생활이 거의 삶의 전부인 국민들의 일상은 개선되어야 한다. 정치생활이 국민들의 삶의 권리로 확보되어야 하며 이를 위해서는 생활정치가 활성화되어야 한다.

02 정치 단위와 생활 단위를 일치시키는 선거 제도가 생활정치 구현에 필수적이다.

03 생활정치를 완벽하게 구현하기 위해서는 기성의 국회를 근본적으로 뛰어넘는 새로운 의회 제도를 수립해야 한다.

아리스토텔레스는 인간을 정치적 동물이라고 했는데요. 그것은 정치가 우리의 사회적 삶과 결코 무관할 수 없기에 나온 말 아닙니까? 그런 점에서 지금 한국 사회에서 살아가는 대다수 국민들의 일상에서 경제생활은 과잉한 데 비해 정치생활이 얼마나 빈곤한가를 되돌아보지 않을 수 없는 겁니다.

김병권 갑갑한 일이 아닐 수 없습니다. 냉철히 따져보면 우리 경제생활의 양상을 규정하고 경제 정책을 결정하는 것이 바로 정치 아닙니까. 하지만 여전히 우리에게 정치는 경제생활과는 거리가 먼, 아니 더 나아가 자신의 삶 자체와 무관한 어떤 것으로 이해되는 분위기가 지배적입니다. 정치생활과 경제생활을 분리시켜 놓은 것, 그리고 그것을 당연한 일로 받아들이게 만드는 것, 저는 그것이 현재의 정치 엘리트 집단이 원하는 바라고 생각합니다.

김문주　저는 정치생활 자체를 낯설게 여기는 분위기는 현재의 선거 제도에서 상당 부분 비롯되었다고 보는데요, 정치가 생활 단위와 유리되어 있기 때문입니다. 예컨대 직장인들의 주된 생활 공간은 소속된 직장, 일터와 관련된 공간 아닙니까. 정치적인 의견 교환과 정치적 의지 표현이 주로 직장을 단위로 한 생활 공간에서 활성화되기 마련이지요. 반면 거주 지역은 대부분의 직장인들에게 '베드타운'일 뿐입니다. 집에 돌아와서 정치 이야기를 하는 경우는 거의 없습니다. 그런 여건에서 일하는 직업인, 생활인들은 자신이 거주하고 있는 지역을 중심으로 한 지역구 정치에서는 정치적 정보의 접근이 차단됩니다. 이로 인해 정치 행동에 주도적으로 나서는 것도 제약받을 수밖에 없지요. 이런 면에서 현재 거주지를 중심으로 한 선거구제는 일하는 국민들, 즉 직장인·노동자·생활인 들을 정치로부터 원천적으로 소외시키는 정치 제도입니다.

반면에 현 선거구제에서 자신의 생활과 정치 활동이 분리되지 않는 사람들은 경제활동이 미약한 전업주부와 실업노년층 그리고 지역 경제권 내에서 활동하는 중소자영업자입니다. 이들은 거주지에서 대부분의 생활을 소화하기에 거주 지역의 정치적 사안에 밝고 거주지 중심의 지역구 정치에 접근성이 높습니다. 그런 이유로 현행 지역구 선출 방식은 동네에서 아주머니, 상인, 노인들을 누가 잡느냐에 따라 당락이 결정되는 선거 구도로 나타납니다.

우리 사회의 정치를 직접정치로 생활정치로 전환시키려 한다면, 당연히 정치 단위와 생활 단위를 밀접하게 접근시키는 방식으로 선출 단위를 전면적으로 재조정해야 옳습니다. 생활과 분리된 정치인의 허상을 보는 것이 아니라 정치인의 실제 사안에 대한 접근 태도를 생활 속에서 아주 구체적으로 판단할 수 있기 때문입니다.

사회 그 점에서 생활정치의 활성화는 국민 소환권이나 국민 투표 확대와 이어지는 과제라고 하겠습니다. 국민들의 정치적 관심을 구조적으로 제고할 수 있을 때 정치적 권한 행사의 정당성도 높아지는 것이니까요. 그런데 선거구를 생활정치의 개념에 맞도록 바꾸려면 현재의 국회 제도를 전면적으로 재검토해야 할 것 같은데요.

김문주 생활정치를 구현하는 방식으로 국회를 구성하자면, 저는 무엇보다 현재의 국회를 전면적으로 부정하고 새로운 의회제도를 수립해야 한다고 생각합니다. 기성의 국회가 국민의 대표성보다는 국가의 회의라는 권위적 성격에 치중해 왔기에, 이에 대한 대항 용어로 국민의 직접 대표로 구성된 의회라는 뜻으로 '국민의회'라는 새로운 대의제를 제안합니다.

〈도표 4-11〉 생활정치에 기반한 대의제 개혁

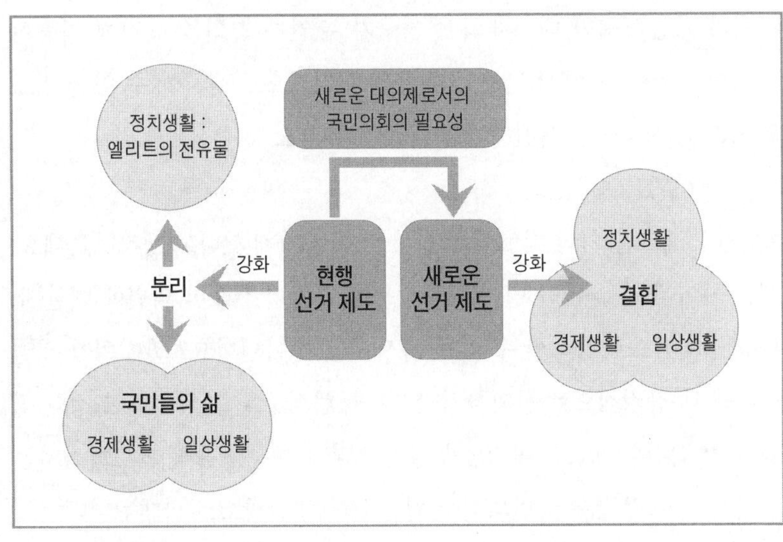

09

새로운 대의 제도, **국민의회**

사회 국민의회라는 새로운 의회 제도를 제안했는데요. 이름만 바뀌는 것이어서는 안 될 텐데, 새 의회의 상은 어떤 것입니까?

정희용 앞서 논의한 소환권과 관련해서 검토할 문제 같은데요. 직접 정치가 가능하려면 대의제의 선거구가 유권자에 의하여 견제 가능한 규모여야 합니다. 다시 말해 소환권을 실질적으로 행사할 수 있을 정도의 규모로 지역구를 재편해야 한다는 뜻이지요.

김병권 새로운 의회 제도의 핵심이 바로 거기에 있다고 생각하는데요. 예를 들어 국민 2~3만 명이라면 충분히 그들이 선출한 의원에 대한 소환을 구체적으로 논의할 수 있는 적정 규모가 아닐까요? 그 수치가 적절하다는 데 잠정적으로 동의할 수 있다면, 선거구를 그 규모로 조정할 필요가 있습니다. 2만 명 내지 3만 명 당 1명씩 의원 선출을 제도화하자는 것이지요. 그럴 경우 국민의회 의원은 1500명 안팎으로 확대됩니다.

01 국민 2~3만 명당 의원 한 사람씩을 선출하여 국민 소환권이 실질적으로 행사될 수 있는 규모로 지역구를 재편하면 국민들에 대한 대의원의 대표성을 높이는 문제와 직접정치를 고양시키는 효과를 낳을 것이다.

02 생활정치를 구현하기 위해서는 유권자의 선거구를 직업 활동지를 중심으로 하고 거주지를 보조적으로 결합하는 지역구 방식으로 개편할 필요가 있다.

03 피선거권의 요건을 강화하여 지역 구민과 대의원 간의 실질적인 유대를 강화하고 책임정치를 가능하게 만들어야 한다.

사회 국민의회 의원이 1500여 명이 된다면, 현재 국회의원 숫자가 299명이므로 다섯배로 대폭 늘어나는 규모인데요. 많은 사람들에게 실감이 나지 않을 듯싶습니다.

김병권 국민 2~3만 명에 1명의 의원을 선출해 1500여 명의 의원이 활동하는 새로운 의회 제도는 현행 국회와 비교해 볼 때 분명 크게 다른 모습이 될 것임에 틀림없습니다. 제가 2~3만 명 당 1인의 의원을 강력히 주장하는 것에는 두 가지 이유가 있습니다. 첫째로는 국민이 직접 대의원을 견제하기 위해서는 선출 단위가 가능한 축소되는 것이 필수적이라는 점입니다. 현재와 같이 20만 명 안팎의 단위에서 국회의원을 선출하게 되면 국민이 직접 국회의원을 견제하기에는 너무 큰 단위입니다. 설령 소환권이 입법된다 해도 현행 규모의 크기에서는 일상적인 소환권 행사가 불가능합니다. 그러나 단위를 소규모로 할수록 소환권은 대단히 강력한 대의원 견제권이 되어 국민의 뜻에 따른 의정 활동이 정착하게 될 것입니다. 둘째로는 의원 수가 많다는 것은 그만큼 국민에 대한 대표성을 높일 수 있다는 점에서 오히려 바람직한 현상입니다.

사회   현행 선거구 규모에서도 국민 소환제의 도입을 국회의원들이 두려워하는데, 2~3만 명 규모로 선거구가 축소되면 의원들이 민의를 거스를 방법이 정말 없겠군요.

정희용   그렇습니다. 지금의 제도 아래에서는 국민 소환제가 도입된다 하더라도 실제 효력을 발휘하기가 상당히 어렵습니다. 선거구 축소는 국민 소환제를 명실상부한 제도로 만드는 획기적인 방안이 될 것입니다.

김문주   단순히 선거구 규모를 축소하는 것에 그쳐서는 안 됩니다. 앞서도 말씀드렸듯이, 생활정치를 가능하게 하려면 유권자의 선거구를 거주 지역이 아닌 직업 활동 지역을 중심으로 재편해야 합니다. 다른 분들이 이미 강조했지만, 직접정치는 생활정치를 근간으로 할 때 더욱 위력을 가지게 됩니다. 이를 위해 현재 주민등록상의 거주지를 중심으로 이루어진 선거구는 직업 활동 지역을 우선시하고, 거주 지역을 보완하는 방식으로 재조정되어야 합니다. 직장인, 학생, 군인 등은 자신이 속한 직장과 학교, 군대가 자리한 지역구에 편재되어야 옳습니다.

이런 방식으로 선거구를 편재하면 선거구는 지역 주민과 해당 지역 경제활동 인구의 종합적 요구를 표현해내는 곳이 됩니다. 이를 2~3만 명 당 한 명이라는 선거구론과 결합하여 모델링하면 다양한 성격의 지역구가 만들어지게 됩니다. 예컨대 대공장 지역과 대학생 밀집 지역은 실지로는 해당 공장의 노동자와 학생이 선거구 구성원의 대다수를 차지하며 정치적 주도성을 가지게 될 것입니다. 그럴 경우 대의제가 계급적, 계층별 국민적 의지를 좀더 명확히 반영하지 않겠습니까? 또한 대부분의 도시 지역은 노동자들과 중간층이 연대한 성격의 선거구가 다수 등장하게 되고 이를 통해 모든 지역이 정치를 통하여 연계·연대되는 기초를 가지게 될 것입니다.

정희용　본디 생활정치를 완벽하게 구현하기 위해서는 선거구의 계급적 성격을 명확히 하는 것이 가장 좋습니다. 선거구를 생활 단위인 직업 단위로 재편하여 노동, 농민, 군인, 학생, 각 전문인 단위로 의원 선출권을 부여하는 것입니다. 이렇게 직업 단위로 편재된 의원을 70퍼센트 가량 선출하고, 직업 단위로 편재 불가능한 주부, 청년, 노인, 소상인을 대상으로 30퍼센트 가량을 현행 지역구에서 선출하는 방식을 생각해 볼 수 있습니다.

　이렇게 하면 큰 대학의 학생은 자체로 의원을 1인 선출할 수 있는 권리를 가지며 큰 공장 현장은 1~2인의 선출권을 가질 것입니다. 현재 직능별 선출은 비례대표를 통하여 이루어지고 있습니다. 그러나 이는 제대로 된 직업별, 직능별 안배를 해내고 있지 못합니다. 그 예로 현재 국회의원 중에 가장 많은 직업군이 변호사입니다. 이들은 전체 1만 명도 안 되는 직업군에 지나지 않죠. 그들이 현재 국회에서 10퍼센트에 육박하는 비율을 차지한다는 것은 넌센스 아닐까요? 이른바 '전문가'들도 마찬가지입니다. 재력이 있고 정치 활동에 나설 여유가 있는 사회적 엘리트들이 정치권을 충원하여 민의를 왜곡시키는 구조입니다.

김병권　생활정치를 구현하는 새로운 선거구제를 기초로 하여 현행 대의 제도가 계급적인 이해관계를 왜곡하는 구조를 어느 정도는 차단할 수 있다고 봅니다.

김문주 후보자의 피선거권 요건도 매우 강화해야 합니다. 현재 국회의원이 되고자 하는 사람이 지역 내에서 갖는 피선거권은 국적과 연령 말고는 어떠한 제한도 없습니다. 그로 인하여 정치적 명망성이 있는 자들은 지역구를 바꾸어 가며 출마하는 코미디가 연출되고 있습니다. 생활정치를 한다는 것은 대의제의 대표를 생활적으로 검증하는 시스템도 포함된 것입니다. 해당 지역에서 2~3년 이상 실제로 거주하거나 직업 활동을 한 국민에 한하여 피선거권을 부여해야 합니다. 그래야만 지역 주민과 국회의원 사이의 유대가 실질적 유대로 발전할 수 있으며 생활 정치로 승화될 수 있을 것입니다.

사회 우리가 지금 논의하고 있는 새로운 대의제로서 국민의회제, 막상 그것을 구현하려면 여러 가지 문제점이 예상되는데요.

정희용 그렇습니다. 무엇보다 의원 수가 크게 늘어나면서 발생하는 과다한 의정 활동 비용의 문제가 지적될 수 있습니다. 둘째, 의원 수의 급증과 연결되는 사안으로 의정 활동의 전문성이 약화될 위험이 있습니다. 셋째, 기초단체 의원과 선출 규모가 겹치는 문제점이 제기될 수 있습니다.

김문주 어떻게 보십니까? 모두 충분히 극복 가능한 문제들 아닌가요? 먼저 전문성 문제와 의정 활동 비용 문제는 상임위원회를 상설화하는 것으로 해결 가능합니다. 상임위원이 아닌 대부분의 의원들은 정기회의 때에 의결을 위한 의정 활동을 중심으로 활동하게 됩니다. 한두 명정도의 보좌진만을 필요로 할 뿐이지요. 선출된 의원 중에 교섭단체가되는 당을 중심으로 상임위원을 선정하여 일상적인 상임위 활동을 지속하게 해야 합니다. 그렇게 하면 실질적으로 양원제*적 구조를 가지게됩니다. 비용과 효율이 한꺼번에 해결되죠.

다만, 마지막 문제는 그리 단순해 보이지는 않습니다. 기초단체와 국민의회 의원의 선출 단위가 중첩되는 문제는 더 연구가 필요합니다. 선출된 의원이 기초단체의 의정 활동을 겸직하는 방안도 고려해 볼 만합니다. 현재 단계에서는 국민직접정치의 큰 틀을 세우는 것이 가장 중요하고, 기술적인 문제는 좀더 합리적인 연구가 진행되면서 제도화시켜낼 수 있을 것으로 보입니다.

〈도표 4-12〉 국민의회제 취지에 부합되는 선거구의 개념

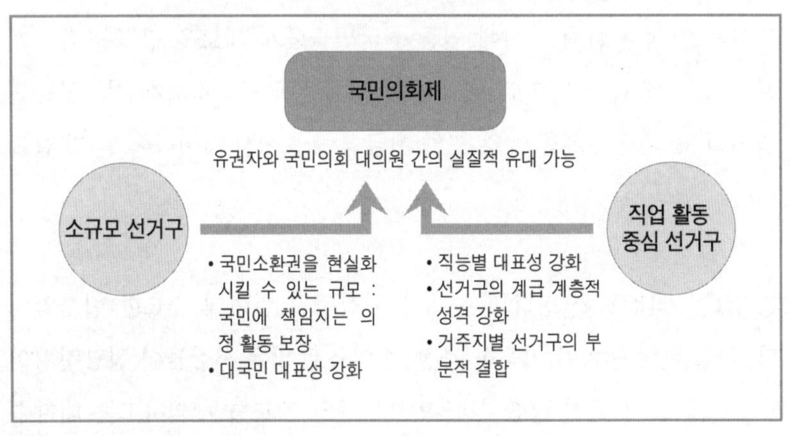

10

당원에 의해 운영되는 **특권 없는 정당**

사회　국민의회 제도가 뿌리를 내릴 수 있다면, 한국 정치의 고질적인 병폐인 지역 감정을 상당 부분 완화할 수 있는 새로운 의회제가 될 수 있겠습니다. 지역 감정에 기초한 정치나 금권정치 우려가 한결 사라질 것으로 기대됩니다. 무엇보다 생활인들이 곧바로 의원이 될 수 있는 제도라는 점에서 현재 국회에 염증난 국민들에게 새로운 정치를 꿈꾸게 하는 청량제가 될 것으로 보입니다. 하지만 국민의회제가 정착하려면 정치의 또 다른 주체인 정당 또한 지금의 모습에서 벗어나야 할 것 같습니다.

정희용　제대로 된 정당의 존재가 직접정치 실현에 중요한 변수입니다. 사실 한국 정치가 미숙한 가장 큰 이유로 많은 사람들이 정당정치의 낙후성을 들고 있지 않습니까? 민주노동당 정도를 제외하고는 대다수의 한국 정당들은 이념과 정책에 의한 결사가 아닙니다. 정당 자체가 지닌 특권을 탐내거나 이용하기 위해 정당을 세우는 황당한 풍토가 있습니다. 정당이 국민들에 의한 결사가 아니라 소수 직업 정치 엘리트들의 모임 정도로 위상이 격하되어 있는 것이지요.

21세기가 된 지금도 여전히 지역 감정에 의존하여 명맥을 유지하는 정당정치 또한 같은 맥락에서 이해할 수 있습니다. 현재 정당에 주어지는 구체적인 특혜는 비례대표 의원 선출권과 정당에 대한 국가 보조금 등입니다. 정당에 주어지는 이러한 특권 때문에 정치를 꿈꾸는 자는 자신의 신념에 따라 결사를 하는 것이 아니라 지역 감정에 기대고 정당의 추천에 따라 의원이 되어 볼 요량으로 이합집산하는 행위를 되풀이하고 있습니다. 정치 철새는 개인적인 성향의 문제이기도 하지만, 한국 정당의 낙후성이 낳을 수밖에 없는 필연적 현상입니다.

김문주　그렇습니다. 왜곡된 정당정치 제도를 혁파하고 직접정치 시대에 맞는 정당정치를 발전시키기 위해서는 정당의 특권을 모두 폐기하는 것이 원칙입니다. 예컨대 국민의 혈세로 지원되는 정당에 대한 국고 보조금부터 폐지해야 합니다. 정당은 오로지 진성 당원들의 당비에 의해서만 운영되게 해야 합니다. 정당은 이념적 결사체여야 하며 자신들의 정치활동을 통하여 생존해야 합니다. 진성 당비로 운영하지 않는 정당은 스스로 해체되어야 마땅합니다.

의석 수만 충분히 확보하면 당원에게 재정적으로 의존할 이유가 없는 한국의 기성 정당들로서는 정당 내 민주주의를 스스로 실현할 유인 기제가 없습니다. 당원 중심의 정당이 될 때에만 한국의 정당은 비로소 자신의 이념에 따라 국민들을 설득할 수 있을 것입니다. 그리고 그때만 생존이 가능한 구조가 되어 필연적으로 이념 정당, 정책 정당으로 나아갈 것입니다.

김병권 정당에 대한 특혜도 문제지만, 국회의원들 개개인에게 제공되는 후원금제 또한 폐지해야 합니다. 후원금제는 실제로 로비와 부정으로 이어지고 있습니다. 앞서 제기한 식으로 생활정치, 직접정치에 기초한 국민의회제가 실행된다면 정치인의 지역구 활동에 많은 비용이 들 이유가 없습니다. 원칙적으로 의원은 대부분이 직업인이며 생활인이기 때문입니다. 정당 자체에 제공되는 일체의 특혜를 폐기해야 정당은 순수하게 진성 당원에 의해 운영되는 정책 정당이 될 수 있습니다.

정희용 직접정치를 발전시키자면 필연적으로 계급정치가 발전해 나가야 합니다. 계급정치를 구현하는 원칙적 방안은 앞서 논의했듯이 계급·계층별로 선출권을 직접 주는 것이 타당합니다. 이를 위해서는 합리적인 방식이 더 연구되어야 합니다. 현재로서는 정당 투표제가 계급정치를 어느 정도 구현할 수 있는 방안이기도 합니다.

김문주　정당 투표제란 냉정히 말해 직접정치에 위배되는 방식입니다. 정당이 도대체 무슨 권한으로 국민의 신임을 거치지 않은 자를 의원 후보로 임명한단 말입니까? 의원에 대한 선출권은 오직 국민에게만 존재해야 옳습니다. 정당이 그 일을 대신하는 것 자체가 국민을 배제하는 사고방식입니다. 우리가 논의한 생활정치에 기반한 국민의회가 만들어지면 비례대표 의원 선출을 굳이 정당에 넘길 이유가 없어집니다. 이미 생활인으로 살아가는 전문가들로 의회가 구성되기 때문입니다. 이런 의미에서 민주노동당이 주장하는 독일식 정당명부제*는 현행 선거 제도에 비하여 진일보한 선거 제도임에는 분명합니다만, 근본적 대안이라고 볼 수는 없습니다. 다만 계급정치의 기초가 미약한 한국적 현실 속에서 일정 기간 동안 정당 투표제를 병행해나가는 것은 제한적이나마 의미 있는 방식입니다.

〈도표 4-13〉 특권을 없애고 진성 당원에 의해 운영되는 새로운 정당

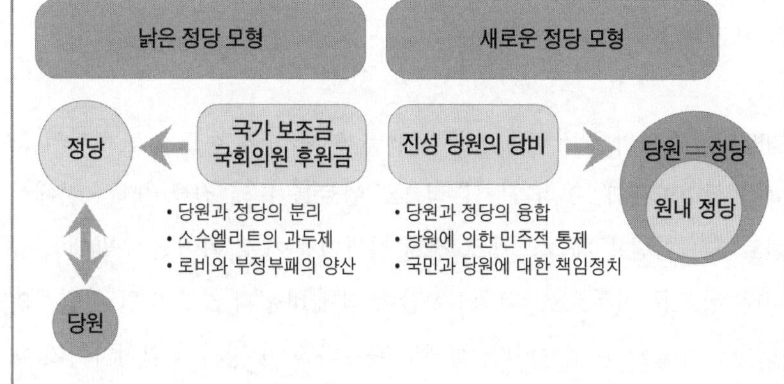

시민 감사제와 청빈 관료제의 도입

사회 직접정치를 구현하는 데 있어 국회 개혁 못지않게 중요한 것은 관료제입니다. 관료주의가 민주주의의 진전을 가로막는다는 우려는 서양의 사회과학계에서도 오래 전부터 논의해온 문제이기도 합니다. 더구나 한국에서 관료에 대한 인식은 국회나 정당 못지않게 좋지 않습니다. 관료 제도의 개혁이랄까, 새로운 관료 제도에 대한 구상도 필요하다고 보는데요.

김병권 관료의 경직성이나 부패가 늘 문제가 될 정도로 관료제의 문제는 심각합니다. 정치가 기본적으로 관료를 통해 집행된다는 점에서 관료제가 지닌 문제는 그대로 정치 집행의 문제로 이어질 수밖에 없습니다. 관료를 진정으로 국민의 손발이 되게 바꾸지 않고선 한국 정치의 발전을 기대할 수 없습니다. 실제로 관료가 국가 정책의 실현자이기 때문입니다. 노무현 정부를 보면 새삼 확인할 수 있습니다. 관료가 지도하고 정치인이 꼭두각시 짓하는 정부 아닙니까?

01 정치가 관료를 통해 집행된다는 점에서 관료 사회를 바꾸지 않고는 한국 정치의 발전을 기대할 수 없다.

02 부정부패와 탁상 행정을 근절할 수 있도록 관료 사회에 대한 대수술이 필요하다.

03 시민사회가 일상적으로 감시하고 견제할 수 있는 시민 감사제, 고급 관료 사회에 대한 청빈 관료제를 제안한다.

정희용 그렇습니다. 노무현 정권은 군부독재 시기부터 기본적인 골격이 변하지 않고 유지되어 온 관료 사회라는 큰 바다에 얹혀 있는 외로운 섬에 불과하다고 말할 수 있지요.

한국 관료제의 가장 큰 문제는 뿌리 깊은 부정부패와 국민의 뜻에 거스르는 탁상 행정, 두 가지로 간추릴 수 있습니다. 무엇보다 부정과 부패의 문제를 정리하지 않고서는 관료 사회의 변화를 만들 수 없습니다. 이는 단순하게 처벌을 강화하는 방식만으로는 불가능할 정도로 뿌리가 깊습니다. 특단의 혁신적 관료제 룰이 도입되어야 합니다.

또 탁상 행정을 근절하기 위해서는 시민 감사제를 실질적으로 실행하는 방법을 구체화해야 할 것입니다. 한마디로 시민사회가 일상적으로 감시하고 견제할 수 있도록 관료제를 운영할 때 정치와 행정은 국민에게 복종할 수밖에 없을 터입니다.

김병권 시민사회라고 하니까 약간의 오해가 있을 것 같아 말씀드리겠습니다. 노무현 정권 들어 시민단체의 주요 인사들이 정권에 직접 참여하기도 하고, 시민단체가 정부 정책에 관여하는 경우가 상당히 있습니다. 그러나 경실련이나 참여연대와 같은 시민단체가 과연 제 역할을 하고 있는지는 의문입니다. 시민사회라고 하면 경실련이나 참여연대와 같은 시민단체를 흔히 떠 올리는데, 이 점을 분명히 할 필요가 있을 것 같습니다.

정희용　그렇습니다. 우리가 시민사회라고 하는 것은 사회 구성원의 자발적 결사체들을 집합적으로 지칭하는 것인데요. 그 성격에 따라 기득권세력의 결사체부터 변혁적 세력까지 광범위하게 포함될 수 있겠습니다. 관료에 대한 시민사회의 통제라고 할 때의 시민사회는 기본적으로 민주주의 발전에 기능적인 결사체들을 염두에 둔 것이라 생각하시면 되겠습니다. 이 문제는 앞으로 더 고민해 볼 문제인 것 같습니다.

김문주　혁신적 관료제와 관련하여 저는 청빈 관료제를 제안하고 싶습니다. 지금 실시하고 있는 공직자 재산 공개 정도로는 너무 약하고 실제로 효과도 없다는 게 확인되었기 때문인데요. 고급 관료로 임명된 이후 공무 활동에 대한 기본 수당 이외에는 일체의 물질적 혜택을 없게 만드는 제도가 필요합니다.

　예를 들어 2급 이상 공무원에게는 자신과 가족의 모든 재산에 대해 장기 신탁 제도를 실행하는 것입니다. 고급 관료가 되었을 경우에 부를 늘리는 경제활동이 원천적으로 불가능하도록 제도를 짜야 합니다. 오직 자신이 받을 급여와 연금만으로 생활하도록 해야 하며 기존 재산은 신탁을 통하여 발생하는 은행 금리 수준의 이자 수입만을 보장해야 합

니다. 관료는 명예로 하는 것이지 이익을 탐하는 자리가 아님을 천명하
는 것이지요. 대신에 본인과 자녀까지 완전 무상 의료와 완전 무상 교육
을 보장하고 본인은 퇴직 후 노후 보장을 해줘야겠지요. 그래야 치부하
는 고위 관료가 생기지 않습니다.

〈도표 4-14〉 관료 사회의 개혁

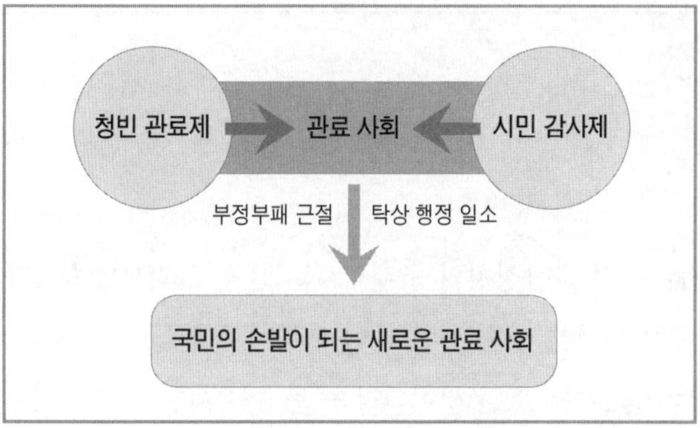

} 엘리트 정치를 넘어서

사회 지금까지 직접정치의 구체적 기제들을 살펴보았습니다. 하지만 문제는 여전히 남아 있습니다. 과연 사회 구성원들이 직접정치에 얼마나 적극적인 의지를 보일 것이냐라는 문제입니다. 어쩌면 근본적인 질문일 수도 있고 그만큼 토론하기 까다로운 주제이기도 합니다. 가령 아테네에서 직접민주주의를 할 때도 광장에 2만여 명이 참석할 수 있었는데 실제 모인 숫자는 2000여 명에 지나지 않았다는 지적이 있습니다. 참여하지 않는 국민을 어떻게 직접정치의 주체로 서게 할 수 있을까요?

김문주 직접정치를 논하다보면 대의는 인정하지만 실현 가능성에서 문제가 많지 않겠냐는 반응을 종종 접합니다. 그 우려의 내용이란 대체로 두 가지로 집약됩니다. 하나는 대중이 과연 올바른 선택을 할 수 있을 것인가? 정치에 전문성도 없는 사람들이 다수결의 원리에 따라 선택하는 것이 항상 옳을 수는 없는 것 아닌가? 그런 의문이지요. 또 다른 하나는 방금 말씀하신 대로 대중의 실질적 참여가 보장되겠는가라는 우

01 엘리트 정치를 근절하고 정치적으로 중요한 결정권을 국민들에게 귀속시키는 직접정치 체제에서 국민들의 정치 참여 동력은 더욱 풍부해질 것이다.

02 국민직접정치는 경제생활과 정치생활의 균형을 이룬 이상적이고 건강한 생활을 지향한다.

03 국민직접정치는 진보 정당이 정강 정책으로 내세우면서 새로운 국민의회 건설을 위한 국민적 운동을 통해 현실화될 수 있다.

04 국민직접정치는 의회와 정당을 변화시키는 것을 넘어 국가의 모든 권력 기관을 국민의 민주적 통제로 묶어 내는 완결적 대안으로 완성되어야 한다.

려입니다. 지금같이 정치 무관심이 팽배한 시대에 직접정치가 국민들의 높은 참여율을 보장하면서 제도적으로 유지되겠냐는 의문이지요.

제 생각으론 두 가지 의구심의 깊은 바탕에는 대중의 정치 능력에 대한 불신과 더불어 엘리트주의 정치관의 영향이 깔려 있다고 생각합니다. 한마디로 우매한 국민들이 제대로 된 결정을 할 수 있을까. 이기적인 생활에만 관심이 있는 천박한 국민들이 정치에 관심이나 가질 것인가. 대충 그런 관점이 깔려 있는 것이죠. 그런 의미에서 저는 직접정치론의 대립점에는 엘리트주의적 정치관이 자리하고 있다고 생각합니다. 그런데 우리가 엘리트라고 부르는 정치인들이 정말로 엘리트적 자질을 지니고 있기는 한가를 되묻고 싶습니다. 국민들의 민주적 의식은 끊임없이 상승해 가는 데 반해, 국회의원의 자질은 더욱 떨어지는 것처럼 보입니다. 정책도 없고, 원칙도 없는 현재의 정치인보다는 국민 일반의 자질이 더욱 높다고 생각합니다.

직접정치를 시행함에 있어 다수 국민의 참여가 실질적으로 보장될 것인가의 문제는 정치적 무관심이 조장되는 원인에 대해 생각해보면 저절로 답이 나옵니다. 민중의 이해를 진정으로 대변하는 진보정당을 가지고 있지 못한 현실과도 밀접히 연관되어 있지요. 누구를 찍든 자신의 삶의 조건이 개선되지 않는데 투표할 의욕이 나겠습니까? 저라도 투표 안하고 정치 참여 안 합니다.

6월대항쟁 이전에 독재 종식을 목적으로 정치적 관심이 집중될 때는 국민의 정치 참여 열기가 뜨거웠죠. 그러나 보수정당의 나눠먹기식 야합정치가 일반화되는 90년대에는 투표를 통해 민의를 반영하려는 열기가 점차로 약화되었습니다. 그에 따라 참여율이 떨어져간 것이죠. 그러나 자신의 정치 참여가 나라의 운명에 영향을 미칠 수 있다는 현실 판단이 서면 아직도 우리 국민들은 거대한 참여율로 응답합니다. 지자체 선거보다 국회의원 선거가 국회의원 선거보다는 대통령 선거가 투표율이 높게 나타나죠. 이는 자신의 투표 행위가 실제 정치에 영향을 미치는 정도에 따라 차등적으로 투표에 관심을 보이는 정도가 다르다는 점을 보여줍니다.

결국 엘리트주의적 정치 체제를 근절하고 정치적으로 중요한 결정권이 국민들에게 있는 직접정치 체제에서 국민들의 정치 참여 동력이 훨씬 더 풍부해질 것입니다. 자신의 운명과 관련된 내용의 선택권을 국민 개개인이 갖는다면 당연히 정치 참여율이 폭발적으로 높아질 것입니다. 예컨대 국가간의 조약 비준권이나 군대 파병권 등과 같은 사항은 행정부가 추진하고 국회가 결정하는 권한인데 이를 국민 총투표의 결정사항으로 돌린다면 정치 참여율은 비약적으로 높아지겠지요.

김병권　아테네 사례를 들어 우려를 말씀하셨는데요. 2만 명 중에 2000

명이 한자리에 모인 아테네 민주주의의 참여율이 적었다고 보는 것은 잘못된 생각이라고 봅니다. 아테네에서의 참여 방식은 한날 한시에 다른 생활을 포기하고 한 장소에 모이는 것이었지요. 그것은 매우 높은 수준의 정치적 결사 행위입니다. 예컨대 요즘 우리로 치자면 한 250만 정도의 유권자가 인터넷 가상 공간에서 같은 시간, 같은 자리에 모여 국가적 문제를 가지고 토론을 벌인다는 것인데 우리나라 같이 정치적 역동성이 높은 나라에서도 쉬운 일이 아니죠.

직접정치를 하는 데 있어 높은 참여율을 제도적으로 보장하자면 그런 시간 공간상의 제약뿐 아니라, 일상생활에도 제약 없이 정치 참여를 보장받을 수 있는 제도적 개혁이 당연히 동반되어야 할 것입니다. 우리가 앞서 논의했듯이 엄청난 부재자 투표를 부르는 거주지 위주 투표가 아니라 직장 소재지 위주의 선거구 투표의 원칙이 적용된다든지 참여의 수고를 줄이기 위해 인터넷 투표를 병행한다든지 하는 직접정치에 맞는 제도적 개혁이 동반된다면 대부분의 사람들이 우려하는 문제는 크게 해결될 것이라 생각됩니다.

정희용　사회자가 철학적 측면을 제기하였으니 근본적인 문제를 짚어 보겠습니다. 정치 참여율이 낮은 근본적인 원인은 정치생활과 경제생활의 분리에 기인한다고 생각합니다. 사람은 사회적 관계 속에 존재하고 관계와 관계, 개인과 사회 사이에 발생하는 여러 문제들에 대해 토론하고 협의하고 자기 주장을 펴고 뜻이 같은 사람들끼리 조직적이든 정서적이든 연대를 하는 일들이 다 넓은 의미에서 정치생활입니다.

뉴질랜드 원주민 부족의 삶을 담은 다큐멘터리 프로그램을 보니까 거의 매일 해 떨어질 무렵이면 부족민들이 다함께 마을 광장에 모이더군요. 여기서 그날 있었던 일들도 이야기하고 부족의 행사며 농경 계획 등에 대한 토의를 해요. 그리고는 모닥불 주위에서 즐겁게 춤을 추고 노래를 하며 자신들의 문화를 즐깁니다. 경제생활에만 매몰되어 거의 '이코노믹 애니멀'로 변해가고 있는 현대인들과 이 원주민의 삶 가운데 어느 쪽이 더 정상에 가까운 것일까요?

물질 생활의 풍요로움과는 별도로 생활을 정상화하기 위해서는 반드시 정치생활의 발전이 필요합니다. 일상생활로부터 정치생활이 분리된다면 결국 우리의 삶 자체가 건강하지 못하고 전인적이지 않다는 것을 뜻합니다. 그런 면에서 본다면 이른바 선진국에서의 정치 무관심, 탈정치화는 그만큼 정상적이지 않은 사회관계와 생활상을 반영하는 것입니다. 생활정치의 실현, 생활 단위에 기반을 둔 선거구제 등이 내용을 갖추어 나간다면 정치 참여율이 높아질 것입니다.

근본적으로는 건강한 사회를 만들어 나가는 과정, 왜곡된 우리의 생활상을 균형적으로 고쳐나가는 과정이 필요하지요. 우리가 국민직접정치를 제안하는 것은 비단 대의제의 단점을 개선하자는 목표만은 아닙니다. 국민이 민주주의의 실제 향유 주체가 되어야 한다는 점과 경제생활과 정치생활의 균형을 이룬 이상적이고 건강한 생활을 지향하자는 뜻입니다.

김병권　당면한 과제로는 노동 조건의 개선도 중요합니다. 한국의 노동자는 전 세계적으로 가장 많은 시간 일하고 있습니다. 제조업 분야의 평균 주당 노동 시간이 47.6시간으로 선진국에 비해 매주 10시간을 더 일하는 상황입니다. 스웨덴이 37시간, 이탈리아가 39시간 정도니까요. 불안한 고용 상황과 긴 노동 시간, 구조조정으로 더욱 높아지는 노동 강도 속에서 정치적 참여가 활성화될 리 없지 않겠습니까.

이러한 상황에 비추어본다면 우리 국민들이 이 정도의 정치적 관심과 참여 의지를 보이는 것은 대단하다고 평가해야 합니다. 경제생활과 정치생활의 밀접한 관련성을 통해 볼 때, 노동 중심 국민경제의 형성과 국민직접정치의 실현은 긴밀한 상호 의존 관계에 있습니다. 경제가 새로운 패러다임에 의해 재구축되는 속도에 비례해 국민들의 정치 참여가 높아질 것이고 국민직접정치의 기제가 마련되어 나갈수록 안정적 고용과 노동 창의성을 통해 우리 경제의 근본 동력을 만들어가는 사회적 분위기가 성숙될 것입니다.

사회 좋습니다. 지금까지 우리의 상상력을 자극하는 정치 대안의 여러 내용들을 두루 살펴본 것 같습니다. 그런데 혹시 우리가 놓치고 있는 부분은 없는지, 앞으로 더 세심하게 연구해 봐야 하는 것은 무엇인지 간단하게 짚을 필요가 있을 것 같습니다.

정희용 한국 사회의 새로운 정치 대안을 모두 다 말하려면 끝이 없을 것입니다. 이번 토론에서는 주로 국회와 정당을 어떻게 변화시킬 것인가, 그리고 국민 투표제와 같은 직접민주주의적 방식을 어떻게 현실화할 것인가에 논의의 초점이 맞추어진 것 같습니다. 이렇게 논의를 하다 보니, 한국 정치에서 국회와 정당만이 문제이고 나머지 분야는 별 문제가 없는 것처럼 비쳐질 수 있습니다. 대통령을 중심으로 한 행정부와 요즘 부상하고 있는 사법부에 대한 고민은 거의 토론하지 못한 것 같습니다.

김문주 87년 이후 대통령 직선제를 쟁취했다는 것만으로 행정부가 민주화되었다고 생각할 수는 없을 것입니다. 오랫동안 과두적 지배를 해온 국회가 탄핵 사태 등과 관련해서 가장 피부에 다가오는 문제였기 때문에 비판의 주대상이 된 것뿐입니다.

한국이 대통령제를 취하고 있는 이상 정치 대안의 장기적인 과제는 대통령을 정점으로 한 행정부를 어떻게 민주적으로 통제할 것인지에 맞추어져야 한다고 봅니다. 특히 신자유주의적 정치라는 것이 행정권의 강화 현상과 맞물리는 측면이 있다는 점에서 신자유주의에 따른 국가 권력 기구의 변화에 대한 동태적인 연구가 선행되어야 할 것입니다.

김병권 우리가 논의의 초반부에는 국민의 민주적 의지에 반하는 결정을 내리는 헌법재판소가 문제라고 지적한 바 있지만, 실제 토론 과정에서는 사법부의 문제를 거의 다루지 않았습니다. 정부나 국회에 대한 개혁 과제는 쉽게 도출될 수 있는 반면, 사법의 영역은 가장 다루기 어려운 것도 사실입니다. 신자유주의라는 것이 '법과 질서'를 강조하는 이데올로기적 속성이 있다는 점에서 신자유주의적 정치에서 사법부가 어떤 역할을 하는지 다루는 것이 필요합니다.

사회 앞으로 연구원이 본격적으로 활동하면서 각 부문별로 치밀한 정책 대안이 나오면 우리의 미진한 논의가 완성될 것으로 기대합니다. 이 토론이 끝나면 다시 시작이니까요.

한 가지 더 짚어 볼 것이 있는데요. 다름 아닌 대안을 현실화하는 문제입니다. 우리가 마지막으로 정치 대안을 논의한 이유도 정치 대안을 비롯해 경제, 통일 대안을 누가 어떻게 실천할 수 있는가라는 문제가 정치적 문제와 직결되는 것이기 때문이라고 생각합니다. 어떻게 실현할 수 있을까라는 문제 또한 대안의 영역에 속하는데요. 이에 대한 의견을 주시지요.

김문주 사실 직접정치 체제라는 새로운 체제를 현실화하는 문제는 한국이라는 나라의 총체적 개혁이 이루어져야 가능한 것입니다. 이전과 전혀 다른 정치 체제를 수립한다는 의미에서 개혁이라는 용어보다는 변혁이라는 용어가 더 적합할지도 모릅니다.

직접정치 체제를 실행하기 위해선 선거법이나 국회법 등과 같은 부분적인 법 개정으로는 불가능합니다. 앞서도 이미 논의했듯이 전면적인 개헌을 통해서만 가능한 일입니다. 그런데 현행법상 개헌에 나설 수 있는 주체는 변혁의 일차적 대상인 현존하는 국회입니다. 변혁의 대상이 변혁의 주체가 되어야 하는 역설적인 상황이죠. 하지만 국회가 자신의 권위를 부정하고 자신의 권한을 축소시키는 직접정치 체제로의 개헌을 시도할 리가 만무하죠. 그런 의미에서 직접정치 체제를 실현시키는 현실적 방법은 현존하는 국회를 전면 부정하고 새로운 대의 체계를 세우기 위한 국민적 운동입니다. 특정 정치세력과 연합하는 기술적인 방식으로는 우리의 대안이 이루어지지 않는다는 것이지요. 국민들이 현재의 국회에 보내는 냉소와 조롱 그리고 염증을 넘어서 정치 체제를 전면적으로 바꾸어 내겠다는 주체의식을 가질 때 가능한 일입니다. 이는 새로운 수준의 민주화 투쟁입니다. 천 리 길도 한 걸음 부터라고 국민을 상대로 하나씩 설득해 가는 것으로부터 출발해야 하기에 시간이 걸리는 일이지만 전 국민적 지지를 받는 데에는 큰 어려움이 없을 것입니다. 결국 국민이 스스로 정치의 주체로 나서도록 독려하는 것이 유일한 현실적 대안일 것입니다.

특히 강조하고 싶은 것은 직접정치를 강령으로 삼는 진보정당이 나타나는 일입니다. 현존하는 민주노동당이 직접정치를 강령으로 삼을 수 있다면 가장 바람직할 것입니다. 민주노동당과 같은 진보정당이 의회 전술을 구사할 때면 항상 부딪치는 문제가 의회주의에 안주하거나 개량화되는 문제입니다. 스스로는 호랑이 잡으러 호랑이굴에 들어간다고 하지만 그냥 굴 속의 삶에 익숙해지고 안주하게 되는 것이죠. 이런 문제는 의회에 진출한 민주노동당의 현재 모습에서 어느 정도 발견할 수 있습니다.

정희용　좋은 지적입니다. 직접정치론은 새로운 국가권력 체계를 세우는 것을 목표로 합니다. 변혁적 진보정당이라면 당연히 자신만의 고유한 권력 체계 수립을 목적으로 해야 합니다. 그래야만 제도권 내에 안주하는 정당이 아니라 제도를 근본적으로 변혁하는 정당이 되기에 개량화 논쟁에서 자유로워질 수 있습니다.

직접정치를 실현시킬 가장 빠른 방법은 민주노동당이 새로운 정강 정책으로 재탄생하는 것이며 그에 기초하여 현행 국회를 해산하고 새로운 국민의회를 건설하는 국민적 운동을 시작해 가는 것입니다.

사회　독자들 가운데는 민주노동당을 강화하는 것이 해법이라고 주장할 수도 있을 것 같습니다. 그런데 왜 당신들은 당 밖에서 연구원을 만드느냐고 묻는다면 어떻게 답하시겠습니까?

정희용　민주노동당 외부에 여러 유형의 정책 대안 연구소들이 존재하는 것은 그 자체로 진보 정당의 외연을 넓히는 효과를 낳게 되고 또 이들 싱크탱크는 진보 정당에 다양한 인재와 정책을 공급하는 저수지로 기능할 것입니다.

정당과 별도로 움직인다고 해서 진보정당을 약화시킨다거나 진보적 역량을 분산시킨다는 생각은 아주 편협한 것입니다. 지식 생태계라는 표현도 있습니다만 정책 집단도 다양한 층위로 존재해야 합니다. 어느 한 부분만 강력해서는 생태계 자체의 발전이 어렵습니다.

김문주　새사연 같은 연구원이 진보적 싱크탱크로 발전하는 것이 바로 민주노동당 같은 진보정당을 강화하는 첩경입니다. 정당 안의 연구소 기능과 민간 싱크탱크 운동은 상호 구별되면서도 협력적인 관계를 유지해야 시너지 효과를 내며 발전 가능합니다. 이는 미국의 사례만 보아도 잘 알 수 있습니다. 공화당과 헤리티지 재단*이 그러하고 민주당과 브루킹스 연구소*와의 관계가 그러하죠.

이런 현상은 당 조직 내의 연구 조직이 당내의 역학 관계나 체질에 역규정 당하여 관료성을 띠게 되는 필연성 때문에 발생됩니다. 그로 인하여 발 빠르고 창의적인 연구 대응을 못하는 것이죠. 그에 반하여 민간독립연구소는 창의성과 역동성, 속도성을 중시하는 연구 활동을 장점으로 갖기에 상호 견인이 가능한 것입니다. 특히 헤리티지의 경우 중립을 표방하는 기존 연구소의 관행을 깨고 보수주의 확산을 공식적으로 표방하며 공화당 옹호를 내걸고 공공연하게 활동하는 전형을 만들었죠.

그런 면에서 새사연 같은 연구소는 진보주의의 확산을 목표로 하며 그를 위한 정책 생산을 활동 내용으로 한다는 측면에서 민주노동당과 같은 진보정당의 대중적 확산을 돕는 역할을 실질적으로 수행할 수 있겠지요.

김병권　참여정부에 대한 평가를 통해 진보 진영에 콘텐츠가 부족하다는 것은 공통된 인식으로 확산되어 있습니다. 최근 들어 진보를 표방하는 새로운 싱크탱크를 건설하고자 하는 시도가 다양하게 일어나고 있지요. 이러한 진보 싱크탱크들은 정치 진영과 거리를 두는 듯이 이야기하지만 성향상 일정한 정당을 염두에 두고 있지요.

제가 보기엔 무수히 등장하는 싱크탱크 중에 진보정당을 염두에 두고 만들어지는 연구소는 없는 것으로 보입니다. 오로지 우리 새사연이 진보정당과 진보 이념의 확산을 공식적인 목표로 할 뿐이죠. 그런 면에서 새사연 활동은 민주노동당 활동에 큰 도움이 될 것이라 기대합니다.

단지 현 시점에서 우리가 진보정당의 확산이라는 표현을 하고 민주노동당의 확산을 직접 표방하지 않는 것은 현재 민주노동당의 구성 지형이 한국적으로 완성된 진보정당이라 보기엔 부족한 점이 있기 때문입니다. 광범한 중간층까지 포괄시킨 명실상부한 국민적 진보정당으로 거듭 발전하길 바라는 것이죠. 진보적 싱크탱크 운동은 민주노동당의 외연을 더욱 확대시켜 집권 정당의 면모를 갖추는 데 일조할 수 있을 것입니다.

사회　마지막 질문을 던지겠습니다. 독자들로서는 새사연이 궁극적으로 지향하는 정치 체제는 무엇일까 궁금할 텐데요. 이념적 접근이 바람직하지 않을 수도 있지만, 그렇다고 피해 갈 문제도 아니라고 봅니다.

참고로 민주노동당은 강령 전문에서 이렇게 밝히고 있습니다. "민주노동당은 국가사회주의의 오류와 사회민주주의의 한계를 극복하는 한편, 인류의 오랜 지혜와 다양한 진보적 사회운동의 성과를 수용함으로써, 인류사에 면면히 이어져 온 사회주의적 이상과 원칙을 계승 발전시

정희용　민주노동당의 강령 전문에 나타난 이념적 지향은 사회주의 선언입니다. 과거 국가사회주의의 오류를 넘어서고 사회민주주의의 한계도 넘어서 사회주의의 이상과 원칙을 지켜나가겠다고 선언하고 있지요. 민주노동당의 이러한 지향은 무상 교육, 무상 의료라는 정책으로 어느 정도 구체화되고 있습니다. 이러한 이념 지향이 실제적인 힘을 가지는 것인지 아니면 선언적 수준에 불과한 것인지를 확인하기 위해서는 몇 가지 검토가 필요합니다.

첫째로는 과거 국가사회주의도 아니고 유럽의 사민주의도 아니라고 주장할 때, 그에 대응하는 대안적 사회 체제에 대한 구체적인 상이 존재하는가 하는 문제입니다. 또 다른 하나는 현실의 구체적인 정책에서 사회주의적 원칙을 적용하는 대안들이 제시되고 있느냐는 문제입니다. 첫 번째 문제에서 민주노동당은 당위적 선언만이 존재하지 구체적 대안 체제와 이념, 사회 조직원리들을 제시하지는 못하고 있습니다. 그러다 보니 두 번째 문제, 곧 아주 구체적인 정책 대안으로 들어가면 더욱 현실적 대응력이 없는 이념의 과잉 상태를 곧잘 드러내곤 합니다.

김병권　같은 생각인데요. 이념의 과잉 상태는 현실 정책 대응력을 상실케 하며 실제로는 민주노동당 내에서 이념의 부재 상태로 나타나고 있습니다. 더러는 사민주의를 해야 한다며 그에 기초한 국제 조직 가입을 주장하고 더러는 사회주의를 해야 한다며 그에 상응하는 국제 조직에 가입할 것을 이야기하기도 하지요. 또 다른 집단은 사회주의적 지향이 초래할 정치적 위험성을 거론하며 진보적 민주주의라는 두루뭉술한 용어로 체제론과 이념론을 피해 가고자 하지요. 이러한 혼란은 결국 현실 실천 수준을 뛰어넘는 이념 과잉 상태가 만들어 낸 분열적 폐해라고 생각합니다.

그런 면에서 저는 당장 국가적 차원에서 실현 가능한 수준의 이념이면 족하다고 봅니다. 그것을 뛰어넘는 과도한 이념적 목표는 후대의 책임으로 돌리는 것이 합리적이죠. 그래야만 진보 진영의 이념 지형이 현실 대응력을 만들어 낼 수 있고 관념적인 이념의 분열을 방지할 수 있다고 봅니다.

김문주 당면한 한국 사회의 문제를 극복하고 국민적 합의 아래 새롭게 건설 가능한 사회는 어떤 사회인가. 그런 질문에 대한 답으로 얼마든지 여러 가지 이념적 대안을 세울 수 있을 것입니다. 하지만 이념보다 실제로 유효한 것이 있다는 점을 강조하고 싶습니다. 신자유주의적 자본주의 체제를 넘어서는 공유와 협력에 기초한 자율적이고 창의적인 정치 체제와 경제 체제를 누가 어떻게 이룰 것이냐는 문제가 그것입니다. 그 이상의 구상은 자칫 관념적 논의로 빠질 우려가 있습니다.

사회 앞으로 더 많은, 그리고 한층 더 치열한 논의가 필요한 대목입니다. 아쉬움이 크지만 여기서 대안 좌담을 모두 마치기로 하지요. 지금까지의 긴 대담을 통해 신자유주의를 넘어서는 '새로운 사회'를 이 땅에 구현하자는 데 뜻이 모아졌습니다. 국민직접정치와 노동 중심 경제 그리고 통일민족경제라는 상호 긴밀한 연관을 갖는 체제 구상의 기본 골격도 세워졌습니다. 독자들이 보시기엔 다소 성긴 논의들도 많을 것이라 생각되지만, 새사연의 문제 의식은 분명히 드러난 것 같습니다.

좌담에서 제기된 문제들을 앞으로 생활인들의 검증을 통해 더 정교하게 다듬고 그에 맞춘 정책 대안을 과학화해나가는 것이 연구원의 숙제로 남아 있습니다. 바로 그 점에서 좌담의 끝은 새로운 시작입니다. 많은 독자가 우리 연구원의 성과를 기다릴 터이고 더 나아가 함께 문제를 풀어나가고 싶으리라 짐작됩니다. 인터넷 사이트 '이스트플랫폼'은 물론, 새사연의 법인 회원으로 들어오는 문은 언제나 열려 있다는 사실을 새삼 강조하며 좌담을 모두 마치겠습니다. 고맙습니다.

〈도표 4-15〉 엘리트 정치를 넘어 국민직접정치를 향하려면

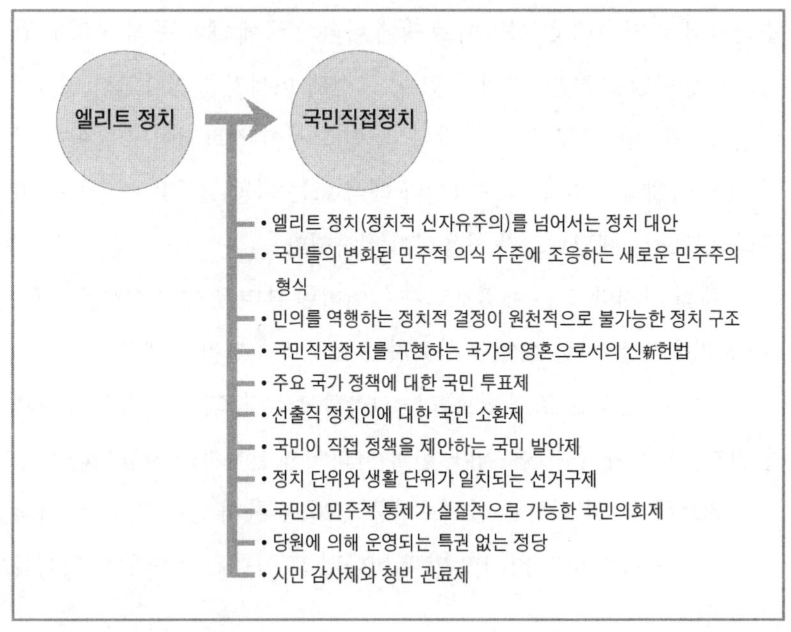

새로운 사회를 여는 사람들

지금까지 독자들은 한국 사회의 진보적 대안을 주제로 한 진솔한 좌담을 생생하게 들여다보았을 터이다. 본디 에필로그는 연극의 마지막 순간에 배우 가운데 한 사람이 무대에 나와 연극에 대해 주석을 하고 관객에게 인사말을 하는 '폐막사'였다. 그런데 18세기를 지나면서 연극에 에필로그가 시나브로 사라져 갔다. 대신 그것이 전화되어 소설이나 담화 시 말미에 작가 자신의 주장이나 해석 또는 최종 결말을 진술하는 마무리의 뜻으로 에필로그가 사용되기 시작했다.

이 책의 마지막 장은 에필로그가 잃어버린 본디 뜻에 충실한 글이다. '배우 가운데 한 사람'이었던 사회자가 독자에게 드리는 폐막사다.

그래서다. '386'으로 에필로그를 시작하고 싶다. 좌담에 참석해 의견을 밝힌 '배우'가 두루 386이다. 한국 사회에서 살아가는 사람이라면 누구나 최소한 한 번 이상은 들어보았을 '386'은 한때 한 줄기 맑은 바람으로 다가온 이름이다. 하지만 반짝 빛나던 그 이름은 너무 일찍 퇴색하고 말았다.

독특한 그 이름, 386은 과거의 '영화'를 더는 누리지 못하고 있다. 무엇보다 시간적으로 이미 낡은 개념이 되었다. 30대로 80년대에 대학을 다닌 60년대 생을 의미한 386의 '시효'가 끝나가고 있다. 기실 386은 대한민국 안에서만, 그것도 특정 시기에 소통될 수 있는 '시사용어'였다. 1980년대에 대학을 다닌 세대를 더는 30대로 아우를 수 없다. 1960년대 에 태어난 사람들 또한 어느새 절반이 40대다.

하지만 386의 조락이 비단 세월의 풍화작용 때문만은 아니다. 한국 사회를 짓누르던 군부독재를 물리친 주역, 386은 이미 헐값으로 매도되 거나 조롱당하기 시작했다. 그 이유는 비교적 명확하다. 386이 지닌 '순 수성'과 '능력'이 모두 의심받고 있기 때문이다.

386, '함께 부를 노래가 없다'

김대중 정권이 들어서면서 일부가 제도 정치권으로 들어가기 시작한 386은 노무현 정권이 들어서면서 정치권력의 '중추'인 청와대와 국회 에 광범위하게 포진했다. 여기서 386이 정치권력에 다가간 사실 자체를 비뚤게 볼 이유는 전혀 없다. 제도 정치권으로 들어간 일 또한 개개인의 선택이라는 점에서 일단 존중할 필요가 있다. 정치를 삶과 전혀 무관한 듯이 여기거나 금기시하는 게, 정치로 이익을 보는 사람들의 노림수라 는 새삼스런 사실에 이르면, 제도 정치로 들어간 386을 칭찬할 섦에 비 난은 옳지 못하다고 평가하는 게 더 옳을지도 모른다.

하지만 냉철히 톺아볼 필요가 있다. 권력으로 간 386이 제 구실을 못 하거나 기대를 충족시켜주지 못하고 있기 때문이다. 기득권세력에게 헐값으로 당하던 매도와 조롱이 시나브로 진실이 되고 있다. 한국 사회 를 반세기 넘도록 지배해온 기득권세력이 386을 살천스레 바라보는 시 각은 언제나 그들을 대변해온 신문을 통해서 분명하게 파악할 수 있다. 가령 1980년대 당시 대학생이던 386이 군부독재의 철권에 온몸으로 맞 서 열정적으로 투쟁하고 있을 때, 전두환의 피 묻은 손을 꼭 잡고 학생

운동을 마녀 사냥했던 『조선일보』가 '갈라진 386'을 주제로 보도한 특
집 기사가 좋은 보기다.

　　"1980년대 학생운동권은 '혁명'을 꿈꿨던 학생들이 석권하고
있었다. 이들은 1970년대 후반에 입학한 세대부터 1987년(6 · 10
사태)까지 대학을 다닌 사람들이다. 각종 서클이나 학회, 총학생
회, 지하조직 등을 통해 체계적인 이념 그룹을 이끌었던 그들은
'혁명 세대'라 불린다. 레닌식이건 김일성식이건 그들은 사회주
의 혁명을 지향했었다. 그러나 이제 20년이 흘러 그들은 한국 사
회의 중추라 할 수 있는 30대 후반~40대 중반에 접어들었다. 그
사이 이들에겐 많은 변화가 있었다. 사회주의권 붕괴와 북한 실상
의 노출, 한국의 번영과 민주화 그리고 IMF와 세계화에 대한 반
감, 북핵 사태 등이 이들에게 충격과 좌절의 자극을 주었다.
　　많은 일들이 지나간 후, 80년대 혁명 세대는 이제 우파에서 좌
파까지 부채꼴 형태로 분화돼 한국의 이념 지형도를 다시 그리고
있다. 새로운 우파(뉴라이트 · New Right)를 지향하는 사람들부터 개
혁파임을 자임하는 사람들, 그리고 영원한 좌파임을 다짐하는 사
람들까지 각자 갈 길을 찾아가는 양상이 뚜렷해지고 있는 것이다.
더불어 아직 뚜렷한 자신들의 정체성을 정립하지 못하고 새로운
모색을 하는 세력들도 상당수 잠재해 있다."

(『조선일보』 2004년 12월 6일자)

　　우리는 이 기사에서 '혁명의 세대'를 바라보는 기득권세력의 뒤틀린
시선을 손쉽게 엿볼 수 있다. 비뚤어진 눈은 6월대항쟁을 "1987년(6 ·

10 사태)"으로 표기하는 것에서 단숨에 묻어난다.

신문은 386의 문화적 동질성도 이미 잃어 가고 있다고 진단하다. 특집 기획으로 사흘 째 이어진 『조선일보』 기사를 보자. 굳이 이 신문을 길게 인용하는 이유는 단 하나다. 386을, 혁명세대를, 바라보는 기득권 세력의 눈을 비춰볼 수 있는 거울이기 때문이다.

> "40대에 접어든 386들에게 문화는 동질성을 잃고 정체성을 상실했다. 90년대까지 탄탄히 유지됐던 '386 문화'는 혁명 사상만큼이나 퇴조 속도가 빠르다. 더 이상 '김민기'와 '노찾사'의 노래를 부르지 않는다. (중략) 386들은 집에서는 드라마 「파리의 연인」을 보고 소설 「다빈치 코드」를 읽는다. 운전하면서 이효리와 비의 노래를 듣지만, 그때 그 친구들과 술이라도 한잔 걸치면 더듬거리면서도 「사람이 꽃보다 아름다워」를 꼭 부르려 한다. 촛불 시위에 참석했던 한 386은 "같이 부를 노래가 정말 없었다"고 했다. 문화세대 386에게 이제 그들을 묶는 문화는 없다. 정치적으로 분화된 386만큼이나 386 문화도 분화 · 해체됐다."
>
> (『조선일보』 2004년 12월 8일자)

여기서 "같이 부를 노래가 없었다"는 한 386의 말은 여러모로 시사적이다. 386의 아픈 곳을 찌른다. 그 점에서 『조선일보』가 특집 기획 기사로 보도한 386의 '분화'나 '해체'는 분명 사실의 한 단면을 드러내준다. 하지만 그것만으로 사실 보도를 다했다고 판단하는 것은 이르다. 아니 왜곡이다. 386의 모든 걸 설명하지 않았을 뿐더러, 오히려 더 많은 사실을 은폐하고 있기 때문이다.

에필로그–새로운 사회를 여는 사람들

그렇다. 모든 386이 갈라지거나 해체됨으로써 실망과 배신감을 준 것은 결코 아니다. 신문이나 방송을 통해 이름 석 자를 알린 사람들만 있는 것은 더욱 아니다. 지금 이 순간도 생활 현장에서 '소금'과 '빛'으로 살아가는 386이 적지 않다. '아름다운 386'은 한국 사회 곳곳에 뿌리틀고 있는 부조리와 맞서 줄기차게 싸워가고 있다. 노래 그대로 "사랑도 명예도 이름도 남김없이" 한국 사회의 깊은 곳을 올곧게 지켜가는 사람들이 386의 대다수다.

여기서 '아름다운 386'이라는 말에 전혀 손색이 없는 길을 걸어온 한 40대가 방송에 대해 털어놓은 고백을 독자들과 나누고 싶다. 1980년대 초반 학번인 그는 학생운동에 열정적으로 헌신한 생활인이다. 그는 '화염병 시위'에 나서고 그로 인해 수배 당하던 시절에 텔레비전을 보며 느낀 소감을 잔잔하게 회고했다.

"수배로 쫓기면서도 조직 활동을 했던 시절이었지요. 이따금 텔레비전에서 저녁 9시 뉴스를 볼 때마다, 가슴 속에서부터 분노가 치밀어 올랐어요. 솔직히 털어놓으면 우린 그때 KBS를 점거하자는 논의를 실제로 깊숙이 나누기도 했었습니다. 구체적 계획까지 짜기도 했었지요. 방송국을 점거해서 일주일만 우리 이야기를 시청자들에게 알리면 전두환 정권을 바꿀 수 있다고 확신했었지요."

기실 한 386의 회고만이 아니다. 상식이지만 모든 혁명이나 쿠데타의 선행 과제 중의 하나가 바로 방송 장악 아니던가.

저 광주의 오월을 피로 물들이고 권력을 잡은 '신군부'가 언죽번죽

'정의사회 구현'이나 '복지국가 건설' 따위를 구호로 내걸었던 1980년 대를 톺아보아도 마찬가지다. 쿠데타 세력은 오월의 피가 채 마르기도 전에 방송을 완전히 장악했다. 그 결과였다. 방송사는 권력의 위선을 고 발하기는커녕 권력의 위선을 '권위'로 포장했다. 권위를 부여한 권력의 논리를 날마다 달마다 해마다 널리 퍼뜨려갔다. 여북하면 시청자 사이 에서 '땡전 뉴스'나 '또한 뉴스' 따위가 회자되었겠는가. 시청료 거부 운동이 광범위한 호응을 얻은 것도 그 때문이다. 거세게 타올랐던 시청 료 거부 운동이 가장 처음 불붙은 곳이 농촌이라는 사실도 두고두고 되 새겨볼 대목이다.

같은 맥락에서, KBS를 점거해 일주일만 방송할 수 있으면 변혁을 이 룰 수 있다고 생각했다는 한 386의 말도 당시 상황을 감안하면 충분히 공감할 수 있을 터이다. 실제로 그 시기 방송을 통한 사회 변혁의 꿈을 안고 방송사에 들어간 386 방송인도 있다.

하지만 단순히 지난 시절을 회고하며 추억에 젖기 위해 1980년대 이 야기를 '후일담'으로 늘어놓은 것은 아니다. 80년대 방송 장악의 꿈을 털어놓은 386의 다음 말이 더 종요롭기 때문이다. 그는 1980년대와 오 늘의 차이를 한숨으로 토로했다.

"그런데 2000년대 들어서면서 언제부터인가 그런 생각이 들었 어요. 우리에게 설령 방송사를 주더라도, 한 달 동안 방송하라고 권한을 주더라도 말입니다. 무엇을 방송할 수 있을 지 자신이 없 더라고요. 아니, 방송할 내용이 없다는 사실을 발견했습니다."

그 말을 던지면서 눈을 슴벅이던 386의 모습은 애잔했다. 오해 없기

에필로그 – 새로운 사회를 여는 사람들

바란다. 오늘의 텔레비전 내용을 긍정할 생각은 전혀 없다. 그 386의 토로도 결코 오늘의 화면이 어쩔 수 없는 것이라는 뜻은 아니었다. 차분히 성찰해 볼 일이다. 과연 386의 한탄은 방송의 영역만에 그치는 문제일까? 그 토로가 비단 그만의 개탄일까?

외국에서 오랜 세월 동안 정치경제학을 공부하고 귀국한 또 다른 386의 한탄을 들어보자. 80년대 후반 학번인 그는 학창 시절 수련회 또는 '술연회'로 추억이 짙게 물든 경춘선 주변을 찾았을 때의 아픔을 생생하게 토로했다. 물빛 맑은 강변의 들녘을 기대하며 찾았던 386의 눈에 들어온 것은 무엇이었을까. 그는 다음과 같이 압축했다.

"장어 집과 보신탕집. 그리고 러브호텔. 다시 장어 집"

그렇다. 그 말을 한 386도, 그리고 저자도 비아냥거릴 뜻은 전혀 없다. 하지만 연관성 없어 보이는 세 '집'이 한 곳에 모여 있는 게 대한민국 곳곳의 일상적 풍경화 아닌가.

러브호텔 건너 장어집, 보신탕집. 이어 다시 러브호텔. 30대 후반이면서도 공부 탓에 아직 미혼인 그는 곰비임비 이어지는 모습에 질렸다고 토로했다. 그뿐인가. 도대체 세 집이 어떤 연관이 있는지 모르겠다며 익살을 피웠다. 우스개였지만, 386의 쓸쓸한 농담은 우리가 일상생활에서 흔히 보고 있기에 놓치기 쉬운 진실을 확연히 드러내준다.

솔직히 말하자. 오늘 대한민국에는 '쾌락'이 넘쳐나고 있지 않은가. 수천 년 넘도록 이 땅에서 살아간 사람들이 일궈온 농토는 갈수록 줄어들고 있다. 농민의 피와 땀이 담긴 그곳에 어김없이 들어서고 있는 것은 장어나 보신탕을 파는 집에 그치지 않는다. 러브호텔이라는 국적 불명의 이름을 지닌 건물만도 아니다. 골프장이 전국 곳곳에서 야금야금 농토를 파들어 가고 있다.

골프장은 어느새 우리에게 그것을 거론하는 것이 촌스러운 일처럼 당연한 일로 논의되고 있다. 노무현 대통령조차 2006년 새해 연설에서 "골프장을 포함한 문화, 관광, 레저 산업의 다양화와 고급화가 필요하다"고 역설했다. 대표적인 부자 신문『중앙일보』는 노 대통령의 연설 가운데 유독 그 "대목은 인상적"이라고 사설에 썼다.

하지만 바로 그 골프장에서 일하는 비정규직 노동자가 스스로 손목에 면도칼을 그어 자살을 시도하는 나라가, 칼을 그으면서 억울함을 호소하려고 기자를 불러달라고 문자 메시지를 보내는 나라가, 그럼에도 경기보조원(캐디)의 자살 시도가 대다수 언론에 기사화하지 않는 나라가 대한민국이다.

이 땅에 자살자가 빠른 속도로 늘어나는 까닭은 저 북유럽처럼 개개인의 인생관이 염세적이어서가 결코 아니다. 비정규직이라는 이유만으로 노동조합 결성 자체를 인정하지 않는 게 한국의 기업인이다. 아무리 그들이 인간다운 권리를 주장해도 모르쇠한다. '나눔의 문화'를 실천한다는 삼성그룹은 대한민국 헌법에 보장된 노동기본권을 버젓이 부정하고 있다.

이미 프롤로그에서도 밝혔듯이 한국 사회에서 민중의 현실은 갈수록 악화되고 있다. 실제로 노동자, 농민, 도시 빈민의 깊어 가는 절망에 더하여 중산층마저 붕괴되고 있다. 하지만 절대 다수의 궁핍이라는 피라미드 위에서는 전혀 다른 풍경이 벌어지고 있다. 러브호텔과 장어집, 보신탕집을 건너 골프장까지 쾌락의 향연이 질펀하게 펼쳐진다.

그래서다. 두 386의 개탄이 새삼 가슴으로 다가오는 까닭은. 한국 사

에필로그 – 새로운 사회를 여는 사람들

회에 거세게 몰아치고 있는 신자유주의로 민중의 대다수가 고통 받고 있는데도 1987년 6월대항쟁을 일궈낸 386들은, 그리고 진보세력은, 기득권세력으로부터 조롱받고 있는 게 현실이다. 아름다운 386 사이에 퍼져가는 개탄은, 한국 사회를 더는 방치할 수 없다는 자각과 이어져 있다.

삼성경제연구소의 신자유주의 설교

그러나 상황은 만만치 않다. 신자유주의를 전면적으로 확대한 한국의 기득권세력이 자성은커녕 신자유주의만이 살길이라는 여론 몰이를 강행하고 있기 때문이다. 386에 대한 매도와 조롱도 기실 그 연장선에 있다.

오늘의 한국 사회에서 신자유주의는 돌이킬 수 없는 대세, 더 나아가 '글로벌 스탠더드'로 행세하고 있다. 그 '대세를 거스르는 일'은 무지의 소산으로 꾸지람을 받는다. 심지어 '수구좌파'라는 색깔 딱지까지 붙는다. 문제의 핵심은 그런 터무니없는 '규정'이 여론화하면서 진보세력이나 민주세력에게도 일정하게 영향을 끼치는 데 있다.

한국 사회를 사실상 지배하고 있는 자본가들은 신문과 방송을 통해 일상적으로 자신들의 논리를 펴나가고 있다. 그 논리 또한 단순한 홍보의 차원을 넘어서 있다. 그들은 '부익부 빈익빈'이라는 민중 위기 상황을 경제위기라는 담론으로 포장하는 데 성공했다. 그래서다. 위기를 탈출하는 해법으로 내놓은 게 어처구니없게도 '경쟁'이다. 지금 이 순간도 경쟁만을 줄기차게 부르대고 그것을 여론화하고 있다.

가령 한 보수 논객이 쓴 『10년 후, 한국』이라는 책이 대학생 사이에서 많이 읽히고 있는 현실을 분석해 볼 필요가 있다. 부자 신문이 적극 소개하고 한국의 재계 인사가 추천함으로써 '베스트셀러'가 된 그 책이 겨냥하고 있는 것은 결국 신자유주의의 전면 확대다. 그러나 그 처방으로 과연 우리 사회의 양극화가, 청년 실업이 해소될 수 있을까. 전혀 아니라는 데 문제의 심각성이 있다.

비단 한 보수적 저자의 문제가 아니다. 한국의 대표적 연구소인 삼성경제연구소는 집요하고 세련되게 신자유주의를 '설교'하는 '전도사' 노릇을 하고 있다. 가령 삼성경제연구소는 사회 양극화가 쟁점이 되던 2006년 2월 13일 「최근 가계소득의 현황과 시사점」이라는 보고서를 내고 "가계 수지 동향 통계를 분석한 결과, 전반적으로 가계 소득 증가율은 낮아졌고 계층간 소득 격차는 더욱 커져 심각한 수준"이라고 밝혔다.

보고서는 소득 격차가 확대된 가장 큰 원인으로 '글로벌화'와 경쟁 격화에 따른 경제 구조 변화를 꼽았다. 외환위기 이후 본격적으로 추진된 구조조정과 성과주의 도입으로 전문직과 일반직의 임금 격차가 계속 확대되고 있다는 분석이다. 수출이 내수나 투자로 연결되지 않는 것도 경제 주체간 경기 회복 속도 차의 배경으로 거론됐다. 여기까지는 비교적 정확한 현실 분석이다. 삼성경제연구소도 무시할 수 없을 만큼 소득 격차가 벌어지고 있는 게 엄연한 현실 아닌가.

하지만 삼성경제연구소는 대책에서 전혀 엉뚱한 처방을 내놓고 있다. "소득 양극화 문제를 해결하기 위해서는 경제 파이 확대를 통한 분배 개선이 이뤄져야 한다"는 상투적 주장을 되풀이한다. "성장을 도외시한 채 복지와 분배만을 강조할 경우 과거 아르헨티나나 서유럽처럼 재정 악화와 함께 성장 잠재력 자체가 약해지고 '복지병'을 야기할 가능성이 크다"는 주장이 어김없이 이어진다.

결국 정책 대안의 결론은 독자가 짐작한 대로다. 정부가 기업의 투자를 독려하고 지나친 임금 인상을 억제하는 대신 고용을 최대한 늘리는

데 초점을 맞춰야 한다는 것이다. 복지와 분배를 지나치게 강조할 경우 성장 잠재력이 훼손될 수 있다는 우려도 잊지 않았다.

명토박아 둔다. 양극화의 가장 큰 원인은 기업의 투자 부족이나 지나친 임금 인상에 있지 않다. 천문학적 순익을 내는 삼성을 비롯한 수출 재벌의 순익이 천문학적 규모로 늘어날 때도 고용에 적극 나서지 않아온 현실을, 되레 '명예 퇴직'을 강요해온 사실을 어떻게 설명할 것인가.

문제는 삼성경제연구소의 보고서가 지닌 이데올로기적 효과다. 부자 신문의 논리와 전혀 다를 바 없는 '연구 성과'가 과대포장되어 양산되고 그것이 경제계는 물론, 정가와 관료까지 지배하고 있다. 노무현 정권이 들어선 뒤 삼성경제연구소의 영향력은 이미 한국 사회를 움직여 가는 주체가 세리SERI라는 말이 나오는 상황에 이르렀다.

『중앙일보』가 2005년 5월 25일 우리 사회의 23개 '파워 조직'에 대해 실시한 평가 조사 결과, 삼성·현대차·SK·LG가 상위권을 독점했다. 삼성은 영향력과 신뢰도 모두 1위였다. 현대가 뒤를 이었다. 청와대는 어느 정도일까. 영향력은 11위, 신뢰도는 더 낮아 19위였다. 국가정보원도 영향력 16위, 신뢰도 22위에 그쳤다. 집권 여당인 열린우리당은 더 심각하다. 영향력 19위, 신뢰도에선 조사 기관 가운데 최하위다. 4대 재벌과 정반대로 노동조합이 영향력과 신뢰도에서 모두 하위권에 머문 것도 눈여겨 볼 대목이다. 영향력에서 한국노총·민주노총은 각각 18, 21위였고 신뢰도에선 공동 20위였다.

그래서다. '아름다운 386'이 중심이 되어 '새로운 사회를 여는 연구원'을 조직한 까닭은.

가슴에 묻어두었던 깨끗한 뜻

해방 60돌, 분단 60돌을 맞은 2005년 9월 3일이었다. 4월혁명의 투사들이 잠들어 있는 서울 수유리 '내일을 여는 집'에 21명이 모였다. 2005년 초부터 논의해 오던 새로운 연구원을 창립하기 위해 준비위원회를 결성했다. 곧이어 준비위는 절망에 잠긴 한국 사회에 새로운 희망을 만들어가자는 데 뜻을 함께하는 생활인을 모아 갔다. 당시 준비위원장으로서 필자는 새사연을 소개하는 '안내서'에서 한국 사회의 삶의 현장 곳곳에 흩어져 있는 생활인들에게 다음과 같이 동참을 제안했다. 제목은 '깨끗한 뜻'이었다.

"1987년 6월대항쟁을 기억하십니까? 어느새 20년이 다가옵니다. 하지만 이 땅의 민주주의는 참담한 상황입니다. 비정규직 노동자가 절반을 넘어섰습니다. 사회적 양극화가 무장 커져 가고 있습니다. 노동자·농민·도시 빈민이 줄을 이어 스스로 목숨을 끊고 있습니다. 6자회담이 진전을 이뤘다고 하지만 미국이 드리운 전쟁 먹구름까지 말끔히 가신 것은 아닙니다.

그럼에도 노동운동과 학생운동, 진보정당 두루 침체되어 있습니다. 민중과 민족이 처한 상황이 엄혹함에도 희망은 보이지 않습니다. 그래서입니다. 가슴 어딘가 깊숙이 묻어둔 뜻을 우리가 다시 모으기로 한 까닭은. 어느새 우리 모두는 앞으로 살아갈 날이 살아온 날보다 더 적은 나이에 이르렀습니다. 간곡히 묻고 싶습니다. 과연 우리가 열망했던 젊은 날의 깨끗한 뜻을 무덤까지 갖고 가야 할까요.

단연코 그럴 수 없다고 생각합니다. 그럴 수 없다고 판단한 사람들이 결연히 모였습니다. 바로 '새로운 사회를 여는 연구원' 준비위원회입니다.

새사연은 새로운 사회를 형성하는 정책의 산실인 동시에 진보정책을 현실화할 실천이라는 두 과제를 지니고 있습니다. 그렇습니다. 가슴 속 깨끗한 꿈을 이 땅에 실현하려는 이론과 실천의 결합입니다.

해방 60돌을 맞도록 조국은 갈라져 있고 남과 북 두루 민중의 삶은 피폐합니다. 감히 제안하는 까닭입니다. 2005년 이 땅에서 움트고 있는 새사연을 우리 역사에 기념비로 세웁시다. 우리 서로 손 꼭 잡고 역사를 함께 만들어 갑시다."

2005년 12월 31일까지 창립 발기인 100명 결집의 목표를 거뜬히 달성했다. 준비위 결성에 참여한 21명 모두가 이룬 결실이었다. 가슴이 벅차고 어깨가 더없이 무거웠다. 준비위원장으로서 100명의 깨끗한 뜻을 실현시켜 가야할 책임 앞에 결의가 필요했다.

2006년 1월 1일 새벽 1시. 연구원 창립에 뜻을 함께 한 몇몇 분들과 서울을 떠났다. 지리산에서 새날, 새해를 맞고 싶어서였다. 지리산 빗점골에서 어둠을 몰아내며 퍼져 가는 새 햇살을 맞았다. 섬진강을 돌아 올라오면서 우리는 피로 얼룩진 고개, 우금티를 찾았다.

우금티. 충청도 부여에서 공주로 넘어가는 고개다. 동학농민전쟁사에서 가장 처절한 전투가 벌어졌다. 온 나라에서 모인 수만의 농민들이 죽창과 더불어 뼈를 묻었다. 당시 전라도에서 올라온 농민혁명군은 공주를 함락한 뒤 수원을 거쳐 한양으로 곧장 진격할 태세였다. 하지만 이미 경복궁을 에워싸고 친일정권을 세운 일본군은 공주로 남하했다. 숫자는 죽창을 쥔 농민들이 절대 다수였다. 그러나 최신 무기로 무장한 일본 정규군 앞에 더운 피가 강물을 이뤘다. 피가 강물을 이루며 흘러내린 언덕, 우금티에는 위령탑이 세워져 있다. 위령탑 둘레에 쌓인 하얀 눈 위에 눕혀진 깃발들에는 100년 전 그날 못지않게 생생한 민중의 절규가 생생하게 새겨져 있었다.

> "끝나지 않은 투쟁"
> "비정규직 차별 철폐"
> "미군 기지 확장 반대"
> "청년 실업 해소"

그랬다. 2005년 11월 쌀 협상 비준에 반대하며 목숨을 끊은 농민만이 아니었다. 아스팔트에서 맞아 죽은 60대 후반의 소작농만이 아니었다. 2005년을 보내며, 2006년을 맞으며, 이 곳 우금티에서 통곡한 사람은 농민만이 아니었다. 비정규직 노동자와 이 땅의 평화를 지키려는 민중, 그리고 예비노동자 또한 우금티를 찾아와 '끝나지 않은 투쟁'을 다짐하고 있었다.

하지만 끝나지 않은 것은 민중의 투쟁만이 아니었다. 신자유주의 세력 또한 집요하게 자신의 논리를 확대해 왔다. 2006년 2월 3일부터 본격화한 한미 FTA 협상은 왜 새사연이 필요한가를 역설적으로 입증해 주었다.

여기서 적잖은 국제정치학자가 오늘의 정세를 '구한말'과 비슷하다고 분석하는 것에 유의할 필요가 있다. 미국이 주도하는 국제 정세가 동아시아에 깊숙한 영향을 끼치고 있기 때문이다. 특히 21세기에 들어서

에필로그 – 새로운 사회를 여는 사람들

면서 미국은 군사적 제국주의를 본격화하고 있고, 그와 동시에 신자유주의가 지구촌 곳곳으로 침투하고 있다.

단순히 정세만은 아니다. 무엇보다 닮은꼴은 민중의 처지다. 19세기에서 20세기로 넘어가는 전환기에 조선 왕조의 '정부'는 무능했다. 외세에 휘둘렸다. 민중의 삶을 개선하는 데 아무런 도움도 주지 못했다. 되레 민중을 살천스레 억압하고 나섰다.

새로운 사회의 씨앗

100년이 흘러 20세기에서 21세기로 넘어서는 오늘도 상황은 크게 다르지 않다. 첫 평화적 정권 교체를 했다는 김대중 정권에 이어 노무현 정권 두루 신자유주의에 휘둘리고 있다. 민중의 삶은 나아지기는커녕 양극화가 심화되고 있다. 그렇다고 원내 제1야당인 한나라당이 민중의 고통에 동참하려는 의지가 있는가. 더욱 아니다. 민주노동당만이 신자유주의를 비판하고 있지만 국회 안의 의석 수가 상징하듯이 투쟁력은 미약하다. 더구나 민주노동당 내부에 뿌리 깊은 내부 갈등으로 정작 외부와의 싸움은 기대에 미치지 못하고 있는 게 현실이다.

더 심각한 문제는 비단 현상만 닮지 않았다는 데 있다. 19세기 말 20세기 초에 이른바 '개화파'는 민중을 계몽한다고 나섰다. 조선의 민중이 날로 커져가는 일본 제국주의의 영향력을 경계하고 이를 반대해 스스로 무장하고 일어섰을 때, 개화파는 현실을 모르는 무지에서 비롯된 망동으로 비웃었다. 그들은 의병을 서슴없이 '비도'匪徒로 몰아세웠다. 자칭 '개화세력'이 선택한 길은 무엇이었을까. 주관적으로는 스스로 어떻게 인식했는지 모르겠으나 객관적으로는 이 땅을 침략해오고 있던 일본 제국주의의 앞잡이였다.

민중의 힘을 믿지 않은 채 '부국강병'을 추구했던 개화파의 오늘 모습은 '개혁'을 주장하는 신자유주의 세력이다. 그들은 신자유주의를 받아들이지 않으면, 오히려 구한말과 같은 위기에 이른다고 언구럭 부린다. 신자유주의를 비판하면 '쇄국주의'를 주장하는 것이냐고 눈을 부라리기 일쑤다. 전형적인 단순 논리요, 이분법이다.

하지만 신자유주의를 비판한다고 쇄국주의를 찬성하는 것은 결코 아니다. 진보세력 가운데 쇄국 정책을 펴자는 사람들이 과연 얼마나 있을까. 모든 외국을 외세로 규정하자는 뜻도 전혀 아니다. 지구촌과 교역을 하되 최소한 민중이 살아갈 수 있는 토대만은 허물지 말아야 한다는 상식을 확인할 필요가 있다. 거기서 한걸음 더 나아가, 신자유주의를 넘어서는 새로운 사회를 구현해 가야 옳다.

신자유주의라는 거센 파고에 맞설 정책을 구체화해 나가는 일은 한국에서 살아가는 사람들에게 더는 미룰 수 없는 절체절명의 과제가 되었다. 문제는 이 땅의 정계와 언론계의 주류가 신자유주의에 맞설 대안을 마련할 생각을 아예 포기했다는 데 있다. 비주류조차 심층에서 신자유주의에 투항하고 있는 게 현실이다.

그래서였다. 2006년 1월 1일 우금티에 꽂힌 죽창 앞에, 그 죽창을 위령탑 앞에 세운 민중 앞에, 경의를 느낀 까닭은. 죽창은 '동학혁명군위령탑' 바로 앞 정면에 초록빛으로 꽂혀 있었다. 위령탑으로 들어가는 길목을 지키는 세 장승의 가슴에 새겨진 글도 깊은 울림을 준다.

"우금티 정신 계승 / 민중의 힘으로/ 세상을 바꾸자."

물론, 우금티에서 그날의 민중은 좌절했다. 기실 우금티의 패전 뒤,

갑오농민전쟁 뒤, 한국의 근현대사는 줄기찬 혁명의 역사였다. 제국주의 침략으로부터 민족 구성원의 자주성을 지키는 과제와 내적으로 민주주의를 확립하는 과제가 오늘 이 순간까지 남아 있다.

그 미완의 숙제를 풀기 위해, '아직 오지 않은 혁명'을 내오기 위해, 새사연 준비위는 마침내 2006년 2월 11일 '새로운 사회를 여는 연구원' 창립 발기인 대회를 열었다. 발기인대회에는 사회 여러 부문에서 활동하고 있는 생활인으로서 뜻을 모은 100명이 참석했다.

창립 발기인이자 법인 회원인 100명은 교육인, 의료인, 법조인, 언론인, 기업인, 문화예술인, 종교인, 노동조합 간부에 이르기까지 다양한 생활인들이다. 법인 회원은 노동, 농민, 청년, 교육, 언론, 종교, 보건의료, 경제, 환경, 남북경제협력, 사회문화 분과들로 나누어져 정기적으로 모임을 갖고 새로운 사회를 내오기 위한 토론과 정책 제언을 해나가고 있다. 법인 회원이자 생활인들의 분과에서 논의된 제언은 연구원의 전문 연구자들에게 전달되어 현장성과 전문성을 살린 대안 정책 마련에 튼실한 밑절미가 된다.

무엇보다 새사연의 특징은 법인 회원들이 수입의 10퍼센트, 곧 십일조를 회비로 납부하는 것을 원칙으로 한다는 점이다. 여기서 '십일조'는 후원의 개념이 아니다. 스스로 새사연의 주체로 나서서 역사의 진보를 일궈내겠다는 결의다. 십일조를 내는 법인 회원 10명이 모여 전문 연구자 1명을 고용하자는 게 연구원의 기본 철학이다. 연구원의 '십일조 원칙'에는 생활 현장의 문제 의식과 학문적 전문성을 결합하겠다는 의지가 담겨 있는 셈이다. 새사연은 상아탑의 교수나 연구소 학자 중심으로 정책을 만드는 일반 연구소와는 달리 생활 현장에 발 딛고 살아가는 생활인들이 정책 수립의 주체로 함께 참여하는 '싱크탱크'다.

새사연의 목표는 새로운 사회의 이론과 실천이다. 신자유주의가 사회 모든 영역을 잠식하면서 국민 다수의 삶이 피폐해져 가는 이 시대에 새로운 사회를 열어갈 대안 정책은 결코 강단에서 나올 수 없다.

차분히 짚어볼 일이다. 1980~90년대 치열한 사회 변혁 운동을 경험했던 '혁명 세대' 가운데 아직도 가슴 깊은 곳 어딘가에 꿈을 잃고 있지 않은 사람들이 이 땅 곳곳에서 생활인으로 살아가고 있다. 그 숫자는 얼마나 될까.

그렇다. 100명으로 출발했지만 진보세력 '10만 양병론'은 결코 공허한 이상이 아니다. 오히려 지나치게 낮게 잡은 수치다. 식지 않은 젊은 날의 열정과 사회생활을 통해 체득한 현장성, 그리고 전문 연구자들의 학문적 성과를 결합한다면, 실현 가능한 대안을 만들어낼 수 있으리라는 게 우리의 믿음이다. 창립 발기인들이 모이는 과정은 그 믿음에 힘을 보태 주었다.

새사연이 연구 성과물들을 사회 구성원들과 나누기 위해 선보인 '인터넷 마당'은 '이스트플랫폼'East Platform이다. 플랫폼은 역의 승강장이라는 의미 외에도 정당의 강령이란 뜻을 담고 있다. 동쪽에서 세계사를 열어 갈 새로운 사회를 만들어 가자는 깨끗한 뜻을 담았다. 영문 표기는 'Corea Institute for New Society'로 새겼다. 한국 사회가 일본과 미국의 강력한 영향력 아래 놓여 있던 20세기 'Korea'를 벗어나야 한다는 의지를 담았다.

새사연은 2010년에 정치경제대학원의 문을 열 계획이다. 정치경제대학원은 새로운 사회를 여는 연구원과 더불어 명실상부하게 세계 진보세력의 '싱크탱크'로 자리잡아 갈 터다.

무엇보다 새사연은 뜻을 함께 하는 모든 사람들에게 문을 열어 놓았

에필로그-새로운 사회를 여는 사람들

다. 새사연에 가입한 사람들은 자신이 관심 있는 부문별 분과 활동을 통해 자신의 힘으로 세상을 바꿔가는 체험을 할 수 있으리라고 감히 장담할 수 있다. 바로 그 점에서 새로운 사회를 여는 사람들, 그 아름다운 사람은 바로 여기까지 이 책을 읽어온 독자다.

6 · 29선언

1987년 6월 29일 민정당 노태우 대표가 국민들의 민주화와 대통령 직선제로의 개헌 요구를 수용했던 선언이다. 그러나 그해 12월에 치러진 대통령 선거에서 김대중 · 김영삼 두 재야 인사가 후보 단일화에 실패하면서 노태우 후보가 36.6퍼센트의 지지로 대통령에 당선되었다.

APEC(Asia Pacific Economic Cooperation, 아태 경제협력 각료회의)

최근 강화되고 있는 세계 경제의 지역주의, 보호주의에 효율적으로 대응하고 각종 다자간 무역협상 등에서 참가국들의 공동 이익을 추구하기 위해 창설된 기구로 일본, 동남아국가연합ASEAN 10개국, 한국, 미국, 캐나다, 오스트레일리아, 뉴질랜드 등 21개국이 가입해 있다.

ASEAN(Association of South East Asian Nations, 동남아국가연합)

1967년 방콕에서 태국, 인도네시아, 필리핀, 말레이시아, 싱가포르의 외무장관들이 모여 경제 · 사회 · 문화 · 기술 등에 관한 지역 협력을 추진하기 위해 결성한 기구다. 브루네이, 캄보디아, 인도네시아, 라오스, 말레이시아, 미얀마, 필리핀, 싱가포르, 태국, 베트남 등 10개국이 가입해 있다.

G7(Group of 7)

서방 주요 선진 7개국을 뜻한다. 1975년 프랑스 대통령의 제안으로 미국, 영국, 프랑스, 독일, 이탈리아, 일본 등 6개국의 정상회담이 개최된 것이 출발이다. 이듬해 캐나다가 합류하면서 G7, 97년 러시아가 정회원이 되면서 G8으로 확장되었다.

G10(Group of 10)

서방 주요 선진 7개국G7과 네덜란드 벨기에, 스웨덴을 가리킨다. 1962년 시작되어 1984년 스위스가 옵서버 자격으로 참가하기 시작하면서 11개국이 되었으나 계속 G10으로 부르고 있다.

G10 in Y10

삼성경제연구소가 제안한 보고서로, 앞으로 10년 안에 세계 10대 선진국에 진입하는 것을 국가비전으로 삼아야 한다는 제안이 담겨 있다. 정부, 기업, 사회, 개인 등 국가를 구성하는 4개 부문의 시스템 경쟁력을 획기적으로 끌어올려야 한다는 내용을 핵심으로 하고 있다.

KMS(knowledge management system, 지식관리시스템)

조직 내의 인적 자원들이 축적하고 있는 개별적인 지식을 체계화하여 공유함으로써 기업 경쟁력을 향상시키기 위한 기업 정보 시스템이다.

KT&G와 칼 아이칸의 경영권 분쟁

국제적인 기업 사냥꾼 칼 아이칸Carl Icahn이 KT&G에 대한 적대적 M&A를 선언하면서 시작되었다. 아이칸 측은 KT&G의 부동산과 자회사 매각 등 주가 상승을 위한 조처들을 요구하였으나 KT&G측은 이를 거부하였다. 결국 아이칸 측은 KT&G 발행 주식 1만여 주를 매수해 6.59퍼센트의 지분을 확보하는 한편, 한 명의 사외이사를 진출시킴으로써 경영 참여의 교두보를 마련하는 데 성공했다.

NAFTA(North American Free Trade Agreements, 북미자유무역협정)

미국, 캐나다, 멕시코 등 북미 3개국이 자유 무역 지대를 창설하기 위해 추진한 협정으로 EC(유럽 공동체)에 이어 두 번째로 진행된 대규모 경제 통합이다. 회원국간의 재화와 서비스 이동에 대한 각종 관세와 비관세 장벽을 향후 15년간 단계적으로 철폐하는 것을 주된 내용으로 한다.

OPEC(Organization of Petroleum Exporting Countries, 석유수출국기구)

1960년 사우디아라비아, 이라크, 쿠웨이트, 이란, 베네수엘라 등 5개 산유국이 미국, 영국, 프랑스, 네덜란드 등의 국제 석유 자본에 대항하기 위해 발족한 기구로 세계 원유의 60퍼센트 이상을 생산하는 13개국이 가입해 있다.

WTO(World Trade Organization, 세계무역기구)

1947년 이래 국제 무역 질서를 규제해 온 '관세및무역에관한일반협정'GATT 체제를 대신해 1995 년 세계 125개국 통상 대표가 모여 세계 무역 질서를 세우고 7년 이상 진행한 우루과이라운드UR 협정의 이행을 감시하기 위해 결성한 국제 기구다. GATT에 주어지지 않았던 세계 무역 분쟁 조정, 관세 인하 요구, 반덤핑 규제 등 막강한 법적 권한과 구속력을 행사한다.

가계당 신용 잔액

가계의 빚 규모라 할 수 있다. 가계 대출과 판매 신용을 합친 것으로 가계의 대출액과 신용카드나 할부 구매 등을 이용해 물건을 구입한 외상 구매의 총합이다.

감독이사회(감사, aufsichtsrat)

주식회사의 업무와 회계감사를 임무로 하는 기관으로 공기업AG과 500명 이상의 피고용인을 가진 유한회사GmbH에는 최고 21명으로 구성된 감독이사회를 두도록 하고 있다.

개인순저축률

가처분 소득 중 개인의 저축이 차지하는 비율로 수입 중 직접세를 제외한 처분할 수 있는 소득 중 소비하지 않고 저축한 금액의 비율을 의미한다.

경제협력개발기구(OECD, Organization for Economic Cooperation and Development)

1961년 9월 회원국과 세계 경제의 발전과 더불어 개발도상국 지원을 목적으로 출범했다. 시장 지상주의를 원칙으로 하는 선진국의 모임으로 '협상'이 아닌 '논의'를 중심으로 공통의 인식 기반 마련과 정책 조화를 추구한다. 우리나라는 1996년 12월에 가입했으며 2006년 4월 현재 30여 개 나라가 가입해 있다.

국제부흥개발은행(IBRD, International Bank for Reconstruction and Development)

1945년 외환금융시장의 안정과 무역 활성화를 목적으로 만든 국제 통화 질서 브레튼우즈 체제 Bretton Woods system에 기초해 IMF(국제통화기금)와 함께 설립된 국제 기구다. 세계은행World Bank이 라고도 불리며 현재는 주로 개발도상국에 대한 엄격한 장기 융자를 제공한다.

국제통화기금(IMF, International Monetary Fund)

1947년 공동의 기금을 통해 각 나라의 외화자금 부족을 메우고 외환의 흐름을 원활하게 함으로써 국제 통화 제도의 안정을 유지할 목적으로 설립되었다. 1973년 변동 환율제 도입 이후에는 개도국과 구사회주의 나라에 대한 구제금융 제공에 치중하고 있다. 우리나라는 1955년에 가입하였다.

기관투자

개인 혹은 법인을 통해 자금을 조성해 증권시장에 투자하는 법인 형태의 투자를 뜻한다. 우리나라의 경우 투자신탁은행, 증권회사, 보험회사, 상호신용금고 등에 의해 이루어진다.

기업 공개(IPO, Initial Public Offering)

주식회사가 발행한 주식을 일반 투자자에게 공모하거나 대주주의 주식 일부를 분산 소유케하는 것을 말한다. 주식시장에 상장되어야 가능하므로 상장과 동일한 의미로 여겨지기도 한다.

기업인수합병(M&A, Merges & Acquisition)

경영권 확보를 목표로 주식 매입을 통해 기업을 인수하거나 합병하는 행위를 뜻한다. 합의에 의한 우호적 M&A와 일방에 의한 적대적 M&A로 나뉜다.

다운사이징(downsizing)

기구 축소나 감원 등을 뜻하며 장기적으로는 원가 절감을 위한 경영 기법이다.

대량 보유 주식 보고 제도

시장 투명성 제고와 적대적 M&A 방어를 위해 도입된 법 조항으로 본인과 특별 관계자의 총소유 주식이 해당 상장 기업의 주식 5퍼센트 이상일 때 금융감독위원회와 증권거래소에 보고하도록 하는 한편, 보유 주식이 1퍼센트 이상 변동하는 경우에도 보고하도록 하고 있다. '5퍼센트 룰'로도 불린다.

도요타 생산 시스템(Toyota production system)

필요한 것을 제때 필요한 만큼 생산하는 저스트 인 타임JIT(Just in time) 개념에 바탕을 둔 생산 방식으로 오늘날의 도요타를 탄생시킨 경영 시스템이다. 질과 양, 타이밍의 조화 속에 철저한 원가 절감을 실현함으로써 오일 쇼크와 엔고 파고 속에서 위력을 발휘했다.

독일식 정당명부제

지역구와 비례대표 의원을 동시에 선출하는 방식으로 한 후보가 지역구 후보와 비례대표 후보를 겸할 수 있다. 정당 지지율만큼 당선자를 배분하는 것이 가장 큰 특징이다. 각 정당은 일단 정당명부 투표 결과에 따라 의석을 배분받은 뒤 각 지역 득표율에 따라 이를 할당한다. 지역에서는 할당받은 의석 수 중 각 지역구 당선 의석을 뺀 나머지 의석이 비례대표 순서에 따라 후보자에게 다시 배분하는 다소 복잡한 절차를 거치게 된다.

디지털 유목민(digital nomad)

정보통신기술의 발달로 자동차와 최첨단 정보통신 기기를 통해 시공간을 넘나드는 21세기형 인간형을 가리킨다.

레버리지(leverage)

차입금을 비롯한 타인의 자본을 지렛대leverage로 삼아 자기자본 수익률을 높이는 방법이다.

리눅스

1989년 핀란드의 리눅스 토르발스가 개발한 소스source 공개형 운영 시스템OS으로 불특정 개발자가 업그레이드에 참여하며 무료로 제공된다.

리스트럭처링(restructuring)

비교 우위에 있는 사업에 자원을 투입하는 경영 전략으로 주로 M&A를 통한 '사업 단위의 재구축'을 가리킨다.

리엔지니어링(reengineering)

생산성 향상을 위해 조직을 재편하는 기업 경영 기법의 하나로 리스트럭처링과 달리 인원 삭감에 한정하지 않고 기업 전략에 맞게 업무 진행을 재구성하는 것을 말한다. 분업, 규모의 경제 등 전통적 기업 경영 패러다임이 아닌 유기적이고 효율적 업무의 조직화를 추구한다.

메가트렌드(megatrend)

현대 사회에서 일어나고 있는 거대한 조류를 뜻하는 것으로 탈공업화, 글로벌 경제, 분권화 등을 그 특징으로 한다. 미국의 미래학자 존 네이스비츠의 저서 『메가트랜드』에서 유래한 용어다.

미실현 평가차익

가격의 상승으로 발생한 소유 금융 자산의 자본 이익capital gain을 뜻한다. 그러나 시장가치의 증가에도 불구하고 자산의 교환 또는 매각이 실현되지 않는 한 실제 이익으로 인식되지 않고 '장부상' 이익으로 남는다.

브루킹스 연구소(Brookings Institution)

1927년 미국의 현안 문제에 대한 연구와 국가 정책에 대한 자문을 목표로 설립된 연구소로 2차 세계대전 이후 사실상 민주당의 싱크탱크 역할을 하고 있다. 특히 1950~60년대 빈곤 문제 극복을 위한 존슨 대통령의 '위대한 사회'great society 프로그램과 베트남 전쟁 반대 정책을 선도하였다.

블루오션(Blue Ocean)

1990년대 중반에 제안된 기업 경영 전략론의 핵심 개념으로 치열한 경쟁이 요구되는 레드오션red ocean에 대비되는 경쟁자들이 없는 시장, 즉 선점 효과를 누릴 수 있는 신규 사업 영역을 뜻한다.

소버린 사태

2003년 외국계 주주인 소버린이 ㈜SK에 대해 적대적 인수 합병을 시도해 주가를 끌어올린 뒤 9000여억 원의 차익을 실현한 사례이다. 취약하고 불투명한 국내 재벌의 소유 지배 구조의 문제를 드러낸 사건으로 꼽힌다.

소비에트

러시아어로 '평의회'라는 뜻이었으나 1917년 러시아혁명을 거치며 노동자 군대 농민의 소비에트가 형성된 후로 특수한 의미를 가지게 되었다. 입법과 행정 기능을 담당한 구소련의 기본 통치 단위로서 혁명기에는 민중의 에너지를 결집하는 기능을 수행하였으나 이후 상급 소비에트에 대한 종속이 심화되면서 사실상 당의 지도를 관철하는 관료적 모습이 나타나게 되었다.

소액주주운동

중대한 의사 결정권을 갖기 어려운 낮은 지분의 주식 소유자들을 모아 소수 주주권을 행사하는 운동이다. 대주주의 자의적인 경영을 감시해 투명하고 책임 있는 경영을 실현하는 것이 목표이며 소액 주주 대표 소송, 사외 이사와 감사 제도의 도입, 주주 제안권, 누적 투표제, 책임 경영 체제 확립 등을 포함한다.

숙의민주주의(deliberative democracy)

집단의 숙의熟議가 최종적 수준의 민주주의라고 보는 개념을 뜻한다. 평범한 시민들의 자유롭고 평등한 참여와 토론을 통해 도출된 판단을 정책 결정의 근거로 삼아야 한다는 이론으로 '시민 배심원제'가 대표적인 예이다.

순환 출자 금지

재벌들이 계열사에 대한 지배력을 높이기 위해 동원하는 변칙적 출자 방법으로 계열사 A가 B에, B가 C에, C가 다시 A에 출자하는 방식이다. 재벌의 부당한 기업 소유를 뒷받침하는 것은 물론 연쇄 부도의 우려를 안고 있기도 하다.

스톡옵션(stock option)

기업이 임직원에게 제공하는 일종의 포상금 제도로 자사 주식의 일부를 시세보다 낮은 가격에 살 수 있는 권리를 부여한 뒤 일정 기간 이후 이를 처분할 수 있도록 하는 방식이다.

시가총액

기업이 발행한 모든 주식을 시가로 평가한 금액으로 증시의 규모를 비교할 수 있는 지표 중 하나다.

아시아통화기금(AMF, Asian Monetary Fund)

1997년 아시아의 금융위기 대처와 아시아 경제권에서의 주도권 확보를 위해 일본이 창설을 제기하였다. 그러나 중국과 미국을 비롯한 여러 나라의 견제로 현재까지 큰 진전을 보지 못하고 있다.

엑슨 플로리오 규정(Exon-Florio amendment)

외국 기업이 미국의 안전보장에 있어 필요한 미국 기업을 지배하는 것을 막기 위해 종합무역법에 포함시킨 조항으로, 이 법의 5021조, 제안자인 엑슨 상원의원과 플로리오 하원의원의 이름을 땄다. 조항에 저촉된다고 판단되는 경우 미대통령이 매수·융자·자본 참가를 금지할 수 있다.

야경국가(nachtwachterstaat)

17세기 중엽에서 19세기 중엽에 걸친 국가관으로서 국가는 외적의 침입을 막고 국내 치안을 확보하며 개인의 사유 재산을 지키는 '최소한의 임무'만을 행해야한다는 근대 자유주의적 국가관으로 극단적인 개인주의를 담고 있다.

양원제

국민 투표에 의해 구성되는 다수의 1원과 투표, 임명, 세습, 직능 대표로 구성되는 소수의 2원으로 의회를 구성하는 제도를 뜻한다. 미국, 영국, 프랑스, 이탈리아, 일본 등 30여 개 나라에서 채택하고 있으며 그 이유는 나라마다 다르다. 미국과 같은 연방 국가의 경우, 상원은 연방을 구성하는 각 주를 대표하고 하원은 국민 전체를 대표한다. 따라서 국민에 의해 구성되는 하원이 집권적 기관이라면, 주를 대표하는 상원은 분권적 기관이다. 일본의 경우 경솔과 부패 등을 방지하려는 데 목적이 있다.

예금보험공사

예금자 보호법에 따라 설립된 공적 기관으로 보험료를 받아 금융 기관 파산 시 예금을 대신 지급하는 역할을 한다.

임가공 생산 방식

원자재를 전혀 부담하지 않고 임금 노동력만으로 재화를 단순 가공해 주는 생산 방식으로 최근 중국, 동남아 등지의 저임금 노동력을 이용한 가공 수출 무역이 대표적 예다.

자사주 매수(매입)

기업의 부당한 인수를 막기 위해 자기주식의 일정 비율을 취득하는 방법이다. 원칙적으로 금지되어 있으나 매입 뒤 소각하는 경우, 주주들의 매입 청구가 있는 경우 등 일부 예외를 허용하고 있다. 자사주를 소각하면 전체 발행 주식 수가 줄어 주당 가치가 상승하며 경영권의 위협도 줄어드는 효과가 있다.

전사적자원관리(ERP, enterprise resources planning)

기업 전 부문에 걸쳐 있는 인력, 자금, 정보 등 모든 경영 자원을 하나의 체계로 통합해 관리함으로써 기업 생산성을 높이는 종합 경영 관리 기법이다.

종업원 지주제(employee stock ownership plan)

기업이 종업원의 동의를 얻어 퇴직금과 성과급으로 자사주나 다른 주식에 투자한 뒤 이익을 배분하는 제도다.

지불유예(모라토리엄moratorium)

국제 수지의 악화로 일시적으로 모든 채무의 지급 정지를 선언하는 조치를 뜻한다. '채무 지불 정지' 또는 '채무 지급 유예'라 부르며 모라토리엄 선언 뒤에는 채무 삭감, 이자 감면, 상환 기간 유예 등의 조치가 이어진다. 채무 상환 의사가 있다는 점에서 디폴트default(채무 불이행)와는 다르다.

직장평의회(betriebsrat)

사업장 내에서 산별 단체 협약의 이행 여부를 감독하고 노동자의 구체적인 이해관계와 고충을 대변하는 기구이다.

컨트리 리스크

나라의 해외 융자 신용도를 가리키는 말로, 정치 · 경제 불안 정도라는 넓은 의미로도 사용된다.

투자 사전 심의제

경제 질서를 위협하는 외국인 투자에 대해 시정 명령 또는 중지 명령을 내리거나 사전 심사를 할 수 있도록 하는 법으로 민주노동당 심상정 의원이 '외국환거래법 개정안'과 '외국인투자촉진법 개정안'을 통해 입법을 추진한 바 있다.

펀더멘탈(fundamental)

나라의 경제가 얼마나 건강하고 안정적인지를 나타내는 용어로 나라의 경제 상태를 표현하는 가장 기초적인 거시경제 지표를 뜻한다. 경제 성장률, 경상 수지 등이 대표적이다.

핫머니(hot money)

국제 금융시장을 이동하는 단기성 자금으로, 각 나라의 단기 금리나 환율의 차이에 의한 투기 목적의 자금과 국내 통화 불안을 피하기 위한 도피 목적의 자금으로 나뉜다. 짧은 시간에 대량으로 움직이므로 국제 금융시장의 안정을 파괴한다.

헤르메스의 주가 조작

2004년 영국계 펀드 헤르메스가 삼성물산의 주식을 대량 매입한 뒤 언론을 통해 삼성물산의 M&A 가능성을 유포해 주가를 조작한 사건이다. 헤르메스는 보유 주식을 모두 매각해 292억 원의 시세 차익을 올렸다.

헤리티지 재단(The Heritage Foundation)

1973년 자유 기업, 제한된 정부, 개인의 자유와 전통적 미국의 가치 등을 기치로 걸고 미국의 보수적인 정책 형성을 위해 설립된 싱크탱크다. 특히 자유 무역, 감세 정책, 미국 주도의 세계 안보에 역점을 두어 레이건 이후 공화당 정부에 절대적 영향을 끼치고 있다.